法国经济刑法

DROIT PÉNAL DES AFFAIRES

Michel Véron
Guillaume Beaussonie

[法] 米歇尔 · 维隆
[法] 纪尧姆 · 贝索尼 ／著
陈　萍／译
魏昌东／学术审校

法律出版社 LAW PRESS · CHINA
北京

著作权合同登记号
图字：01-2021-1083

序

现代国家的刑法发展中，经济刑法素以立法修正的“发动机”之功能而受到各国刑法立法的高度关注。基于经济刑法在规制对象、规制策略与规制机制上的特殊性，铸就了独立的罪刑结构关系模式，也塑造出经济刑法原理独有的范式。基于经济刑法所特有的学术魅力，它也成了本人的学术研究旨趣所在。然而，在经济刑法的研习中，囿于语言鸿沟的存在，国内经济刑法比较研究主要集中于对日本、德国、美国、英国等国制度的引介，而难以展开更为广泛的视野，一定程度上限制了学术发展的深度和广度。所以，两年前，陈萍博士跟我提及想要翻译法国经济刑法论著计划时，我由衷地感到欣慰，并积极促成此事。经过多方共同努力，《法国经济刑法》译作终于能够在法律出版社成功出版，在此表示祝贺。

陈萍博士既有法国比较刑法研究的学术基础，又有翻译学术著作的成功经验。因此，我们对这本译作的质量一直充满信心与期待，从付梓的译作中，我们深感这份期待得到了充分实现，作为本书的学术审校，通读全书，值得对其学术特色予以关注：

其一,理论高度。维隆教授德高望重,是法国经济刑法发展的见证者和亲历者,本书以"经济刑法究竟是否真实存在"这一根本问题开篇,聚焦于经济刑法独立性的论证。作者在"经济刑法是一种人为建构(空想)"和"经济刑法是一个同质整体(现实)"的二元学说中选择了后者,认为"经济领域"的特殊性,使得其中应受谴责的犯罪行为具有刑法上的特殊性,而不仅是在某门课程或教材中将某些具有共同点的犯罪贴上统一的标签,只因这些犯罪的唯一共同点就是或多或少与经济生活相关。目前法国学界对经济刑法具体内容的争议从未停歇,但经济犯罪的特殊性,确实已经渗透到刑事法的各个层面,包括在实体法中犯罪构成要件(法定要素、事实要素和主观要素),以及在程序法中管辖法院、责任人认定和刑罚体系上。因此,独立的经济刑法尚未完全成型而是在缓慢发展中。

其二,现实回应。本书对"经济刑法的扩张和不足并存"的矛盾现实予以深刻回应。法国经济领域的刑事化,不在于扩大普通犯罪的适用,而是采取设立新罪名的立法方式,以应对新型的技术犯罪,保护经济社会秩序。非刑事化则主要表现为重修相关法典(特别是《公司法典》《货币和金融法典》),删除从未被适用的罪名规定,代之以非刑罚的替代措施,比如,禁止令。这两种趋势在经济刑法领域是并行不悖的,体现出刑事法介入经济领域的时机、方式、机构、程序的复杂性,是一个整体性和结构性的问题,也是经济刑法发展的动力所在。

其三,体系构建。两位教授结合翔实的史料整理、历次的立法改革和最新的判例分析,以典型经济犯罪(经济领域中的普通犯罪、商业公司领域中的经济犯罪以及若干与经济生活相关的犯罪)为基础构建责任理论,辅之以法国经济刑法特殊司法体系的专门介绍,整体性论述法国经济刑法的理论现状和实践特色,为我们勾勒出法国经济刑法发展的清晰轮廓。本书的最新版本既补充了最新立法对有关犯罪的非刑罚化现状,又从合宪性角度对某些罪行定义的宪法价值提出反思,以回应最高司法法院和宪法法院面临的重要议题。

《法国经济刑法》原作虽定位为教科书,但并未局限于具体法律条文的梳理和注释,而是从法律史、刑法哲学的高度,对经济刑法的基础理论展开深入讨论,综合多种立法渊源和判例解释,对“经济刑法”历久弥新的学术主题进行综合剖析。我相信这本译著能够为中国经济刑法的研究和中国特色经济刑法立法的完善,提供新的研究视角、新的制度参照和新的知识类型,拓宽我国经济刑法基础理论研究的维度和向度。我也期待陈萍博士能够保持学术热情,继续深入挖掘法国法的理论特色,早日取得更大突破与学术成就。

是为序。

魏昌东

2022 年 10 月 15 日

于上海社会科学院 · 逸思园

目 录

前　言

第一节　经济刑法:空想还是现实

一、问题的重要价值

在本书开篇提出这个问题,可能看似非常荒谬或有些挑衅。是的,我们想要回答"经济刑法是现实",因为它正是本书以及其他很多知识渊博学者的著作所致力研究的主题;另外,"经济刑法"长期以来一直是许多大学的一门专业课程。学习"经济刑法"课程并参加考试的学生们将做证,它绝对是个残酷的现实,而不是空想。

如果这样理解的话,这个问题显然十分荒谬。事实上,这个问题是想要探寻经济刑法是否只是一种人为建构(空想),即只是在某门课程或某本教材中将某些具有共同点的犯罪贴上统一的标签,而这些犯罪的唯一共同点就是或多或少与经济生活相关;抑或与之相反,"经济"的特殊性使得其中应受谴责的犯罪行为具有刑法上的特殊性,进而是一个同质整体(现实)。

一些作者毫不犹豫地支持现实论的观点,换言之,独立的经济刑法正在缓慢发展之中，尚未完全成型。本书认为，我们的研究更加精细，因为在我们看来，当代刑法的创新性或革命性会影响各种类型犯罪的法律制度，无论这些犯罪是属于传统的刑法分支还是属于正在形成的其他分支。此外，在独立经济刑法论的前提下，我们可以精准地确定经济刑法的内容。然而，在这个问题上，开放式的讨论仍未停歇。

我们最多可以强调经济刑法所表现出的更为明显的某些刑法趋势。对于这些趋势，我们将通过提供前述问题的答案的主要内容予以证实。

二、答案的主要内容

2 这些主要内容包括对犯罪的构成要素和处罚的审查。

（一）犯罪的构成要素

1. 法定要素：法律渊源

3 犯罪的法定要素就是寻找经济刑法的法律渊源。目前，法律渊源包括国内法和国际法两部分。

4 （1）国内法

此处，法学家立即遭遇双重困境。第一个困境是，目前并不存在一部汇集所有经济犯罪法律规定的《经济刑法典》。不可否认，在过去十年中，立法者对分散法律文本进行法典化编纂的“恒定化立法”的意图，很多都在我们的经济刑法领域之中得以实现。《商法典》、《消费法典》和《货币与金融法典》中的诸多法律条文或法规条文都已重新组合。但是，在每次进行法典编纂时，都想要秉持“恒定化立法”的想法是非常不现实的，并早已迅速消失。立法改革早已风驰电掣地持续进行，而它需要同时符合看似互相矛盾的两个要求。一方面，通过立法应对现代经济犯罪（特别是跨国经济犯罪的发展）的必要性，要求加强处罚；另一方面，法国立法者对公司法进行非刑事化的立法意图，使得该领域的刑事处罚范围限缩。

关于这点，值得注意的是，2013 年 12 月 6 日颁布的《打击税务欺诈罪和重大经济金融犯罪法》创设了国家金融检察院①；以及 2015 年 7 月 10 日法，该法

① 见 Ch. Cutajar, *JCP G* 2013, Act. 1366。

内容极为丰富,亦称为“马克龙法”(Loi Macron)*。从经济法角度来看,这部法律的目标非常多样化。

尽管这种努力值得称赞,但经济刑法的法律规定仍然非常分散。除了上述法典之外,《刑法典》也是经济刑法的法律渊源,主要涉及被称为“普通刑法”中的犯罪,这些犯罪的常发领域多为经济领域(比如,诈骗罪、背信罪、伪造罪、隐瞒犯罪所得罪或洗钱罪)。另外,还有很多其他法律规定,或者在《刑法典》之中,或者在最新设立或重新修订的其他法典之中。

第二个困境是,由于经济法(droit des affaires)尚无明确定义,因此,无法确定经济刑法(droit pénal des affaires)的准确界限。经济刑法的概念完全根据每位作者的各自认知而定。只需简单翻阅不同《经济刑法》著作的目录,就能发现其中每本都与其他同名作品存在巨大差别。此外,经济刑法所适用的立法规定也经常发生变化。虽然这样的立法改革的频率和速度并非经济刑法所特有,但就应对那些特别擅长利用社会防卫体系漏洞和最新技术牟利的犯罪人而言,这样的频率和速度是完全必要的。因此,立法者不得不修改和完善旧的犯罪规定(诈骗罪、背信罪、隐瞒犯罪所得罪)的适用范围,并制定新的犯罪规定(内幕交易罪、计算机“黑客”犯罪、洗钱罪)。

另外,值得注意的是判例法在经济刑法中的重要作用。诸多犯罪规定中构成要素和诉讼规定的最新发展充分表明,罪刑法定原则(《刑法典》第111-2条)和刑法的严格解释规则(《刑法典》第111-4条)并未穷尽经济刑法的判例法,甚至有时候,我们会听到“最高司法法院以立法干预的方式修改了某些解决方案”的质疑之声。因此,在每次发展中,我们都会为最新的司法裁决留出重要位置,否则,我们对经济刑法的认识必然是不切实际的。最后,我们必须提及日益增多的“良好行为”守则以及职业章程和合同章程的重要性,这些规范往往是“事无巨细的”,增加了旨在避免或加强刑事惩罚的规则数量,刑事法官有时会引用这些规范对某些行为定罪处罚[1]。

---

* 该法即第2015-990号《经济增长、经济活动和平等机会法》,2015年7月10日获得国民议会通过,8月6日正式颁布,以时任法国经济部长埃马纽埃尔·马克龙命名。——译者注

① 关于该问题,见 V. Wester-Ouisse, *RSC* 2000.351。

5 (2)国际法

经济无国界。因此,与经济有关的犯罪行为不可能只局限于法国境内。从这个角度来看,经济刑法必须补充国内法渊源。国内法的属地管辖原则对于有效打击跨国犯罪而言,似乎是微不足道的。

不可否认,《刑法典》第113-2条赋予法国刑事法官管辖权,以审理某项事实要素发生在法国的犯罪[1]。当然,这些条文赋予证券交易委员会(COB)和金融市场管理局(AMF),应外国同等地位机构的请求进行调查的权力。但是,这些规定都太过碎片化,应当完善国际合作,对真正的跨国犯罪进行统一定义和起诉[2]。在这方面,法国已签署若干条约,已加入若干公约,其中很多会在不久的将来,在经济刑法中发挥重要作用。

特别是《罗马公约》,该公约一方面建立欧洲经济共同体,其范围涉及所有经济活动;另一方面由于共同体法律的即刻生效性和优先性,该公约只能表现为条例及其条款和单个指令规定的义务,而这些义务只要求成员国保证各自的立法符合公约的原则即可。这种保证是诸多欧盟法或具体法律适用条例产生的结果。例如,2000年6月30日《关于修订反腐败刑法和刑事诉讼法的法律》和2007年11月13日《反腐败法》,将贿赂犯罪的处罚扩展至外国公职人员或国际公共组织的工作人员。

1950年在罗马签署的《欧洲人权公约》的影响似乎更为有限。该公约长期以来一直被法国忽视,直到1975年才在法国获得批准,直到1981年法国才认可"公民可以直接诉至欧盟法院"。虽然法国刑事法院越来越频繁地受理诉讼,但是该公约只涉及刑法总则和刑事诉讼法中的原则和公民自由权,几乎很难影响刑法分则和经济犯罪的构成要素。

尽管如此,法国立法者经常被要求在国内法中引入法国所签署的国际条约的内容。在最近的立法中,值得注意的是,1996年4月29日《关于打击公海

---

[1] Crim. 12 févr. 1979, *Bull. crim.* n° 60; 13 oct. 1981, *JCP* 1982. Ⅱ. 19862, note Chambon:外国人在国外实施的背信罪能够在法国起诉,因为背信罪所得的财产被转移至法国;3 nov. 1992, *Bull. crim.* n° 352 et 26 oct. 1995, *Bull. crim.* n° 324:在法国实施的内幕交易罪。

[2] A. Bossard, La criminalité transfrontière multidisciplinaire, *RSC* 1988. 756 s.

贩毒和〈联合国禁止非法贩运麻醉药品和精神药物公约〉第 17 条国内法化的法律》和 5 月 13 日《打击洗钱和贩毒以及组织扣押和没收犯罪所得国际合作法》。这也是2000 年6 月30 日《关于修订反腐败刑法和刑事诉讼法的法律》的立法目标。该法已整合《刑法典》的法律规定,允许在法国对外国公职人员、欧盟法院或欧盟机构的工作人员的贿赂罪进行定罪和起诉(《刑法典》第 435 – 1 条至第435 – 6 条)。另外,这还是2001 年8 月23 日法令的目标,该法令内容是关于消费法领域的欧共体指令的移植和欧共体法的适用。

2. 事实要素

与任何其他领域一样,经济刑法的条文规定犯罪行为(包括作为和不作为)。例如,审计员未向检察官披露其所知道的犯罪行为,可对其进行刑事惩罚(《商法典》第 L. 820 – 7 条)。但是,我们也应注意到,不作为犯罪大量增加的趋势,已经出现了某种程度的缓和。这正是 2001 年 5 月 15 日《新经济规制法》,以及随后的 2004 年 3 月 25 日和 6 月 24 日两部法令的主要内容。它们废除了绝大部分处罚公司管理人未履行对股东的信息告知义务的犯罪规定。这些刑事惩罚已被"向利益相关方开放的禁止令程序"以及"管理人可能承担民事责任的问责机制"所取代。 6

人们只能接受这种调整,服从对其他不作为犯罪继续定罪处罚的安排。更成问题的是,尽管《刑法典》第 121 – 7 条规定"共犯是帮助、协助或提供工具的积极行为",但判例法倾向于将共犯扩大到不作为犯。因此,我们对"具有职业义务的人员应当作为或干预却不作为的消极犯罪行为"进行惩罚。在许多例子中,我们可以参考"将审计员作为信息告知不实罪的共犯予以处罚"的案例①,或者"将任由董事长实施滥用公司财物罪的董事会成员作为共犯予以处罚"的案例②。

3. 故意要素

《刑法典》第 121 – 3 条"无实施重罪或轻罪之故意,即无重罪或轻罪"显然 7

① Crim. 15 janv. 1979, *Bull. crim.* n° 21.

② Crim. 28 mai 1980, *D.* 1981. IR 137, obs. Roujou de Boubée; v. aussi, A. Vitu, «La complicité par abstention», *RSC* 1990. 775.

是原则规定，必须毫不犹豫地适用于经济刑法中的所有犯罪行为，但法律法规规定的轻率或疏忽或未尽审慎义务、安全义务的情况除外。自《刑法典》1994年3月1日生效以来，该条款的严格适用应该能使经济刑法发生重大变化，并且限缩某些犯罪规定的适用范围。

事实上，《刑法典》改革之前的判例法倾向于认为许多犯罪，尤其是1966年关于公司的法律中规定的犯罪，仅是指行为基本犯(simple délit matériel*)。从此，除了法律明确规定之外，所有的轻罪都是故意犯罪，刑事法官只有查明被告人对其犯罪的事实要素具有犯罪故意，才能对其进行刑事判决。但是，《刑法典》的新条款生效并未对犯罪故意的判断产生如此重要的影响，原因在于此前关于犯罪故意证据的司法实践一直持续。

我们经常发现，刑事法官在这方面要求并不太高，理由是他们所要判决的被告人是专业人士，其应当知道什么该做、什么不该做。在某种程度上，法官认为，作为商人、企业管理人、审计员、股票业内人士的被告人“不可能不知道”，因此，“必然”是故意行事。采用这种推理方法会导致犯罪故意的有罪推定和举证责任的倒置。虽然这些推定并非不可辩驳，但显然它们几乎是不可能推翻的。这种方法规避了《刑法典》第121－3条规定的要求，若犯罪事实已经存在，则几乎自动认定被告人有罪。而且，这种推理方式使得专业人员几乎无法援引《刑法典》第122－3条刑事责任的例外规定，该例外规定是“证明自己系由于不可避免地对法律的某种误解，本以为可以合法完成其行为的人，不负刑事责任。”若要不负刑事责任，则该误解必须是不可避免的，对此，判例法明确排除专业人员援引该条规定的可能性[①]。

---

* 法国法中，该术语具有两层含义，一是行为犯，是指不需要主观故意的犯罪；二是基本犯，与加重犯相对应，是指不具有法定加重或者减轻情节的犯罪。我国刑法中一般不会将两个术语叠加使用，但为保持原意，同时便于理解，故生造本词，特此说明。——译者注

① 关于该问题，见B. Bouloc，«La présomption d'innocence en droit pénal des affaires»，*RSC* 1995.465；J.-F. Renucci，note sous Crim. 27 mars 1997，*RSC* 1997.850。在一次经济法研讨会上，这个问题的答案似乎分成了乐观派和其他派：Y. Muller-Lagarde，«La bonne foi：*Peau de chagrin*» du droit pénal des affaires et les optimistes：«La bonne foi en droit pénal des affaires：*l'espoir d'une résurgence*»，*Gaz. Pal.* 2009. Doctr. 893 s.

（二）关于犯罪的处罚

处罚与经济活动相关的犯罪，是否需要遵守不同于普通犯罪的特殊规则？ 8
在这方面，值得一提的是2014年3月17日《消费法》，该法被整合进《消费法典》，规定对新的犯罪行为能够进行集体诉讼，这种诉讼方式有助于对这些犯罪的起诉。为了回答这个问题，有必要依次审查管辖法院、犯罪人和处罚三个方面的内容。

1. 管辖法院

经济刑法的管辖遵循普通刑法的管辖规则。根据犯罪行为是属于违警 9
罪、轻罪（最常见的情形）、重罪，分别由违警罪法庭、轻罪法庭、重罪法庭审理。在这方面，经济刑法与普通刑法相比，并无特殊之处。

但是，立法者必须考虑这样一个事实，即许多犯罪非常复杂。这些案件只能由专门从事经济和金融事务的法官调查或审判，并且必须保障足够的资源才能实施有效调查。这就是为什么《刑事诉讼法典》第704条规定，“在每个上诉法院的辖区内，一个或数个大审法院有权对案情极为复杂的案件进行管辖，并指派专门法官对其预审和审判”。这项改革最终促成特别管辖权的建立，审理法官亦成为经济和金融事务的专家。该条规定中的罪名列表已经多次扩大，现在几乎涵盖了最广义的经济刑法的所有罪名，无论是普通刑法中的犯罪行为（诈骗罪、背信罪、贿赂罪、利用影响力交易罪、徇私罪），还是特别刑法中的犯罪行为（公司犯罪、破产犯罪、股票犯罪或《消费法典》规定的犯罪）。但是，设立巴黎“金融中心”法院——这种极其吸引媒体眼球的技术性安排，并不足以使经济刑法成为刑法的一个特别分支，对其认可还应归因于特别管辖法院所适用的不同于普通刑法的审判规则。

2. 确定犯罪人

在这方面，经济刑法与其他领域的特别刑法并没有任何区别：犯罪人可以 10
是自然人或法人。

根据《刑法典》第121-7条的规定，自然人可以作为普通犯罪的主犯或共犯承担刑事责任。为了便于起诉和处罚，某些帮助或协助的共犯行为有时会以其他罪名定罪处罚。例如，虚假破产罪的关联犯（《商法典》第L.654-8条及随后规定)就是如此。多人参与的正犯或共犯构成许多犯罪的加重处罚情节,尤其是《刑法典》第132-71条(诈骗罪、隐瞒犯罪所得罪、洗钱罪)规定的有组织犯罪,其所处刑罚大幅加重。

至于法人,根据2004年3月9日《佩尔邦二号法》对《刑法典》第121-2条的规定进行修订,现在法人可对全部犯罪承担刑事责任,而不再仅是除新闻犯罪之外,由法律予以明确规定的有限犯罪。根据该条款规定,法人只对作为其机关或代表的自然人为其利益而实施的犯罪行为承担刑事责任。若公司的代表经理在法国犯罪,则法国法院也能对该公司进行审判,只要该公司的商业登记表明他是该法人的管理人即可[①]。这项条件似乎要求必须明确代表法人行事的自然人的身份。但是,判例法认为,当犯罪事实只能"由其机关或代表为公司利益"而实施之时,则无须明确自然人的身份。更具体而言,最高司法法院认为,当这些犯罪事实符合涉案公司的"商业政策"之时,就是如此[②]。

3.刑事处罚

11 自然人承担监禁和罚金主刑,法人承担罚金主刑,罚金数额是相同犯罪的自然人罚金数额的5倍(《刑法典》第131-38条和第131-41条)。值得注意的是,《刑法典》第131-6条明确规定,法院有权将监禁替换为该条列举的"剥夺自由或限制自由"的刑罚。《佩尔邦二号法》将法人刑事责任普遍化,考虑到某些犯罪对自然人不判处任何罚金的现实情况,此时法人处5倍罚金的规则就无法适用。因此,该法明确规定,在这种情况下,法人将被处以100万欧元罚金(《刑法典》第131-38条第2款)。在经济刑法领域,法律条款规定的罚金数额起刑点往往非常高,这对于惩罚贪婪的犯罪人来说是非常正当的,该起刑点有时取决于犯罪行为产生的非法利润或非法收益(隐瞒犯罪所得罪、内幕交易罪)。

犯罪人(包括自然人和法人)可能会承担附加刑,目前仍是非强制性的,但

---

① Crim. 24 sept. 2014, *Rev. sociétés* 2015. 256, note B. Bouloc.

② Crim. 25 juin 2008, *Dr. pénal* 2008. Comm. 140. 关于该内容丰富的判例法的总结,见 H. Matsopoulou: «Les évolutions jurisprudentielles en matière de responsabilité pénale des personnes morales», *Rev. sociétés* 2015. 703。

这些刑罚对犯罪人而言,可能是非常严厉的。事实上,《刑法典》第131-27条规定,在很多案件中,对于犯罪人,可以永久地或临时性地,禁止从事与所实施犯罪行为相关的职业活动、关闭机构、禁止使用支票、禁止吸收公众存款、禁止签订公共服务合同;至于法人,根据法律明确规定,如果法人成立的目标或变更后的目标为"实施犯罪行为",那么,法人应当予以解散(《刑法典》第131-39条第1款)。因此,刑事法官有权根据犯罪的情节和行为人的身份来确定其所判刑罚,该项权力允许法官在必要时将犯罪人排除出经济生活领域。对于本书研究的各项犯罪行为,我们将逐一明确法律所规定的附加刑。

但是,目前来看,《佩尔邦二号法》却导致一个尚无解决方案的问题。法官对各项犯罪行为,只能判处犯罪规定条款中明确列举的刑罚。虽然该法通过法人刑事责任普遍化解决了罚金主刑的问题,但是忽略了附加刑的问题。因此,根据罪刑法定原则要求,不得因《佩尔邦二号法》规定的新的犯罪对法人判处附加刑。

因此,必须指出的是,在法律规定的刑罚或法院判处的刑罚方面,经济刑法与普通刑法相比,并无相悖之处。

4. 空间效力和时间效力

在适用经济领域的犯罪规定之时,即会产生空间效力和时间效力问题。 12
但是,对于这两个问题,我们不得不注意到刑法适用范围的重大扩展。

(1)空间效力 13

我们已经提到,为有效应对经济犯罪的"全球化",有必要适用国际法的法律条款。但是,正如2000年6月30日《关于修订反腐败刑法和刑事诉讼法的法律》,国内法的法律条款也对外国公职人员的贿赂罪作出规定。《刑法典》第113-2条的适用也是如此。该条规定,法国法官对于"某项事实要素"发生在法国境内的犯罪行为具有管辖权,这使得起诉如下的复杂犯罪变得更为容易:滥用公司财物罪、诈骗罪、洗钱罪、贩毒罪、内幕交易罪或隐瞒犯罪所得罪。

判例法的发展也与刑法空间效力的扩大息息相关。除滥用公司财物罪之外,判例法大幅扩大有权提起民事诉讼的人员名单。因此,这些人员有权就所追诉的犯罪行为对其造成的损害要求赔偿。而立法者则通过在《消费法典》中引入国家消费者保护代表协会参与的集体诉讼,来扩展其适用范围(《消费法典》第423－1条)。允许集体诉讼的罪名规定列表,最初由2014年3月17日《消费法》进行限制性规定,但是,自该日起,该列表已得到多次扩增①。

14 (2)时间效力

刑法的时间效力范围,其实就是探讨经济犯罪的时效问题。时效持续期限几乎不存在问题。它遵守《刑事诉讼法典》第7条、第8条和第9条普通刑法的法律规定。但是,如今,时效起算点已非常敏感。经济刑法与其他领域一样,判例法越来越倾向于推迟时效起算点。对于许多犯罪来说,起算点并不是《刑事诉讼法典》所规定的实施犯罪行为之日,而是认识到犯罪行为符合公诉条件之日。最高司法法院认为,相关犯罪具有"秘密性"和"隐蔽性",因此,这种解决方法具有合理性,进而拒绝延迟不具有上诉特征的犯罪行为的诉讼时效期限。必须承认,最高司法法院所使用的标准难以令人信服,因为每一名犯罪人,无论所犯何种罪行,都会为了逃避惩罚而保持隐秘。

无论如何,基于对这一变化的担忧,有些学者毫不犹豫地声称,某些经济犯罪"不受时效约束"。我们认为,这种观点的用语有些夸张。时效问题仍然是基础问题,我们将在研究每项相关犯罪时,逐一予以论述。

随着我国法律对合宪性优先审查(QPC)机制*的引入,这一辩论又重新活跃起来。合宪性优先审查机制规定,任何公民如果认为将要对其适用的法律条款规定(甚至是法官对法律的固定解释)违反宪法的价值原则,都能够对此提出异议。这个问题将通过各项犯罪规定中由诉讼当事人提出的合宪性优先审查申请来逐一具体说明,既包括那些被接受的申请,也包括那些被拒绝的申请。

---

① 见 K. Haeri et B. Javaux «L'action de groupe à la française, une curiosité», *JCP G* 2014. 586 et *D.* 12 mars 2015, n° 10。

* 合宪性优先审查机制于2010年3月1日起正式生效,具体是指,在诉讼过程中,某一诉讼当事方可以对适用于本案判决的法律本身是否符合宪法提出疑问,要求宪法委员会进行审查并作出裁定。法院不能依据违反宪法的法律规定进行判决,所以,在宪法委员会对此"合宪性优先问题"作出裁定之前,法院将暂停相关案件的判决。如果宪法委员会裁定相关法律违反宪法,法院则将永远排除使用该法判决案件。——译者注

第二节 经济刑法:在刑法扩张和非刑事化之间

众所周知,商业是经济生活的引擎和国家财富的来源。因此,对损害经济 15
安全或经济信用,从而影响经济运行的违法犯罪行为进行惩罚,是非常正当的。但是,如果说这些目标我们尚能达成一致的话,那么就实现目标的手段而言,意见分歧却巨大。我们应该着重于刑事处罚,还是其他的惩罚或限制手段?对过去几十年立法演变的考察,我们发现刑法扩张现象确实存在,同时也存在一些缓慢进行中的非刑事化的幻觉。

一、确定的刑法扩张

经济法中显而易见的刑法扩张是趋同现象的产物。 16

首先,与一些外国立法不同,法国法并不满足仅仅将普通犯罪适用于经济生活(诈骗罪、背信罪、伪造罪等),尽管是采取一种足够宽泛的方式使其适用于所有情形。实则相反,在缺乏罪刑法定原则作为正当理由的情形下,立法者倾向于通过制定新的犯罪规定来重现其违法性,进而补充基础条款。本书对公司运营犯罪、破产犯罪及其类似犯罪的研究,将为我们提供许多这样的例子。然而,应当指出的是,2003 年 8 月 1 日《经济促进法》以及 2004 年 3 月 25 日和 6 月 24 日的两部法令已经废除该领域的某些特殊犯罪,在必要时,对这些犯罪以诈骗罪或伪造罪处罚。

其次,与一些外国立法不同,法国立法者已经放弃通过外部机构对公司章程进行事先检查的做法。法国立法者还规定,只有在可能受到刑事惩罚时才能认定章程无效,以确保该领域的法律义务得到遵守。这种态度明确揭示了法国的刑事惩罚偏好,这在很大程度上增强了经济刑法。在这一领域,2001 年 5 月 15 日《新经济规制法》及之后的 2003 年 8 月 1 日《经济促进法》开始了新的转向,它们废除了某些特别犯罪规定,并代之以管理人的民事责任机制。对于违反法律规定之情形,我们通过禁止令或规定涉案决定无效应对。

最后,立法者不得不增加新的犯罪规定,以应对日渐多样的使用前所未有的技术或方法实施的犯罪行为，以打击破坏社会秩序（实在难以保护）的危害行为：支票犯罪、信息技术犯罪、股票市场犯罪、洗钱罪等。这些犯罪行为的清单是无法完全列举的，因为它取决于我们对经济刑法内容的看法（见下文第18段）。但是，我们能够认定，任何关于商业准入或商业实践的法律都或多或少地包含刑事制裁的内容。

二、进行中的非刑事化

17 非刑事化意味着对于某些应受谴责的行为，法律废除刑事惩罚，并代之以其他更适合于经济生活的限制性措施①。最近的一些法律废除了经济刑法中的一些犯罪规定，特别是公司领域的犯罪。这种局部性的不协调的非刑事化，主要废除的是在司法实践中几乎没有适用过的法律条文。我们对公司法的修订，正是基于这种考虑。

但是，经济领域的非刑事化，已经成为一个整体性和结构性的问题，为此，我们已经指派专门委员会就此展开研究。该委员会由让－玛利·库隆（Jean-Marie Coulon）担任主席，并于2008年2月20日向司法部提交了报告。该报告提出了30个保留或废除犯罪规定的建议，并采用了一个相当广义的经济法概念，因为该报告包含了公司法、消费法和竞争法。在该报告之后，经济法的非刑事化得以继续，因为多部法律同时废除和限制了刑事惩罚的适用范围。特别值得注意的是，2012年3月22日《简化法律和行政程序法》，其内容将在相关犯罪的论述中提及。

第三节 经济刑法的内容

18 显而易见，经济刑法的内容取决于我们对“经济刑法是现实还是空想”这一问题的答案。这意味着，经济刑法的内容在很大程度上取决于著作者的选择。我们是否应该将商业刑法与经济刑法、消费刑法相区别？如果进行区别，

① M.-Th. Calais-Auloy, «La dépénalisation en droit des affaires», *D.* 1988. Chron. 315 s.

界限该在何处？这究竟是一个基本的核心问题，还是没有任何理论意义和现实影响的简单的罪名分配问题？

一般而言，学者和教师同意，经济刑法包括一些主要的基本犯罪，即普通刑法和公司刑法中的经济犯罪。对于其他人而言，“经济”一词太过模糊和宽泛，以致我们随时可以将想要研究的任何罪名都囊括进去。例如，没有广告就没有经济，广告企业是经济生活的引擎；没有信息技术就没有经济，信息技术企业在经济生活中发挥着重要作用；没有信贷就没有经济，信贷企业是所有商业人士都要交往的企业。这种方式同样能够证明，经济刑法应当包括广告法、信息技术法和信贷法，也能更新以包括销售法、支票或信用卡法、消费者保护法，甚至保险法。而且，如果从悖论角度出发，我们也能够争辩，鉴于经收容卖淫或贩毒行为“洗白”的钱款金额巨大，关于这些罪行的犯罪规定，同样也具有着经济刑法的特征。

因此，经济刑法的内容千差万别，而且往往是任意选择的结果。从教学角度来说，这似乎也是该问题的最佳解决方式。

第四节　本书的内容纲要

基于上述原因，本书所选择研究的犯罪是，经济领域中的普通犯罪、商业 19
公司领域中的经济犯罪以及若干与经济生活相关的犯罪。我们之所以选择这些犯罪，是因为它们是现实中的常发性犯罪，尽管我们知道本书的这种选择将会面临各种批评之声，无论是对于本书所选中的犯罪，或是本书有意或无意漏选的犯罪。编次如下：

第一编　经济领域中的普通犯罪

第二编　商业公司领域中的经济犯罪

第三编　主要的特殊经济犯罪

第一编

经济领域中的普通犯罪

根据传统,本书“经济刑法”的主要内容将以经济领域中的“普通犯罪” 20
开篇。事实上,这些犯罪规定在《刑法典》之中。即使说它们可能与经济世界存在一些特别联系,这也并不意味着商业领域就是这些犯罪的专属领域。按照威尔弗里德·让迪迪尔(Wilfrid Jeandidier)教授的观点①,此处“经济刑法”是“语义相叠式”的表达,而并不是“直接式”的表达,如商业公司领域中的犯罪那样。众所周知,无论犯罪人是谁,也无论犯罪行为实施的领域为何,刑法都会处罚诈骗罪、背信罪和伪造罪;但是,滥用公司财物罪、内幕交易罪都与经济领域存在直接联系。

不过,我们会从经济生活的视角分析普通刑法中的这些犯罪,通过对关键判例法的解读,进而展现经济生活中普通犯罪的当代特征。因此,本书对这些犯罪的研究只关注它们与经济领域联系较为紧密的内容。如果想要更加详尽地研读这些犯罪,我们推荐读者参阅《刑法分论(第15版)》教科书(Sirey Université 出版社 2015 年版),该书包含了许多相关补充内容。

---

① W. Jeandidier. Droit pénal des affaires,6e éd. ,Précis Dalloz,2005.

对经济生活产生影响的普通犯罪不可计数，因此有必要剔除其中一些较为罕见的、不那么重要的犯罪。但是，显而易见，任何选择都具有任意性和主观性，因此，对于某些删减，读者可能并不完全赞同。本书作者对此十分清楚，并愿意接受批评。

本书按照《刑法典》的分类，分别研究以下两类犯罪：

第一卷　非法占有财产罪

第二卷　其他侵犯财产罪

备注：本编内容中引用的条款若无其他说明，均是指《刑法典》中的相应条款。

第一卷　非法占有财产罪

这些犯罪规定在《刑法典》第三卷“侵犯财产之重罪与轻罪”部分，这些犯罪中最主要的三大罪名是盗窃罪、诈骗罪和背信罪，它们分别代表非法占有他人财产的三种不同手段。除此之外，本书研究内容还包括上述犯罪的一些邻近犯罪，这也是《刑法典》所使用的术语。 21

这些犯罪按照如下计划进行研究：

第一章　盗窃罪

第二章　诈骗罪及其邻近犯罪

第三章　背信罪及其他侵占罪

第一章　盗窃罪

盗窃罪是普通刑法中的一种犯罪，普通犯罪绝大部分不具有经济刑法的特征，而只涉及日常生活中的平凡现实。尽管日益增多的商店盗窃犯罪因其对商业领域造成重大损害已成为经济领域关注的重要问题，但我们必须将盗窃罪单独列出，以便将盗窃罪的侵占方式与诈骗罪、背信罪的侵占方式区别开来。 22

下面我们分别研究盗窃罪的构成要素（第一节）和刑事处罚（第二节）。

第一节　盗窃罪的构成要素

第311-1条规定简洁地指出，“盗窃罪是指以非法方式窃取他人财物之行为”，该定义基本上是重复旧法第379条规定的定义。这个紧凑表达中的四个术语表明，盗窃罪必须同时满足以下四个要素：窃取之行为、被窃取之财物、他人之财物、非法占有之故意。 23

一、窃取之行为

24 作为判例法发展的结果，窃取之行为包含两个并存的概念：移动财物的窃取和通过法律手段转移财物的窃取。

（一）物理转移

25 在绝大多数情况下，小偷对其觊觎之物直接拿走转移，进而占为己有。这就是说，在所有人或占有人不知情或不同意的情况下，将窃取之财物转移。

反证可得，若财物转移是所有人自愿或经其同意，则不存在窃取之行为。这方面的例子很多，比如，在自动取款机取款时，机器吐出的金额大于该卡账户内的金额[①]；又如，拒绝归还已经售出的附保留所有权条款的物品，买卖合同已经证明该物品是所有权人自愿转移[②]。

但是，我们应当承认，如果该财物转移是非自愿的，那么就存在窃取之行为。比如，被告人滥用优势地位使他人转移财物，此时该人并非完全自愿，或者因为他年龄太小，或者因为他年龄太大而影响其认知能力[③]。理由更充分的是，如果转移是迫于威胁或使用暴力，那么更是存在窃取之行为。欺诈性滥用特别弱势之人的脆弱或无知，使其实施严重损害自身利益之行为，则适用经2001年6月12日《打击宗派主义活动法》修订后的《刑法典》第223－15－2条规定的滥用他人无知或弱势地位罪。

（二）法律手段

26 第二个概念是指通过法律手段转移财物的窃取，用以惩罚窃取所有权人物品之行为。在该种情形下，所有权人将财物转移给行为人，但仅仅只转移占有权。正如最高司法法院所言，“纯粹的物理占有，而不附所有权之转移，并不能排除侵占行为之存在”[④]。尽管不存在物品的物理转移，只要行为人对其临时占有之物行使所有权人之权限，则构成侵占之行为，进而存在窃取之行为。

---

① Crim. 24 nov. 1983, D. 1984. 465, note Lucas de Leyssac.

② Crim. 11 oct. 1990, Bull. crim. n° 341; D. 1991. 234, note M. A. Perno; Gaz. Pal. 1991. 1. 177, note Doucet; RSC 1991. 765, obs. Bouzat.

③ Crim. 17 janv. 1978, Bull. crim. n° 20; 16 mars 1989, Gaz. Pal. 1989. 2. Somm. 379, obs. Doucet et RSC 1980. 80, obs. Bouzat.

④ Crim. 30 nov. 1977, Bull. crim. n° 381; 3 mars 1993, Dr. pénal 1993. Comm. 254.

但是,这种认定方法要求我们区分物品转移的法律性质,这种区分往往是非常关键的。根据不同案件事实,侵占暂时占有之物的行为,有时构成盗窃罪"窃取之行为",有时构成背信罪"侵占之行为"(见下文第70段)。

判例法对"窃取之行为"的扩充解释,使得零售业中的销售商受到特别保护。销售商并未将所售之物品转移给买方,也未授权买方将它从自助商店的货架上取走,相关物品之转移必须以支付价款为前提。直至支付货款之前,销售商所转移的仅仅是标的物的临时占有。偷藏货物不付款而离开商店或者擅闯收银台的行为,构成对这些货物的所有权之侵犯。这时就构成盗窃罪或盗窃罪未遂①。

二、被窃取之财物

(一)定义

与旧法第379条一样,新法第311-1条规定窃取的是"财物(chose)",而没有任何其他具体描述。该术语非常含混和模糊,所以使用范围特别宽泛。显而易见,该术语针对的只是有形动产。窃取行为应当是在所有权人不同意或不知情的情况下,将其转移或拿走。该术语主要包括金钱、珠宝、手稿、图样、文件、磁带、电脑磁盘②。另外,为了避免司法疑难,第311-2条规定"非法窃取能源的行为"构成盗窃。至于它究竟是何种能源并不重要,无论是电力、煤气还是其他能源,都被视为"财物";另外,非法获取的方式也不重要,无论是偷偷连接还是伪造消费记录表。 27

因此,原则上,窃取之行为并不能针对不动产,因为我们不能将其转移。但是,当某些被归为不动产的财产能被"移动"之时,则能够适用窃取之行为。比如,砍伐树木③、拿走公寓的地毯或装饰品、移走车间具有不动产性质的机器,都是如此。

"财物"的有形性质,使得该条款中的窃取之行为不能针对"服务"④。但

---

① Crim. 3 janv. 1973, Gaz. Pal. 1973. 1. 290.

② Crim. 1er mars 1989, Bull. crim. n° 100; RSC 1990. 346, obs. Bouzat:记录公司活动的表格和图表。

③ Crim. 27 févr. 1996, Bull. crim. n° 96; Dr. pénal 1996. Comm. 153.

④ Crim. 12 déc. 1990, Gaz. Pal. 1992. 1. 111:滥打电话。

是,采取不当手段使用机器的行为,可能构成第 313-1 条规定的诈骗罪①。

(二)扩张适用

28 原则上,盗窃罪处罚的是对觊觎之物的完全的、彻底的窃取行为。但是,对盗窃的处罚必要性促使判例法将其扩展至部分的、暂时的窃取行为。换言之,窃取的不是财物的所有权,而仅仅是“使用权”。

因此,“借用”车辆的行为也被视为窃取行为,尽管它并不是彻底地占有汽车或摩托车,而只是使用一段路程之后将其丢弃②。另外,将文件拿走“复制”,这段极短时间的获取行为同样也构成盗窃罪。因此,即使没有关键性的物理移动,此时也构成“窃取行为”③。

尽管存在这种扩张性,但是,判例法一直坚持,被窃取之财物,哪怕只是暂时性的,也必须包含有形内容。因此,窃取磁带复制,构成盗窃罪④。如果只是了解磁带内的信息而没有获取有形内容,那么,就不构成对“财物”的窃取。但是,这些行为可能构成第 323-1 条至第 323-7 条规定的破坏数据自动处理系统罪。上述条款处罚的既是滥用这些系统的行为(如使用型的盗窃行为或篡改“机器显示时间”的盗窃行为),又是对这些系统生成的信息的窃取行为。

三、他人之财物

29 旧法第 379 条处罚的是被告人对“不属于他的”财物的窃取行为,而新法第 311-1 条处罚的是被告人对“他人的财物”的窃取行为。不管我们是否明确知道真正的所有权人的具体身份,只要能够确定窃取的行为人不是所有权人即可。“盗窃尸体”的情形,就是如此⑤。最高司法法院认为,确定真正的所有权人是“多余的”问题。要想免于追诉,被告人必须能够证明他所称的所有权。

---

① Crim. 13 déc. 1990; Gaz. Pal. 1992. 1. 112, obs. Doucet.

② Crim. 28oct. 1959, D. 1960. 314, note A. Chavanne.

③ Crim. 4 mars 2008, D. 2008. 2213, note S. Détraz. 整体性论述,见 A. Lepage, «Un an de droit pénal des nouvelles technologies», Dr. pénal 2008. Chron. 10, n° 22; J. Huet, «Vols de fichiers informatiques», CCE 2008. Études 24。

④ Crim. 12 janv. 1989, Bull. crim. n° 14; Lucas de Leyssac, RSC 1990. 507 s.; 3 mars 1992, Dr. pénal 1992. Comm. 254; RSC 1993. 546, obs. Bouzat.

⑤ Crim. 25 oct. 2000, Bull. crim. n° 318; Dr. pénal 2001. Comm. 18.

有时,法庭认为通过证人证言(甚至是“众所周知”的证据)即可证明所有权[①];有时,法庭则致力于专业知识和专业证明,以确定重要艺术作品的所有权[②]。

因此,在不可分割所有权或共同所有权情形下,被告人对于所窃取之财物具有部分所有权,也并不影响法庭的判断[③]:盗窃罪是指行为人对不属于他的部分的窃取行为。另外,在立遗嘱人死亡之前,受遗赠人(仅仅是潜在继承人)提前获取财物的行为,也构成盗窃罪[④]。与之相反,如果是将不属于任何人的财物(真正的无主物或抛弃物)占为己有,就不会构成盗窃罪。但在上述情形中,往往很难将它们与遗失物区别开来[⑤]。如果是遗失物,那么将其占为己有的行为就会构成盗窃罪。这个问题经常发生在与回收相关的行业(废品买卖人或“拾荒人”)、旧货行业或二手买卖行业。判例法认为,任何贵重物品(无论是新的,还是放在工地上的甚至放在公共道路上的),都不得推定为抛弃物。

四、非法占有之故意

鉴于盗窃罪处罚的是“非法”窃取行为,因此《刑法典》特别强调犯罪的故 30
意要素。最初,该要素是通过意图成为所窃取之财物的所有权人的窃取行为表现出来的,也就是说,它必须是完全占为己有之故意。但是,我们发现,判例法中出现了与事实要素并行的演变。通过对使用型盗窃和复制型盗窃的定罪处罚,最高司法法院认可“想要成为单一所有权人(哪怕只是短暂的)的故意”[⑥]“通过复制他人专属文件侵犯他人所有权的故意”[⑦]。

事实上,故意仍然是盗窃罪的基本要素。如果起诉书中包含的事实要素

---

① Crim. 30 janv. 1992, Dr. pénal 1993. Comm. 228.

② Crim. 8 févr. 1993, Bull. crim. n° 65.

③ Crim. 25 mai 1988, Bull. crim. n° 223 – Crim 12 mai 2015, Dr. pénal 2015. Comm. 96.

④ Crim. 23 nov. 2004, Dr. pénal 2005. Comm. 39.

⑤ Crim. 31 mai 1978, Gaz. Pal. 1979. Somm. 150; 19 déc. 1990, Gaz. Pal. 1991. Somm. 460, obs. Doucet.

⑥ Crim. 19 févr. 1959, D. 1959. 331, note Roujou de Boubée.

⑦ Crim. 24 oct. 1990, Bull. crim. n° 335.

并不能证明存在故意，那么法庭会毫不犹豫地宣布释放被告人①。

非法目的（fraude）不能与动机（mobile）相混淆。动机能够促使行为人实施窃取行为，但对犯罪的故意要素并不产生任何影响。因此，如下行为均构成盗窃罪：债权人窃取债务人的财产以作抵押物的行为②、雇员出卖雇主的货物并以货款冲抵雇主所欠报酬的行为③、未收到货款的销售商“重新拿回”已经交付的物品的行为④以及未收到报酬的承包商或工匠返回房屋和公寓将配套设施拆除的行为。

在雇主不知情时，员工在法庭上，特别是在劳资调解委员会（le conseil des prud'hommes）上，出示雇主所有的文件，经常会被认定为构成盗窃罪。但是，这是员工们“证明其行为合理并反驳对其所归咎的过错”的唯一方式。长期以来，最高司法法院一直认为，“无论行为人的动机如何，只要使用拿走的财物”，则存在窃取行为。但是，该院 2004 年 5 月 11 日的系列判决缓和了这种僵化立场。

在第一个判决中⑤，最高司法法院重申了上述原则，但同时指责上诉法院没有查明员工出示这些文件是不是“被告人行使辩护权的必要之需”。在第二个判决中⑥，最高司法法院认可了上诉法院宣布释放被告人的判决，而该上诉法院正是在查明上述事实的基础上作出该判决⑦。

在多次认可上述解决方案之后，最高司法法院似乎想要严格限制这一正当化事由的范围，即员工只有在与雇主对簿劳资调解委员会之上，为行使辩护权所必要之时，出示雇主所有的文件的行为，才不构成盗窃罪。在其他类型诉

---

① Crim. 4 mai 1995, Dr. pénal 1995. Comm. 196; 4 mai 1995, Bull. crim. n° 165; 1er juin 1988, JCP 1989. Ⅱ. 21172, note Devèze.

② Crim. 7 oct. 1959, D. 1959. 9.

③ Crim. 8 janv. 1992, Bull. crim. n° 5; Dr. pénal 1992. Comm. 149.

④ Crim. 12 oct. 1976, Bull. crim. n° 229.

⑤ Bull. crim. n° 113.

⑥ Bull. crim. n° 117.

⑦ 整体性论述，见 Dr. pénal 2004. Comm. 122; JCP 2004. Ⅱ. 10124, note C. Girault; D. 2004, J. 2326, note H. Gaba et 2759, note G. Roujou de Boubée。

讼中,比如,诽谤案的公开审理中,最高司法法院则拒绝认可①。

如果不存在行使辩护权之必要,那么只有所有权人的事先授权——并且必须遵守所有权人的限制条件之时,被告人的行为才得以正当化②。另外,在行使留置权之时,被告人的行为才得以正当化,比如,修理费付清之前,修理人对所修理的车辆享有留置权。

第二节 盗窃罪的处罚

首先,我们明确犯罪人应受的刑罚;其次,我们考虑追诉时的一些特殊 31
情况。

一、刑罚

自新《刑法典》生效以来,对于犯罪人,我们必须区分自然人和法人。 32

(一)自然人

《刑法典》对盗窃罪的处罚规定非常精细复杂,根据窃取行为情节之不同, 33
刑罚的范围也非常宽泛。对于盗窃罪,可处以轻罪刑罚或重罪刑罚。

1. 盗窃罪的轻罪刑罚 34

盗窃罪基本犯,处3年监禁和45 000欧元罚金(第311-3条)。除此之外,犯罪人还应处第311-14条规定的部分或全部的附加刑,该条特别规定剥夺民事权、公民权和亲权,以及禁止从事实施犯罪时从事的职业活动或社会活动。

当所犯盗窃罪具有第311-4条第1-11项规定情形之时,刑罚加重至5年监禁和75 000欧元罚金;当所犯盗窃罪同时具有第1-11项中的两项情节之时,刑罚加重至7年监禁和10万欧元罚金;当所犯盗窃罪同时具有第1-11项

① Crim. 9 juin 2009, Dr. pénal 2009. Comm. 127; D. 2009. 1721, n° 9, obs. E. Degorce et D. 2010. 306, note H. Kobina Gaba; Gaz. Pal. 2009. 2613, note S. Detraz; RTD com. 2009. 814, note B. Bouloc. Solution confirmée par Crim. 21 juin 2011, Dr. pénal 2011. Comm. 121; Gaz. Pal. 9/10 nov. 2011. 16, note Detraz.

② Crim. 17 mai 1994, Gaz. Pal. 1994. Somm. 541.

中的三项情节之时,刑罚加重至 10 年监禁和 15 万欧元罚金。根据案件情况,并处第 311 - 14 条规定的部分或全部附加刑。上述有些情节是关于盗窃罪的行为人的。比如,当盗窃是由两人以上的正犯或共犯实施的“集合犯”(en réunion)之时,当盗窃是由享有公共职权的人员在履行职务过程中实施之时,或者当盗窃是由非法获得上述资格的人员实施之时,刑罚均得加重。另外,2010 年 3 月 2 日《集团暴力法》增加规定,当盗窃是由“故意全部或局部蒙面以防被识别身份的人员实施(第 311 - 4 条第 10 项)”,刑罚同样得加重。

上述有些情节是关于盗窃罪的被害人的。比如,“在盗窃之前、之中、之后,对他人使用暴力,但未使其完全丧失劳动能力的”“对因年龄、疾病、残疾、身体或心理缺陷、怀孕而处于特别弱势地位的人实施盗窃(参见 2011 年 3 月 14 日《国土安全绩效定位和规划法》所援引的第 311 - 5 条第 2 项规定)”,以及“因被害人的民族、种族或宗教信仰而实施的盗窃”,刑罚得加重。上述有些情节是针对盗窃罪实施地点的。“在运送多名乘客的公共交通车辆上或者在等待搭乘地点实施的盗窃罪”以及其他地点实施的盗窃罪,特别是“学校机构或教育机构、学生上下学时的出入口处以及上述机构周边实施的盗窃罪”,刑罚得加重。

另外,还有些情节是明确一些具体细节的。比如,第 311 - 4 条第 6 项规定的情形要求两个要素并存,而这些要素都应当由事实审法官具体查明①。首先,盗窃应当发生在居住之场所或存储(已经用于或打算用于)资金、证券、商品或物资之场所。该术语涵盖建筑物(办公室、商店或工厂)以及非建筑物、露天场地。其次,犯罪人应当使用非法方式“进入”上述场所或场地:计谋(ruse)、破门而入(定义由第 132 - 73 条规定)或翻越围墙(定义由第 132 - 74 条规定)。作为补充,我们还需增加第 311 - 4 条第 8 项,“如果盗窃之前、之中或之后,伴有破坏、毁损或毁坏行为的,无论盗窃罪发生在何处”,刑罚都得加重。

就其本身而言,2002 年 9 月 9 日《司法方针和方案法》包括改革未成年人刑法的条款,增加第 311 - 4 - 1 条规定,即“一名成年人在一名或多名未成年人

---

① Crim. 15 oct. 1991, Dr. pénal 1992. Comm. 63.

的帮助下作为正犯或共犯实施的盗窃罪,刑罚加重至7年监禁和10万欧元罚金;若上述一名或多名未成年人不满13周岁,刑罚加重至10年监禁和15万欧元罚金。”

2008年7月15日《档案法》新增第311-4-2条规定,即“若所盗窃物品属于依法应当归类保存的物品或档案、出土文物、文化财产,刑罚加重至7年监禁和10万欧元罚金。若犯本条规定之盗窃罪并具有第311-4条所规定的某项加重情节,则刑罚加重至10年监禁和15万欧元罚金。另外,本条规定的任何情形,罚金得加重至所盗窃物品价值的一半金额。”

2. 盗窃罪的重罪刑罚 35

《刑法典》列举了3种情形。首先,伴有严重暴力行为的盗窃罪,根据暴力后果的严重程度不同,分别处以有期徒刑(第311-7条)或无期徒刑(第311-10条)和15万欧元罚金。其次,若盗窃罪是通过有组织犯罪(第132-71条)方式实施,根据第311-9条规定的不同情形区别,分别处以刑期长短不同的有期徒刑。最后,若盗窃罪是使用武器或威胁使用武器实施的,以及由被授权或被禁止携带武器的人员实施的(第311-8条),则均处以重罪刑罚。

武器的定义由第132-75条规定。该定义包括本质型武器(为杀伤而存在的物品)、目标型武器(用于杀伤或进行威胁的物品)和类似型武器(与为杀伤而存在的本质型武器相似,能使人“产生混淆”且被用于威胁的物品)。1996年7月22日《打击恐怖主义和针对公职人员犯罪的法律》对第132-75条进行补充,新增“使用动物杀伤或威胁视为使用武器”之规定。该条规定广受欢迎,因为使用危险动物(特别是受过训练的狗)的情况发展得十分猖獗。但是,它们原来不属于《刑法典》所规定的三种类型武器中的任何一种,因为上述定义的对象均为“物品”①。

(二)法人

无论是轻罪刑罚还是重罪刑罚的盗窃罪,法人都能被宣告承担刑事责任(第311-16条),只要该盗窃罪符合“由法人的机关或代表为法人利益而实 36

① Crim. 1er mars 1989, Bull. crim. n° 99; RSC 1989. 738, obs. Levasseur.

施”的条件即可(第 121-2 条第 1 款)。我们能够理性地预计,这些条款适用于盗窃罪的情形并不多。法人承担的罚金数额是自然人实施相同犯罪罚金数额的 5 倍,另外,法人还应承担第 131-39 条第 2 项规定的非常严厉的附加刑:根据案件情况,按照第 311-6 条至第 311-10 条之规定,当所犯盗窃罪为暴力盗窃或重罪刑罚犯罪,能够判处永久性或暂时性禁止法人从事实施犯罪活动时所从事的活动。

(三)悔罪之人

37 为了方便对有组织犯罪的追诉和预防,2004 年 3 月 9 日《佩尔邦二号法》,在《刑法典》中新增第 311-9-1 条免除刑罚和减轻刑罚之规定。若意图实施盗窃之人,通知行政机关,甚至指认其他正犯或共犯,进而避免犯罪之发生,则该人所受之刑罚得免除。若实施盗窃的正犯或共犯中止犯罪,避免对他人造成严重损害,必要时,指认其他正犯或共犯,则该人所受之刑罚得减半。

二、特殊规定

38 盗窃罪中的特殊规定非常少。首先,值得注意的是,当涉及盗窃轻罪基本犯、盗窃轻罪加重犯(第 311-13 条)或盗窃重罪(第 121-4 条第 2 项)之时,盗窃未遂均得处以刑罚。以下案例正是盗窃未遂之情形:在超市中偷藏物品被抓后抛弃购物车①,或者,破门入室未找到贵重物品空手而回②。另外,需要注意的是,第 311-12 条关于亲属盗窃豁免之规定,即直系亲属和未分居配偶之间的盗窃罪,免于一切刑事追诉。但是,从 2006 年 4 月 4 日法*生效之日起,如果所盗窃的物品是被害人日常生活所必需的物品(如身份证件、外国人居住证或居留证的相关文件、支付工具的相关文件),上述规定则不得适用。

最后,值得注意的是,《刑事诉讼法典》第 8 条关于诉讼时效之规定,即若所犯的盗窃罪对“弱势”人员造成损害,则该罪的诉讼时效从被害人认为盗窃罪符合提起公诉条件之日起计算。

---

① Crim. 3 janv. 1973, Gaz. Pal. 1973. 290.

② Crim. 15 mars 1994, Dr. pénal 1994. Comm. 153.

* 2006 年 4 月 4 日法是指第 2006-399 号《加强预防和惩处夫妻之间或针对未成年人的暴力行为法》。——译者注

第二章　诈骗罪及其邻近犯罪

与窃取(将觊觎之财物直接拿走并占为己有)不同,诈骗 39
是所有权人或占有权人因受到欺骗陷入错误而交付财物。因此,诈骗罪是我们所称的“诡诈犯罪”(la délinquance d'astuce)的完美例子。另外,应当指出的是,诈骗人所使用的手段可能存在显著差异,因为诈骗人总是根据被害人的心理、疑心程度和智力采取不同方法。因此,有时候诈骗需要非常精妙复杂的诡计,有时候简单的表演就能骗倒过于轻信他人的被害人①。

尽管诈骗罪的构成要素内涵非常宽泛(第一节),因预见到欺诈方法的多样化,立法者在诈骗罪之外,又规定了几项补充犯罪,即所谓的“诈骗罪的‘邻近’犯罪”(第二节)。

---

① Crim. 26 juill. 1965, *Bull. crim.* n° 188; 22 oct. 1987, *Gaz. Pal.* 1988. 1. 114, note Douce.

第一节 诈骗罪

一、构成要素

（一）诈骗人所使用的欺诈方法

40 《刑法典》第 313－1 条规定了 3 种欺诈手段（procédé frauduleux），被告人只要使用其中一种手段欺骗被害人，刑事法官就能对其定罪处罚。这些手段具有一些共同特征。首先，诈骗人应当采取积极的态度使被害人陷入错误，诈骗罪处罚实行犯（un délit de commission）。某人想要申请社会补助，在填写申请表格时"省略"某些事项，而这些事项会使他无法获得该项补助[①]。例如，隐瞒受薪工作，自称为个体工作者[②]，这是不作为犯。其次，欺骗手段应当在被害人交付行为之前实施，交付是因为受到欺骗。

1. 使用虚假名称或虚假身份（假冒伪劣）

41 使用虚假名称，有时是使用完全虚假的名称，有时是假冒第三方的名称。这种使用包括使用虚假名称、虚假化名；这些名称具有同音异义性，进而能够引起混淆。说实话，这种手段有些简单化，很快就过时，而且经济领域中很少使用。

使用虚假身份的内涵并不明确，因为"身份"（qualité）的概念并未在条文中规定。但是，基于打击犯罪的需要，判例法长期以来都认可较为宽泛的立场。因此，自然人的"身份"传统上包括年龄、子女状况、婚姻状况、住所、国籍，后来最高司法法院增加了"职业"，既可以是公共职业也可以是私人职业，既可以是合法职业也可以是非法职业[③]。

后来，代理人也被纳入"身份"的定义之中。不幸的是，这是一种经常使用的方式，尤其是在公益慈善领域的诈骗犯罪之中，诈骗人假装是慈善组织的代

---

① Crim. 26 avr. 1994, *Dr. pénal* 1994. Comm. 181; *RSC* 1994. 773, obs. Giudicelli-Delage et 1995. 96, obs. B. Bouloc.

② Crim. 8 avr. 1999, *Dr. pénal* 1999. Comm. 126; *D.* 2000. Somm. com. 122, obs. M. Segonds.

③ Crim. 21 juin. 1966, *D.* 1966. 579：虚假广告经纪人；4 déc. 1969, *D.* 1970. 114：虚假独家经销商；26 juin 1974, *Bull. crim.* n° 243：虚假《米其林指南》调查员。

理人吸收和分配资金,进而据为己有[①]。

因此,比较符合逻辑的发展结果是,最高司法法院已经将社会补助或其他救济金的受益人作为一种身份要素,以处罚对社会造成严重损害的大规模犯罪行为[②]。

2. 滥用真实身份

长期以来,判例法将滥用真实身份作为一种欺诈操控形式(une forme de manœuvre frauduleuse),《刑法典》第 313－1 条已经将其单独规定为一种欺诈手段(procédé de tromperie)[③]。诈骗人使用其真正拥有的身份是非常有效的(一般来说,是他真正从事的职业),因为这份职业带来的信任赋予其力量和信誉。在各种各样的活动领域中都有这种事例:信贷公司负责人为所谓的借贷而吸收资金[④]、律师滥用其身份使对方当事人撤回诉讼[⑤]、医疗机构负责人出具虚假住院费用账单[⑥]、大学教授自己制作任务单以支付虚假任务费用[⑦]、公证人明知所有权人不愿出售仍签订销售收购协议[⑧]。 42

滥用真实身份是唯一一个来自诈骗人自身的独立构罪要素。因此,不再(像欺诈操控那样)要求欺诈有外部的事实要素支持和强化,比如,书面文件或第三方介入。值得注意的是,在某些案件中,欺诈性地滥用真实身份获取某些财物,可能会构成其他犯罪,比如贿赂罪或利用影响力交易罪。

3. 使用欺诈操控

(1)概念和特征 43

与旧法第 405 条一样,新法第 313－1 条规定使用"欺诈操控"作为构罪要素,但没有作出定义。但是,这一立法空白长期以来都是通过丰富的、固定

---

① Crim. 10 oct. 1977, *Bull. crim.* n° 298; 10 juin 1991, *Bull. crim.* n° 247; Paris 9e ch. 29 mars et 1er juin 1995, *Dr. pénal* 1995. Comm. 251 et 252; *RSC* 1996. 379, obs. R. Ottenhof.

② Crim. 9 mai 1979, *Gaz. Pal.* 1980. 54; 12 déc. 1988, *Bull. crim.* n° 421; 26 avr. 1994 et 8 avr., préc..

③ Crim. 8 juill. 1986, *Bull. crim.* n° 232; *RSC* 1988. 89, obs. Bouzat.

④ Crim. 21 nov. 1961, *Bull. crim.* n° 473.

⑤ Crim. 6 avr. 1993, *Dr. pénal* 1993. Comm. 181.

⑥ Crim. 21 mars 1996, *Bull. crim.* n° 129.

⑦ Pau 29 avr. 2004, *D.* 2004. 2401, note Ph. Nérac.

⑧ Crim. 11 mars 2009, *Dr. pénal* 2009. Comm. 81.

的判例法填补。判例法赋予其明确的定义和内容,理论界毫不犹豫地采用,这项判例法自新《刑法典》施行以来发挥了重要作用。

首先,欺诈仅仅包括为使被害人陷入错误而实施的实行行为以及所期望的交付的确定行为。比如,实施旨在创设虚假破产的事实"策略"①,利用互联网广告组织虚假销售②。因此,定罪处罚的决定必须确认欺诈行为发生在支付行为之前并对其具有决定性作用③。比如,在保险诈骗案件中,虚假申报损失金额以获取赔偿金的支付④。在非常特殊的情形下,交付之后的操控也可能会构成犯罪,只要它是犯罪人和被害人持续关系的一部分⑤。

但最重要的结果是,单纯的源自诈骗人的谎言,无论是书面的还是口头的,甚至是重复的,都不足以构成欺诈手段,即使它对支付具有决定性作用⑥。然而,应当指出的是,在最近的一项判决中,单独出具虚假发票被定为诈骗罪⑦。除此之外,根据刑事法庭的经典论述,只有意图赋予诈骗人力量和信誉的谎言得到外部要素的支持,才构成诈骗罪:制作书面文件、第三方干预或在实施过程中介入⑧。比如,外科医生在其他医生的帮助下组织虚假申报构成医疗保险诈骗⑨,或者银行客户欺诈性使用信用卡以逃避事先授权程序,并因此获得不当信贷构成金融诈骗⑩。但是,医药行业职业人员采用的价格高于明细表中的价格,应当被宣告无罪:因为缺乏外部要素,就不存在操控手段,因此不

---

① Crim. 1er juin 2011, *RSC* 2011. 839, note H. Matsopoulou.

② Crim. 5 mars 2014, *RTD Com.* 2014. 704, note B. Bouloc.

③ Crim. 8 nov. 1988, *Bull. crim.* n° 381; 20 mars 1997, *Dr. pénal* 1997. Comm. 93; 10 avr. 1997, *Bull. crim.* n° 137.

④ Crim. 14 janv. 2009.

⑤ Crim. 31 oct. 1981, *D.* 1982. IR 125, obs. Vasseur:向银行提交虚假的资产负债表以使银行继续发放信贷,避免信贷中断。

⑥ Crim. 1er juin 2005, *Bull. crim.* n° 167; *Dr. pénal* 2005. Comm. 167; *Gaz. Pal.* 13/14 janv. 2006. 8, note Y. M.:在特别短的期间内签发23次空头支票;Crim. 8 janv. 2014, *Rev. sociétés* 2014. 520, note B. Bouloc。

⑦ Crim. 12 sept. 2006, *Dr. pénal* 2006. Comm. 157.

⑧ Crim. 11 févr. 1976, *D.* 1976. 295, rapport Dauvergne.

⑨ Crim. 30 mai 2001, *Dr. pénal* 2001. Comm. 113; *RSC* 2002. 332, obs. R. Ottenhof.

⑩ Crim. 13 sept. 2006, *Bull. crim.* n° 221; *Dr. pénal* 2006. Comm. 158; *JCP* 2007. Ⅱ. 10033, note J. Lasserre-Capdeville; *D. Affaires* 2006. 2525, note V. Avena-Robardet.

构成诈骗罪,而只是构成《公共卫生法典》中的犯罪①。

(2)具体事例 44

制作书面文件是诈骗人最常使用的一种方法,用以证实其虚假陈述的准确性,进而说服被害人实施交付行为。在绝大多数情况下,书面文件都是伪造的。最高司法法院认为,伪造的性质、生产方式及所用的伪造方法,都不重要②。

在所制造的虚假文件中必然存在虚假要素,比如,建立"Dailly"清单以转让并不存在的债权③,又如,"虚假发票"。虚假发票,是指与实际提供的商品、材料或服务不相符的发票。当发票金额高出物品或服务的实际价值时,称为"超额发票"。诈骗实施机制具体如下。发票有时由现有的公司出具,有时由没有实际活动的公司出具,有时由为交易目的而创建的公司出具。这些公司被称为"开票人"或者"纳税公司",因为这些公司应当提供商业数据或缴纳"税款"。诈骗是使用虚假发票造成从事经营活动的假象,欺骗金融机构以获得信贷④。

虚假发票的制造过程也能构成"黑匣子"。在这种情况下,出具发票的这些公司会迅速兑现付款中使用的支票,并在扣除佣金后将现金金额返还给出票人。因此,支票出票人拥有会计凭证,以证明有多种用途的资金流动:台下费用、非法雇工、政党资助、职业运动员的奖金等。

如果在遭受损失(发生盗窃、事故以及火灾)时,向警察部门出具虚假产权文件申报损失,那么欺诈行为是将申报收据寄给保险公司,以获取或试图获取合同规定的赔偿⑤。

---

① Crim. 24 sept. 1998, *Bull. crim.* n° 236; *Dr. pénal* 1999. Comm. 19; *RSC* 1999. 586, obs. R. Ottenhof:本案中行为人为物理治疗师。

② Crim. 2 avril 2014, *Dr. pénal* 2014. Comm. 102:将虚假医疗证明送交法院以寻求不公正裁决。

③ Crim. 22 févr. 1993, *Bull. crim.* n° 83; *Dr. pénal* 1993. Comm. 182.

④ Crim. 9 nov. 1977, *Bull. crim.* n° 344.

⑤ Crim. 14 mars 1979, *Bull. crim.* n° 107; v. aussi Crim. 22 févr. 1996, *Bull. crim.* n° 89:被盗车辆的虚假印戳证明。

45 (3)第三方干预

诈骗人经常通过第三方来佐证其主张并证明其真实性,此时该方被称为“第三方证明人”。例如,外科医生组织骗局,其他医生出具陈述予以帮助,最终导致医疗保险金损失①。如果第三方具有恶意,那么,该方构成欺诈的共犯②。比如,审计员明知公司虚构多项经营活动,仍为其账目出具证明,此时公司的虚构行为无法免除“审计专业人士”的责任③。又如,公证员出具虚假支票,以证明诈骗人的财务状况良好④。

但是,精明的骗子会利用甚至欺骗其不认识的善意第三方,此时第三方的介入才会既真诚无私又非常有效。比如,医生或护士通过虚假服务单虚构服务,而这些服务单由无法验证内容的患者签名来证实,构成社会保险诈骗⑤。当医务人员模仿从不存在的行为中受益的患者的签名时,情况尤其如此⑥。

第三方的参与并不一定意味着积极行为。这可能是由于第三方被动地出现在诈骗人身边,而诈骗人则利用第三方在被害人眼中所代表的保证或道德信用⑦。

另外,第三方可能并不真正存在,而只是存在于诈骗人由于需要而营造的幻想之中。“广告”诈骗就是如此,即基于“所谓的”第三方的推荐或“所谓的”满意客户的来信而精心策划的广告活动⑧。最高司法法院也承认,假想的个体接受汇票并以折价方式出示同样构成诈骗,即所谓的“空头汇票”⑨。

---

① Crim. 30 mai 2001, préc. ss 43.

② Crim. 14 juin 1977, *Bull. crim.* n° 215:在虚构事故进行保险诈骗时出具融通票据。

③ Crim. 31 janv. 2007, 2 arrêts, *Dr. pénal* 2007. Comm. 56.

④ Crim. 11 mars 2009, *Dr. pénal* 2009. Comm. 81.

⑤ Crim. 20 mai 2009, Dr. pénal 2009. Comm. 124 et 4 nov. 2009, Dr. pénal 2010. Comm. 25; les deux arrêts, D. 2010. 1666, obs. C. Mascala.

⑥ Crim. 19 mars 2014, *Dr. pénal* 2014. Comm. 71; *RTD Com.* 2014. 425, note B. Bouloc.

⑦ Crim. 2 juin 1986, *Bull. crim.* n° 186:当出具证明文件的公证人在场时进行欺诈;18 janv. 1988, *Bull. crim.* n° 22。

⑧ Crim. 7 mai 1974, *JCP* 1974. Ⅱ. 18285, note Fourgoux.

⑨ Crim. 22 avr. 1958, *Bull. crim.* n° 330.

(4)付诸实施 46

付诸实施就是诈骗人集合所有手段来欺骗所选定的被害人。这可以是一种“计谋”,旨在制造具有偿付能力的表象①。著名的教派案也是如此,该教派出于纯粹的财务目的要求追随者接受性格测验,说服追随者们认为自己存在性格缺陷,进而出售作品并帮助他们付款②。

因此,诈骗人会根据其所企图欺骗之人的心理、智力、技术知识或不信任度而调整欺诈手段。这就是为什么判例法认可,如果被害人非常容易受到影响,不仅在非常复杂和富有想象力的情况下存在欺诈,在使用简单手段甚至“傻瓜”手段的情况下同样存在欺诈③。分析实行行为对交付行为的决定性作用,不能客观地参考特别谨慎周密的理想模型,而要主观地考虑被害人的性格④。

(5)欺诈手段追求的目标 47

第313-1条仅规定,诈骗人所使用的手段旨在“欺骗自然人或法人”,并确定被害人向诈骗人实施交付行为。与旧法第405条不同,该条款不再规定诈骗人所追求目的的详细内容,从而扩大了犯罪行为的立法范围。

实际上,情况几乎不会发生太大变化,旧条款的规定早已获得广泛适用。应该记住它们,因为它们将继续被诈骗人员频繁使用。因此,旧条款首先针对的是旨在说明存在虚假企业的欺诈手段。判例法认为,不仅完全虚构和纯粹的表象是虚假的⑤,通过虚假订单人为增加营业额也是虚假的⑥。

其后,旧法第405条提到虚构的权力或信用。银行分支机构的执行助理凭借虚构的权力,通过使贷方相信银行会担保还款来增强贷方的信心⑦。同样,

---

① Crim. 1er juin 2011, *Dr. pénal* 2011. Comm. 117; *RSC* 2011. 889, obs. H. Matsopoulou.

② Paris 8 févr. 2012, *AJ pénal* 2012. 419, obs. J. Lasserre Capdeville; *Dalloz actualité* 12 mars 2012, obs. J. Gallois.

③ Crim. 22 oct. 1987, *Gaz. Pal.* 1988. 1. 114, obs. Doucet; 26 juill. 1965, *Bull. crim.* n° 188.

④ Crim. 27 janv. 1976, *Bull. crim.* n° 29; 28 mars 1996, *Dr. pénal* 1996. Comm. 183: 承诺结婚或共同生活以骗取资金,即称为“婚姻”诈骗。

⑤ Crim. 25 juill. 1978, *Bull. crim.* n° 243; 21 oct. 1991; *Dr. pénal* 1992. Comm. 65: 通过虚假工业振兴项目创造就业岗位进而实施补贴欺诈。

⑥ Crim. 20 févr. 1974, *Bull. crim.* n° 76.

⑦ Crim. 22 avr. 1977, *Bull. crim.* n° 132.

诈骗人通过无偿付能力的第三方①或虚构人员②出具的虚假发票或虚假融通汇票,来建立其虚假信用。

最后,诈骗在于引发被害人对成功、事故或其他任何虚幻事件的希望或恐惧。比如,诈骗人出卖待租或待售房屋的清单,而实际上这些房屋已经有人居住,并且其地址已公布在各种出版物之中,就是这种情况③。又如,诈骗人使老人相信会为其提供住房和维持生活直到去世而剥削老人,也是如此④。

(二)因受骗而实施交付行为

48 第 313-1 条既规定交付行为的内容,又规定交付行为的目的是损害汇款人的利益或损害第三方的利益。

49 1. 交付行为的内容

如今,该条规定了三种财产,这三种财产的犯罪适用范围比旧的第 405 条更为广泛。

首先,被害人向诈骗人交付基金、证券或任何财产,财产是指金钱和有形动产。只有不动产在本条规定之外⑤。被害人可能直接向诈骗人汇款,也可能向他们授权的代理人汇款:从一个账户向另一个账户转账。

其次,被害人为诈骗人提供服务。将“提供服务”纳入诈骗罪是一项创新。立法者通过判例法扩大了诈骗的适用范围,将旨在逃避电话费⑥或停车费⑦的行为认定为诈骗。

最后,欺诈可能导致被害人同意义务负担行为或义务解除行为,换言之,该行为创造、确立或消灭了一项权利,该权利不利于被害人而有利于诈骗人,包括有关支票或转账指令、承诺、收据、收条、本票等行为⑧。在这些行为中,有必要为所谓的“虚假诉讼”的诈骗留出空间。判例法将提供虚假文件故

① Crim. 20 juin 1983, *Bull. crim.* n° 189.

② Crim. 22 avr. 1958, *Bull. crim.* n° 330.

③ Paris 17 nov. 1983, *Gaz. Pal.* 1984. 2. 644, note Marchi; *RSC* 1985. 91 et 817, obs. Bouzat.

④ Crim. 7 mai 1974, *Bull. crim.* n° 160; *JCP* 1976. Ⅱ. 18285, note Fourgoux.

⑤ Crim. 15 juin 1992, *Dr. pénal* 1992. Comm. 281.

⑥ Crim. 4 mai 1987, *Bull. crim.* n° 175; *Gaz. Pal.* 1987. 2. 580; obs. Doucet.

⑦ Crim. 10 déc. 1970, *D.* 1972. 155, note Roujou de Boubée; 29 mai 1978, *Bull. crim.* n° 170.

⑧ Crim. 26 févr. 1990, *Bull. crim.* n° 94: 占用不动产的权利。

意欺骗法官或法院以获得对其有利裁决的行为，认定为诈骗罪，它可能通过制造虚假文件[①]，也可能借助于虚假证言[②]。最高司法法院已经将上述裁判扩展到仲裁裁决[③]。

2. 因交付行为而造成损失 50

旧法第405条明确，诈骗人使用的手段旨在“欺诈他人的全部或部分财产”，这样的规定似乎暗示被害人应当遭受财产损失。但是，最高司法法院传统上一直认为，“只要利用欺诈性手段导致交付行为，就构成犯罪，无论是否存在损失”[④]。换言之，最高司法法院认为，诈骗只需要出现交付行为即可构成，无论后续结果如何[⑤]。比如，诈骗人无法兑现支票或本票的金额，就是这种情况。

但是，就诈骗罪处罚的是欺诈性“占有”而言，该判例法是值得商榷的。因此，在《刑法典》改革之计，立法者修改了这一定罪方式。从此，第313-1条要求，交付行为对交付人或第三方造成“损失”。其实判例法的变更是可能的，最高司法法院已经判定，通过欺诈性手段使行政机关颁发拘留证的行为不构成诈骗罪，因为它“并未对他人的财产造成损失”[⑥]。实际上，这是在讨论诈骗罪的边界，因为在大多数情况下，交付行为实际上会给交付人或第三方造成物质或金钱损失。

（三）故意要素

诈骗罪明确处罚的是故意犯罪。诈骗人故意使用虚假名称或虚假身份，故意滥用真实身份。至于手段，条文明确其必须具有欺诈性。该罪不处罚简单的疏忽或轻率，处罚的是恶意实施的故意行为。犯罪故意的证据通常是诈骗人使用的事实手段：创立虚假公司、出具虚假发票、第三方介入。至于归还 51

---

① Crim. 3 juin 2004, Dr. pénal 2004. Comm. 155.

② Crim. 19 sept. 1995, *Bull. crim.* n° 274; 24 mars 1998, *Bull. crim.* n° 117.

③ Crim. 30 juin 2004, *Bull. crim.* n° 178; *Dr. pénal* 2004. Comm. 156; Crim. 24 sept. 2008, *Dr. pénal* 2008. Comm. 157, note J.-H. Robert.

④ Crim. 19 déc. 1979, *Bull. crim.* n° 369; 16 avr. 1980, *Gaz. Pal.* 1981. 1. 141 et la note.

⑤ Crim. 15 juin 1992, *Bull. crim.* n° 234.

⑥ Crim. 26 oct. 1994, Bull. crim. n° 341; Dr. pénal 1995. Comm. 65; RSC 1995. 595, obs. Delmas-Saint-Hilaire.

所骗款项的行为,则只能构成积极悔罪,而并不能排除犯罪故意[①]。

但是,判例法也常常侧重于被告人的身份,尤其是实施欺诈行为的犯罪人是合格的专业人员之时。例如,由于存在虚假账目,一名审计员和一名公司的注册会计师被判构成诈骗罪共犯,尽管他们证明其行为是合规且真诚的,但无法否认其是“会计专业人士”[②]。因此,刑事法官对具有“合格专业”身份的人员推定具有犯罪故意,而对于该推定,被告人确实很难推翻。

二、处罚

(一)刑罚

52 1. 自然人

一般而言,对诈骗罪处5年监禁和37.5万欧元罚金(第313-1条),但是,如果符合第313-2条规定的5种情形,则处7年监禁和75万欧元罚金。其中,两种加重情节主要是关于经济领域。首先,诈骗人实施的诈骗是吸收公共存款,“目的”在于发行证券为人道援助或社会援助,亦被称为“公益慈善”诈骗[③];其次,诈骗的对象是特殊的弱势群体,如未成年、患病、残疾以及具有生理或心理缺陷的被害人。2013年12月23日《社会保险资助法》将“为获取津贴、福利、付款或不当好处而给公共法人或社会事业单位造成损失的行为”,规定为犯罪行为。2004年3月9日《犯罪变法司法适应法》实施以来,当诈骗罪为有组织犯罪时,刑罚增加至10年监禁和100万欧元罚金。

在所有情况下,对犯罪人并处第313-7条和第313-8条规定的全部或部分附加刑,其中绝大部分都非常严厉,包括禁止继续从事商业或工业活动。特别值得注意的是,这些附加刑包括禁止从事实施犯罪时所从事的专业或社会活动,关闭服务于实施犯罪行为的企业机构,以及禁止签发除允许提取资金的支票以外的任何支票。上述措施最长可持续5年时间。

对于主犯的共犯也能够处以上述刑罚,只要共犯是故意介入,并骗取了被

---

① Crim. 6 avr. 1980, *Gaz. Pal.* 1981. 1. 141.

② Crim. 25 févr. 2004, *Bull. crim.* n° 53; *Dr. pénal* 2004. Comm. 91; *Gaz. Pal.* 2004. J. 2514, note E.-M. Pire; *Rev. sociétés* 2004. 929, note B. Bouloc; 31 janv. 2007, 2 arrêts, *Dr. pénal* 2007. Comm. 56; *Rev. sociétés* 2007. 341, note H. Matsopoulou.

③ 见该类诈骗犯罪的两个案例:Paris 29 mai et 1er juin 1995, *Dr. pénal* 1995. Comm. 252。

害人的信任。在公司管理人实施诈骗给国库造成损失的案件中,处罚审计员和公司注册会计师就是这种情况。最高司法法院认为,尽管账目被证明是合规的且真实的,也无法推脱他们“会计专业人员”的身份①。2007 年 1 月 31 日的两项判决,肯定了上述解决方案②。虚假诉讼诈骗案中,处罚帮助被告人欺骗法庭的人员,也是如此③。

2. 法人 53

法人对其机关或代表为其利益实施的诈骗犯罪,承担刑事责任(第 313-9 条)。就这点而言,似乎事实审法官在并未明确事实的情况下,就对法人予以判决④。对法人处以自然人的 5 倍罚金,并处第 131-39 条规定的全部附加刑。有些法人(公司或协会)可能面临解散(如果其设立的目的本身就是或被调整为实施犯罪行为),禁止从事营业活动、关闭机构、禁止签发发票、禁止吸收公众存款,禁止参与共同采购。

(二)特殊规定

如果我们抛开诈骗人的亲属豁免(第 313-3 条),那么,诈骗罪的特殊之处 54
包括未遂、追诉时效、消费者协会的诉讼权。

1. 未遂 55

诈骗罪的未遂是可罚的(第 313-3 条)。它是指开始着手实施犯罪行为,但由于诈骗人意志以外的原因无法发生预期的交付行为,特别是欺诈手段已经过时以及欺骗行为被揭发⑤。当银行发现开户和放贷时所要求提供的支票

---

① Crim. 25 févr. 2004, *Bull. crim.* n° 53; *Dr. pénal* 2004. Comm. 91; *Gaz. Pal.* 2004. 2514, note E.-M. Pire; *RTD com.* 2004. 625, obs. B. Bouloc.

② *Dr. pénal* 2007. Comm. 56; *Rev. sociétés* 2007. 584, note B. Bouloc, et 351, note H. Matsopoulou.

③ Crim. 11 janv. 2006, *Dr. pénal* 2006. Comm. 48; *RSC* 2006. 596, obs. É. Fortis.

④ Crim. 19 juin 2013, *Rev. sociétés* 2014. 55, note B. Bouloc; *D.* 2013. 2713, obs. Roujou de Boubée; *AJ Pénal* 2013. 606, obs. J. Lasserre Capdeville.

⑤ Crim. 9 mars 1983, *D.* 1984. 209, note Devèze et *RSC* 1984. 85, obs. Bouzat: 改低商品标签上的价格,并拿到商店的收银处; 27 avr. 2000, *Dr. pénal* 2000. Comm. 137: 被保险人提供的过于虚高的发票在复核鉴定中被保险公司发现。

为空头支票或遭到拒付时，也是犯罪未遂[①]。但在解雇程序中，“普通”员工利用被保护员工（un salarié protégé）的虚假身份不构成社会补助津贴的诈骗未遂[②]。

旨在欺骗被害人的欺诈行为的着手是指什么？法庭的倾向是严厉性，保险诈骗未遂的案件就是一个很好的例子。最高司法法院认为，和解或司法赔偿请求中虚构损失申报毫无疑问构成诈骗未遂[③]。但是，进一步来说，该院认为简单的申报也是能够定罪的，因为诈骗人“必然知道他试图确定保险人的保险金”[④]。但是，仅仅在警察局报案失窃，而并未向保险人申报损失，则不构成着手，不成立诈骗罪的未遂[⑤]。至于人为地增加灾难造成的实际损失，则对其解释将取决于被告人究竟是善意还是恶意，法官将根据案卷的内容对此进行判断[⑥]。

56　2. 追诉时效

诈骗是被害人向诈骗人交付就可构成的即时犯。因此，交付日期就是计算追诉时效期间的起点。该起点既不能提前到欺诈手段的实施日期，也不能延后到被害人认识到不幸之日[⑦]，除非诈骗罪是给弱势群体人员造成损失（《刑事诉讼法典》第 8 条）。但是，诈骗罪自然应归类为具有掩饰性的所谓的隐秘犯罪。对于该类犯罪，最高司法法院认可追诉时效期间起点的延迟。尽管如此，该院还是认为，追诉时效的起算点不应当确定为被骗支票的交付日，而应确定为被骗支票的兑付日[⑧]。

---

① Ass. plén. 18 juin 2006, *Bull. crim.* n° 1; *D. pénal* 2006. Comm. 49; *JCP* 2006. Ⅱ. 10075, note J. Leblois-Happe.

② Crim. 14 avril 2015, *Dr. pénal* 2015. Comm. 82; *RTD Com.* 2015. 599, note B. Bouloc.

③ Crim. 13 mars 1989, *Gaz. Pal.* 1989. 1. 437, note Doucet et *RSC* 1990. 347, obs. Bouzat; 9 janv. 1992, *Dr. pénal* 1992. Comm. 176.

④ Crim. 22 févr. 1996, *Dr. pénal* 1996. Comm. 184; *Bull. crim.* n° 89.

⑤ Crim. 17 déc. 2008, *Dr. pénal* 2009. Comm. 35.

⑥ Crim. 16 févr. 1983, *Gaz. Pal.* 1983. 2. Somm. 323, obs. Doucet et *RSC* 1984. 84, obs. Bouzat; 27 avr. 2000, préc..

⑦ Crim. 8 sept. 2010, *Dr. pénal* 2010. Comm. 144; *D.* 2011. 1862, obs; C. Mascala; *RTD com.* 2011. 18, obs. B. Bouloc.

⑧ Crim. 30 juin 1999, *Bull. crim.* n° 170; *Dr. pénal* 2000. Comm. 13; *RSC* 1999. 823, obs. R. Ottenhof.

但是,当最初的诈骗导致一段时间内的持续分期交付,则该交付行为构成不可分割的整体,直到最后一次付款时,才开始计算追诉时效。社会补助或失业救济诈骗就是这种情况①。

3. 消费者协会参与附带民事诉讼 57

《消费法典》第 L. 421－1 条授权消费者协会就直接或间接损害消费者集体利益的行为行使附带民事诉讼当事人的权利。该协会的这项权力是非常宽泛的,可以针对所有犯罪行为。因此,在对诈骗罪主犯的追诉中,消费者协会进行附带民事诉讼是可受理的②。

第二节　诈骗罪的邻近犯罪

《刑法典》中诈骗罪的邻近犯罪,规定了几种特殊的欺诈(其中一些直接与经济活动相关),以更加全面地处罚该类犯罪。值得注意的是,其中第 313－4 条的规定,其处罚旨在利用特殊弱势群体人员的无知或脆弱的诈骗行为。根据该条规定,只要将严重损害上述人员的行为强加给他们即可处罚,而无须犯罪人实施上文所要求的欺诈手段才能构成诈骗罪。2001 年 6 月 12 日《打击宗派活动法》已经废除该条款,并将该罪行纳入第 223－15－2 条伤害他人的犯罪之中。从此,该类罪行不仅对侵犯被害人财产的行为作出处罚,而且对所有可能对其造成精神损害的虐待行为作出处罚③。 58

因此,诈骗罪的邻近犯罪,只有撞骗罪(一)、妨碍投标自由罪(二)和欺诈性利用他人不动产获利罪(三)。

一、撞骗罪

"撞骗罪"(filouterie)是指明知无法付款或决定不付款,却获取某些商品或 59

---

① Crim. 20 juin 1994, *Dr. pénal* 1994. Comm. 260; 26 sept. 1995, *Bull. crim.* n° 288; *Dr. pénal* 1996. Comm. 61: 补助金转账持续 23 年。

② Crim. 30 janv. 1995, *Bull. crim.* n° 37.

③ Crim. 21 oct. 2008, *Dr. pénal* 2009. Comm. 12.

服务的行为。它旨在保护提供某些商品或服务的专业人员，对这些商品或服务不能要求提前付款或出示付款凭证。根据第313-5条的规定，撞骗罪处以6个月监禁和7500欧元罚金，不得并处任何附加刑。

（一）撞骗行为

60 《刑法典》第313-5条规定处罚的并不是为获得任何商品或服务而隐瞒其无力清偿情形的普通犯罪。它包含并重组了4种行骗行为，其内容非常精确，由上述条文分别予以规定。

61 1. 骗吃骗喝

该种行骗又被称为“吃霸王餐”，是指在销售饮料或食品的场所中自行就餐。与旧的条款（《刑法典》原第401条）不同，第313-5条不再要求这些产品应当全部或部分在现场就餐。因此，该条可适用于给销售外卖饮料或食品的企业造成损失的行骗行为。

62 2. 骗住

它是指在房屋出租场所自行分配和实际占用一个或多个房间。该条款为保护“场所”，排除了偶尔出租的情况。但是，占用期间不得超过10天①。换言之，法律不保护疏忽的出租人，因为他们没有通过真正的催告而要求支付房租，仅仅出示通知是不够的②。如果能够证明在占用房屋期间消费饮料未付款，那么也可以定罪处罚，但是对该条款的严格解释排除了对其他杂费的扩张适用，如在房间打电话的电话费③。

63 3. 骗取燃油和润滑剂

这是指在加油站由专业人员加满汽车油箱。该条文的明确规定并不包括顾客自己加油的情形，也不包括服务站销售的其他产品。拒不付款而非法获取的，构成盗窃罪④。如果车内乘客明知车辆加油的具体情形而乘车离开，那么可以对其以骗取燃油的隐瞒犯罪所得罪进行起诉⑤。

---

① Crim. 29 nov. 2005, *Bull. crim.* n° 310; *Dr. pénal* 2006. Comm. 35.

② Crim. 24 mars 1965, *JCP* 1965. Ⅱ. 14235, note Combaldieu; 13 janv. 1966, *D.* 1966. 400.

③ Rennes 3 mai 2000, *Dr. pénal* 2000. Comm. 125.

④ Crim. 4 mai 2010, *D.* 2010. 2743, obs. S. M.; *AJ pénal* 2010. 289.

⑤ Douai 14 oct. 2004, *Dr. pénal* 2005. Comm. 21.

4. 骗乘出租车 64

这是指乘坐出租车或由专业人员驾驶的私家车，而拒不支付或无法支付交通费用。该罪名不能扩张适用于骗乘救护车的行为[①]。另外，拒不支付乘坐公共交通工具的费用不构成撞骗罪，而是构成专门法条规定的其他犯罪[②]。

（二）故意要素

撞骗罪并不处罚忘带钱包或携带金额不足的轻率或疏忽之人，而是处罚 65
绝对无法支付或坚决拒不支付费用仍然消费商品或服务之人。该条款是 1992 年新增规定的，规定处罚的是想借口所提供商品或服务质量不合规而逃避付款的恶意之人。值得注意的是，撞骗罪的未遂不可罚。

二、妨害投标自由罪

第 313－6 条规定了 3 种关于公共招投标领域中的诈骗行为。前两种是指 66
通过欺诈手段排挤投标人或限制投标进而损害招标的行为。这包括提供礼品、承诺、协议及其他好处，接受礼品或承诺：这是一种贿赂[③]。但是，合法使用补救措施不能构成欺诈手段[④]。该条款对一切手段均予以定罪处罚，因此，可能对负责草拟公开出售旧书清单的专业书商进行定罪处罚，如果这些书商故意省略该清单中的两本著作，之后他们又以超低价格购买这两本著作[⑤]。这些手段包括暴力、攻击、威胁[⑥]。第三种是指在公共招投标中，未经主管部门许可，进行或参与招投标的行为。

这些行为的处罚是相同的：6 个月监禁和 22 500 欧元罚金。另外，犯罪人还应处以第 313－7 条规定的附加刑，即 5 年内禁止参与公共采购合同（第 313－8 条）。第 313－6 条对该罪的未遂予以定罪处罚。

---

① Crim. 15 mai 1973, *Bull. crim.* n° 220.

② Toulouse 12 oct. 2000, *D.* 2001. Somm. 2349, obs. S. Mirabail：乘坐公共交通工具。

③ Crim. 18 oct. 1982, *Bull. crim.* n° 220：放弃索取赔偿金；11 mai 1993, *Dr. pénal* 1993. Comm. 185：承诺房租费打折换取承租人放弃投标。

④ Crim. 22 juin 1994, *Bull. crim.* n° 250; *Dr. pénal* 1994. Comm. 261：通过超额（10%）投标并偿还债务以避免扣押债务人的不动产。

⑤ Crim. 14 janv. 2009, *Dr. pénal* 2009. Comm. 50.

⑥ Crim. 11 mai 1993, préc.

三、欺诈性利用他人不动产获利罪

67 2003 年 3 月 18 日《国家安全法》在《刑法典》中新增第 313-6-1 条，将可能发生危险扩张的诈骗罪的邻近犯罪规定为犯罪。根据该条规定，将他人的不动产交于第三方供其居住，要求其支付款项或提供实物利益，而又无法证明自己已经获得该不动产所有权人或使用权人的正当授权之行为，处 1 年监禁和 15 000 欧元罚金[①]。

① 该条款的首次适用案例，见 Paris 9e ch. 18 oct. 2005, *Dr. pénal* 2006. Comm. 90。

第三章　背信罪及其他侵占罪

背信罪的本质是处罚某些不履行合同、法律、法规或司法义务的行为。因此，本章以这些义务的现有法律规定为前提（第一节），并指明这些犯罪的专属构成要素（第二节）以及处罚（第三节）。最后，本章介绍《刑法典》所规定的其他侵占罪（第四节）。 68

第一节　法律规定

我们应当首先确定该法律规定的渊源（一），之后再确定法律所规定的交付行为的内容（二），并且考虑法律规定的证明（三）。 69

一、法律规定的渊源

在过去十年中，由于立法者对犯罪条文的修改和判例法的解释的综合作用，该法律规定已经获得巨大的扩展。我们可以回忆一下，《刑法典》旧的第 408 条仅将背信罪的范围限定为该条所列举的 6 种类型合同所实施的侵占行为。新的第 314－1 条删除了上述简单列举清单，进而扩展 70

了犯罪范围。此前规定的合同已经不再重要,根据该条规定,无论合同类型如何,只要符合犯罪规定的构成要素,任何侵占他人交付物品的行为都得予以处罚。特别是,因为旧法第408条并未规定,判例法之前拒不认可的贸易、合作或公司合同,此后背信罪都可适用。这种可取的扩展终止了先前关于合同类型的诸多争议。除了合同类型的简单问题之外,最高司法法院还认为,该罪成立不要求根据直接与所有权人订立的合同事先已经将被侵占的物品交付给被告人①。

但是,可以说,背信罪依旧仅仅制裁不履行合同义务之人。第314-1条的规定似乎强加了上述犯罪概念。该条款明确规定,被侵占的财物应当事先"已交付"并"被接受"以负责销售或完成特定用途,因此,该条款似乎表明只有达成合意才能确定交付财物的用途。但是,最高司法法院的立场并非如此,该院认为,背信罪并不"必然"要求所侵占的款项已经根据合同进行交付②。因此,决定财物的交付及用途的先决法律可以通过法律或法规的规定来确定。例如,根据《地方行政区域总法典》,地方议会主席作为经费审核员,侵占上述款项③;或者,官方民事和商事公告报(BODACC)或法国国家工业产权局(INPI)的书记官侵占酬金④。另外,这也可以源自司法裁决⑤。比如,由法院指定的精神病人的监护人,在法规规定之外,从被保护的成年人收入中扣款而实施的侵占,构成背信罪。

二、法律规定的交付

1. 交付行为的内容

71 第314-1条的规定比旧条款更清晰、更简洁,所交付并被侵占的物品是"基金、证券或任何财物",这也扩大了犯罪的适用范围。该条规定引入了有形

---

① Crim. 20 oct. 2010, *Dr. pénal* 2010. Comm. 1; *Gaz. Pal.* 5/6 janv. 2011. 22, note E. Dreyer:车辆由其所有人交付给负责销售的代理商,代理商将其销售给第三方,代理商侵占汽车销售金额。

② Crim. 18 oct. 2000, *Dr. pénal* 2001. Comm. 28; *RSC* 2001. 384, obs. R. Ottenhof。

③ Crim. 1er mars 2000, *Bull. crim.* n° 97; *D.* 2001. 2352, obs. M. Segonds; *RSC* 2000. 831, obs. R. Ottenhof.

④ Crim. 6 sept. 2000, *Dr. pénal* 2001. Comm. 14.

⑤ Crim. 3 déc. 2003: *Gaz. Pal.* 2004. J. 2605, note Y. Monnet.

动产的概念[①]:在出租场所中安置的家具、车辆、授权给员工使用的设备或原材料。该条规定也引入了确定、创设或消灭权利的书面文件[②]。

此外,最高司法法院抛弃之前的立场,认定第 314-1 条中使用的"任何财物"一词不仅适用于有形财物,同时适用于具有"财产价值"的一切事物[③]。因此,该条款可对无形财物的侵占进行定罪处罚。比如,在银行账户上保留预先扣款授权并将密码告知未授权人的行为,得以背信罪定罪处罚。在类似的情况下,这种解释也已得到认可[④]。因此,员工在上班时间和上班场所使用计算机和互联网访问淫秽色情网站,也得以背信罪进行定罪处罚[⑤]。

坦率而言,最高司法法院的判例法可以说是不确定的。尽管并未侵占所依托的有形实体,但是侵占其中包含的思想或信息,也能定罪处罚[⑥]。此后,该院非常清楚地指出,合同侵占行为,只有在该合同本身就是确立权利的书面文件而不涉及其所包含的规定之时,才构成背信罪[⑦]。但是,最近,该院似乎有所"收缩",对侵占客户"信息"的行为进行定罪处罚,尽管并未发现行为人侵占了记录上述信息的文件[⑧]。

但是,一般认为,背信罪不处罚对不动产的滥用或侵占行为[⑨]。在一项判决中,该院非常清楚地重申了该原则:背信罪不能处罚滥用不动产或与不动产

---

① Crim. 7 janv. 1968, *Bull. crim.* n° 25:金银或首饰;4 janv. 1968, *Bull. crim.* n° 1:客户名单。

② Crim. 23 avr. 1966, *Bull. crim.* n° 278:书面确认销售承诺;30 mai 1996, *Bull. crim.* n° 224; *Dr. pénal* 1996. Comm. 186; *RSC* 1997. 129, obs. J. Riffault-Treca:在无形有价证券账户的注册文件。

③ Crim. 14 nov. 2000, *Bull. crim.* n° 338; *Dr. pénal* 2001. Comm. 28; S. Jacotin, *Dr. pénal* 2001. Chron. 16.

④ Crim. 19 mai 2004, *Bull. crim.* n° 125.

⑤ Crim. 19 mai 2004, *Bull. crim.* n° 126; *Dr. pénal* 2004. Comm. 129; *D.* 2004. 2749, note B. de Lamy; *Gaz. Pal.* 10/12 oct. 2004. 44, note S. Adjali.

⑥ Crim. 22 sept. 2004; *Bull. crim.* n° 218; *Dr. pénal* 2004. Comm. 179; *D.* 2005. 411, note B. de Lamy; *JCP* 2005. Ⅱ. 10034, note A. Mendoza:侵占"项目"。

⑦ Crim. 1er déc. 2010, *Dr. pénal* 2011. Comm. 29.

⑧ Crim. 16 nov. 2011, *Dr. pénal* 2012. Comm. 1; *JCP* 2012. 538, note Detraz; *D.* 2012. 538, note Beaussonie. 对于该判例的评论,见 R. Ollard, *Dr. pénal* 2012. Étude 9; N. Thomassin, *D.* 2012. 964。

⑨ Crim. 10 oct. 2001, *Bull. crim.* n° 205; *Dr. pénal* 2002. Comm. 1; *D.* 2002. 1796, obs. B. de Lamy; *RSC* 2002. 108, obs. R. Ottenhof:短期借住房间的受益人拒绝归还钥匙,并在该房间滞留一年以上。

有关的物权[①]。

2. 交付行为的目的

72 对此,旧法第 408 条和新法第 314 - 1 条规定相同,即被侵占的物品事先已被交付,以进行销售、展示或用于某项特定用途。这种交付行为是“不确定”而实施的,因此我们持有上述观点。交付行为的受益人不得自由处置该物品,因为该交付行为本身没有向其转移所有权或财产权。

比如,侵占因寄卖而交付的车辆的销售金额[②]、侵占制造商交付给经销商的车辆的销售金额[③]或侵占因捐助而设立的基金[④]。

但是,若领取酬金之人没有从事约定的工作却侵占该笔酬金,则不得对其定罪处罚,因为他有权自由支配这些款项,无论这些款项是支付给雇员的工资[⑤],还是支付给律师的律师费[⑥]。该解决方案也适用于贷款。最高司法法院认为,借款人可以自由处置资金,即使借款人未遵守贷款的特定目的合同义务(如为特定建筑工作而贷款),也不构成背信罪中的侵占行为[⑦]。

三、法律规定的证明

73 交付行为的内容和交付行为的预期用途很容易证明。如果义务渊源是法律或法规,只要参考这些条文规定即可。如果义务渊源是合同规定(这仍然是最普遍的情况),则根据合同的性质,该证明须遵守民法或商法规则。在民事领域,超过 800 欧元的诉讼中提供的证据应当是书面证据[⑧],不得通过简单推定或证人证言来证明[⑨]。

但是,最高司法法院对《民法典》第 1347 条和第 1348 条所允许的书面证明

---

① Crim. 14 janv. 2009; *Dr. pénal* 2009. Comm. 65.

② Crim. 14 févr. 2008, *Dr. pénal* 2008. Comm. 64.

③ Crim. 2 avr. 2009, *Dr. pénal* 2009. Comm. 108.

④ Crim. 9 janv. 2008, *Dr. pénal* 2008. Comm. 50; *D.* 2008. 1577, obs. C. Mascala; *RSC* 2008. 594, note C. Mascala.

⑤ Crim. 17 mars 1976, *D.* 1976. 632, rapport Dauvergne.

⑥ Crim. 26 janv. 2005, *Bull.* n° 29; *Dr. pénal* 2005. Comm. 60.

⑦ Crim. 14 févr. 2007, *Bull. crim.* n° 48; *Dr. pénal* 2007. Comm. 84; 5 sept. 2007, *Bull. crim.* n° 194; *Dr. pénal* 2007. Comm. 157; 19 sept. 2007, *D.* 2008. 958, note D. Rebut et 1577, obs. C. Mascala.

⑧ Crim. 1er juill. 1992, *Bull. crim.* n° 263.

⑨ Crim. 3 janv. 1985, *Bull. crim.* n° 5; 1er juin 1987, *Bull. crim.* n° 224.

原则的例外规定留有相当大的空间,特别是在主观上无法获得书面文件的情况下[1]。

第二节　犯罪的构成要素

第314-1条将背信罪定义为,实施侵占行为(一),给他人造成损失(二), 74
并具有欺诈故意(三)。

一、侵占的事实行为

法律条文并未规定该行为的内容,判例法也很难对其进行精确的定义。 75
该行为通常包括所有具有欺诈的侵占行为,这些行为会妨碍被害人行使其物权[2]。比如,交易员实施大规模欺诈行为,以虚假交易量掩盖其在银行中所实施的欺诈行为[3],该行为可能会导致所交付钱款或物品的毁损、出售或捐赠,从而无法归还或替代。又如,某协会的董事使用协会资金向负责维护其私家花园和挖掘游泳池的员工支付薪水[4]。再如,员工扣拿在其所在公司的商品或工具;甚至,员工将专供其服务所用的车辆、电话或印戳机用于个人用途。另外,我们也认可,员工允许买主从商店收走瓶子的行为,因暂时充当所有权人而构成侵占罪,而侵占行为的受益人则构成隐瞒背信犯罪所得罪[5]。

该判例法提出了侵占行为目的的性质问题。它是否必须而且仅仅与交付行为的目的相一致?虽然第314-1条的措辞似乎表明其"同一性",但是,判例法表示,上述目的经常"相分离"[6]。服务员侵占顾客购买饮料的费用,而不是

---

① Crim. 25 mai 1992, *Dr. pénal* 1992. Comm. 283:银行总经理与其客户的关系;29 avr. 1996, *Dr. pénal* 1996. Comm. 187; *Bull. crim.* n° 169:在同组同事之间进行乐透赌博。

② Crim. 9 avr. 1973, *D.* 1975. 258, note M. Delmas-Marty.

③ Paris 24 oct. 2012, *JCP* 2012. 2309, note S. Detraz.

④ Crim. 20 oct. 2004, *Bull. crim.* n° 248; *D.* 2005. 411, note B. de Lamy.

⑤ Crim. 9 mars 2005, *Dr. pénal* 2005. Comm. 107.

⑥ 见:St. Détraz et R. Ollard, «Vers une dissociation de l'objet de l'abus de confiance», *Dr. pénal* 2014, Études 20.

侵占雇主交付的饮料①；以及，更常见的，将带薪工作的时间挪作他用②，特别是作个人用途③。在科维尔(Kerviel)案*中，适用的就是将其享有的技术手段挪作他用的判例法。

但是，在许多情况下，被告人的事实行为，不会导致财产在物质上或法律上消失。如果不履行合同义务会导致滥用或延迟归还所交付的财产，那么，这种不履行义务行为是否构成侵占？在最高司法法院中，否定意见占据多数④。

但是，如果行为人具有犯罪故意，滥用行为或延迟行为的行为人可能会受到惩罚，对此，事实审法官应当审查事实要素。换句话说，根据不同的情况，同样的挪用行为可能构成、也可能不构成犯罪。在这点上，最高司法法院赋予事实审法官非常宽泛的自由裁量权。因此，当迟延交付变得系统化并成为一种"运营实践"时，就会存在事实上的侵占⑤。尽管没有任何欺诈性占有的情况，仅仅延迟执行付款订单都有可能构成侵占罪⑥。

如果拒绝交付，那么必须进行相同的分析。有时，如果被告人能够证明其拒绝交付是基于法定赔偿或滞留权之基础，那么该拒绝交付行为就是合法的。但是，如果行为人具有犯罪故意，特别是行为人无正当理由拒绝交付以履行合同义务，以获得不当付款或续签合同，那么该拒绝交付行为将受到以刑事处罚⑦。

---

① Crim. 5 oct. 2011, *Dr. pénal* 2011. Comm. 145.

② Crim. 19 juin 2013, *Dr. pénal* 2013. Comm. 158; *RSC* 2013. 813, obs. H. Matsopoulou.

③ Crim. 5 fév. 2014, *JCP G* 2014, Act. 195, note J.-Y. Maréchal.

* 2008年1月24日，法国兴业银行(Société Générale)披露该行交易员热罗姆·科维尔(Jérôme Kerviel)违规投资金融衍生品，给该行造成49亿欧元损失，这成为金融史上因员工违规操作而蒙受的单笔最大金额损失案。2010年10月5日，巴黎一审法院判决，科维尔成立伪造罪、使用伪造物品罪、背信罪、非法侵入计算机数据系统罪，处5年监禁(缓刑2年)，并赔偿49亿欧元。科维尔提出上诉，2012年10月24日，巴黎上诉法院维持一审法院判决。2014年3月19日，最高司法法院维持科维尔监禁刑，但撤销损失赔偿判决。2014年9月8日，科维尔出狱，刑罚执行方式变更为佩戴"电子手铐"进行的监视居住。——译者注

④ Crim. 21 mars 1971, *Bull. crim.* n° 99; 25 juill. 1991, *Dr. pénal* 1992. Comm. 35：超出期限归还租用车辆；22 nov. 1973, *Bull. crim.* n° 432：管理人延迟交付共享账户中收到的款项。

⑤ Crim. 6 sept. 2000, *Dr. pénal* 2001. Comm. 14：商事法庭书记员滥用其所持有的资金。

⑥ Crim. 22 janv. 2003, *Dr. pénal* 2003. Comm. 69：仅仅是为了建立临时现金流。

⑦ Crim. 5 avr. 1973, *D.* 1973. Somm. 81; 6 nov. 1978, *Gaz. Pal.* 1979. 299; 9 avr. 1991, *Dr. pénal* 1991. Comm. 257.

侵占的事实行为是犯罪的构成要件,因此,证据要求是比较灵活的。该证据在很大程度上取决于根据事实情况进行的推定制度,因为直接证据难以提供,特别是因滥用或延迟交付而被起诉的案件中,即被"侵占"的物品并未消失的案件中①。

二、侵占的损害后果

旧法第408条和新法第314－1条均规定,要求侵占造成"损失"。因此,立法者将损失作为犯罪的构成要素,该规定保护的是"他人",即被侵占的财物或资金的所有权人、占有权人,以及留置权人②。例如,某保险公司侵占客户资金并挪用于金融投资③。但是,对判例法的审查表明,与诈骗罪一样,最高司法法院对该犯罪中损失要素的存在和证明的要求不是很高。事实上,该院经常断言,损失"可能只是或许会发生的"④。因此,该院承认,侵占行为本身即构成犯罪,无论其后果如何,即使犯罪人没有从中获得任何收益或者犯罪人无法使用被侵占的物品。该院不要求事实审法官明确认定特定损失的性质。只要证明侵占,即可直接认定存在损失⑤。 76

三、故意要素

背信罪一直以来都是故意犯罪。该罪处罚的是故意欺诈行为,而不是简单的轻率或疏忽⑥。因此,财产清查时查明的现金不足、会计误差或经营赤字,不足以构成背信罪⑦。如果债务人有过错,这些审查结果只会使其承担合同法上的民事责任。 77

故意要素是指,犯罪人明知侵占行为事实上将使其无法归还或出示相关财物,有意违反其所接受的合同义务或法律规定的强制义务。最高司法法院非常清楚地表明,背信罪并不意味着行为人必须以所有权人行事,侵占可能是

---

① Crim. 6 sept. 2000, préc..

② Crim. 6 mars 1997, *Bull. crim.* n° 7; *Dr. pénal* 1998. Comm. 73, obs. A. Maron; *RSC* 1998. 108, obs. R. Ottenhof; 8 janv. 1998, *Bull. crim.* n° 7; *Dr. pénal* 1998. Comm. 73, obs. A. Maron.

③ Crim. 11 déc. 2013, *Dr. pénal* 2014. Comm. 19; *JCP G* 2014, Act. 1374, obs J.-Y. Maréchal.

④ Crim. 3 déc. 2003, *Bull. crim.* n° 232; *Gaz. Pal.* 2004. J. 2605, note Y. Monnet.

⑤ Crim. 13 janv. 2010, *Dr. pénal* 2010. Comm. 61; *JCP* 2010. 936, note J. Lasserre Capdeville.

⑥ Crim. 17 févr. 1992, *Bull. crim.* n° 72; *Dr. pénal* 1992. Comm. 201.

⑦ Crim. 10 oct. 1972, *D.* 1973. 219 et *RSC* 1973. 418, obs. Bouzat; 19 mars 1975, *Bull. crim.* n° 81.

由于付款命令的延迟执行而引起的[①]。该院同时也表现出一定程度的严厉性，因为它对这种犯罪故意的证明要求不太高。根据最高司法法院的用语，若被告人“应当预见”如此使用会妨碍其归还财物，仍然如此使用该财物的，就构成犯罪[②]。

就像其他许多犯罪一样，该院不要求事实审法官以特定方式来审查，同时也认可，故意应当基于事实审法官查明的事实行为，或由上述事实行为暗示，或是被告人应当意识到其行为已经超出任务授权范围[③]。

因此，如果被告人的事实行为使所交付财产因销售、捐赠或毁损而消失，那么该被告人具有犯罪故意[④]。另外，当合同确认被告人可以自由处置所移交的财物之时，若因被告人的行为使其资不抵债，进而导致无法归还该财物，这就足以证明被告人的恶意。总而言之，判例法根据每个案件的事实要素建立了犯罪故意推定的整体框架，而这种推定，被告人往往很难推翻，除非其援引不可抗力条款[⑤]。

在任何情况下，被告人都不能以先前合同的无效或违法为理由为自己辩护[⑥]，也不能以其所侵占的资金来源非法为自己辩护[⑦]。此外，侵占行为之后发生的任何事件，无论是对被害人清偿还是发生交易，对故意要素而言都是无效的[⑧]。

但是，最高司法法院认可，基于雇员利益，如果雇员（作为雇主的对方当事人）“侵占”属于雇主的文件用以呈交“劳资调解委员会”，那么该雇员不存在犯罪故意。该项正当化事实能够避免所有背信罪的追诉，但是，该事实严格限于

---

① Crim. 22 janv. 2003, *Dr. pénal* 2003. Comm. 69; *D.* 2004. Somm. 308, obs. G. Roujou de Boubée; *RSC* 2003. 791, obs. R. Ottenhof.

② Crim. 3 juill. 1997, *Bull. crim.* n° 265; *Dr. pénal* 1998. Comm. 15; *RSC* 1998. 552, obs. R. Ottenhof.

③ Crim. 30 juin 2010, *D.* 2010. 2820, note J. Lasserre Capdeville.

④ Crim. 11 oct. 1994, *Bull. crim.* n° 323.

⑤ Crim. 12 juill. 1956, *Bull. crim.* n° 259.

⑥ Crim. 23 mars 1977, *Bull. crim.* n° 108; 20 juin 1984, *Bull. crim.* n° 233.

⑦ Crim. 10 mai 1990, *Bull. crim.* n° 179; *RSC* 1991. 767, obs. Bouzat.

⑧ Crim. 17 nov. 2004, *Dr. pénal* 2005. Comm. 78.

上述程序所必要的文件呈交行为,不包括任何其他情况①。

第三节　处罚

一、刑罚

1. 自然人

背信罪,处3年监禁和37.5万欧元罚金。但是,在两类案件中,刑罚得加重。 78

根据第314-2条的规定,犯背信罪有下列情形的,处7年监禁和75万欧元罚金:犯罪人为了本人利益或者以工业企业或商业企业法律上或事实上的负责人或代理人的名义,吸收公众存款以获取资金、有价证券(第1项);犯罪人以交易他人财产为业或对上述交易给予协助(即便是附属性协助),并为他人利益而收回资金或有价证券(第2项)。自2004年3月9日《犯罪变化司法适应法》施行以来,如果犯罪行为给吸收公众存款的人道主义协会或社会慈善协会造成损失(第3项)或给特殊弱势群体人员造成损失(第4项),那么对其处以上述加重刑罚。

根据第314-3条的规定,司法代理人、公职人员或司法辅助人员,在履行职务之时或者利用履行职务之便,或者凭借其身份,而实施背信罪,则处10年监禁和150万欧元罚金②。应当指出的是,该条款修改旧法第408条所规定的背信罪的条款,并对该罪处以重罪的刑事处罚。

在所有背信罪案件中,犯罪人还将被处以第314-10条所规定的附加刑:剥夺权利、禁止从事职业活动、禁止参与公共采购、禁止使用支票(除非用于取款)、没收犯罪所得、张贴或公布判决。

---

① Crim. 16 juin 2011, *Dr. pénal* 2011. Comm. 100; *D.* 2011. 2254, note G. Baussoie; *Gaz. Pal.* 7/8 sept. 2011. 13, note S. Detraz; *RSC* 2011. 872, obs. H. Matsopoulou.

② Crim. 6 juin 1978, *Bull. crim.* n° 179; 13 nov. 1991, *Bull. crim.* n° 405.

79 2. 法人

法人能够对该犯罪行为承担刑事责任。对法人,处自然人的5倍罚金,并处第131-39条规定的全部附加刑(第314-12条)。因此,法院可以决定解散或者关闭犯罪法人的营业场所或禁止其从事职业活动。根据第121-2条的规定,法人只对其机关或代表的自然人为其利益而实施的犯罪行为承担刑事责任。因此,如果事实审法官未查明上述事实就对法人以背信罪定罪处罚,那么最高司法法院必须撤销该判决①。

二、追诉时效

80 原则上,背信罪是即时犯。侵占的事实行为一旦实施,则追诉时效即开始起算。但是,根据判例法传统,最高司法法院认可,该起算点可以延迟至被害人能够发现犯罪之日,也就是说,被害人有能力发现之日②。通过这种巧妙操作,该院希望避免如下情况:犯罪人可能使被害人在追诉时效之后才发现侵占行为③。另外,必须确定因侵占行为具有"隐秘性"才使发现延迟④。因此,对于该问题,法官必须既查明侵占行为存在隐秘性,又查明该侵占行为发生之日以及被发现之日⑤。

三、附带民事诉讼

81 侵占行为的被害人,即被侵占财产的所有权人、占有权人以及留置权人,可以提起附带民事诉讼,要求赔偿该侵占行为对其造成的损失。比如,银行或注册会计师持有的客户支票被其代理人侵占⑥。最高司法法院甚至认可,被侵占财产的所有权人和留置权人可以同时提起附带民事诉讼⑦。对此,必须证明

---

① Crim. 1er avr. 2008, *Dr. pénal* 2008. Comm. 140.

② Crim. 27 nov. 1958, *Bull. crim.* n° 698; 28 janv. 1959, *Bull. crim.* n° 71.

③ Crim. 13 mai 1991, *Dr. pénal* 1991. Comm. 258.

④ Crim. 7 mai 2002, *Bull. crim.* n° 107:通过司法调查揭示其手段;23 mai 2002, *Dr. pénal* 2002. Comm. 104:通过税务机关揭示其手段。

⑤ Crim. 8 févr. 2006, *Bull. crim.* n° 34; *D.* 2006. J. 2297, note L. Saenko.

⑥ Crim. 8 janv. 1998, *Bull. crim.* n° 7; *Dr. pénal* 1998. Comm. 73, obs. A. Maron.

⑦ Crim. 5 mars 2003, *Dr. pénal* 2003. Comm. 94.

侵占行为对其造成直接的个人损失,而且,只要能作出上述证明即可[1]。作为被害人团体的代表,公司管理人对犯背信罪的共同管理人提起附带民事诉讼,就是这种情况[2]。

原则上,损害赔偿必须限于侵占行为造成的直接损失。因此,保险公司只能要求公司总代理赔偿其所侵占的保险费,而不能要求他支付根据被保险人与其订立的合同中所要求的资金[3]。但是,一般认为,法国彩票公司(Française des Jeux)遭受的损失,既包括不存在的赌注数额,也包括因欺诈而获得的奖金数额[4]。

有时,被害人也存在一些过错,而这些过错"有助于"造成或加重其所遭受的损失。对此,法官在确定被害人可要求的赔偿金额时,必须予以考虑[5]。

第四节 其他侵占罪

一、非法使用空白支票罪的消失

旧法第 407 条专门规定了非法使用空白支票的犯罪。新《刑法典》并未保留这项罪名,因为该罪名似乎已无存在的必要。根据被告人使用的手段,如果他为特定用途而侵占所交付的证明文件,那么必须以背信罪对其起诉[6];如果他伪造所交付的证明文件,那么必须以伪造罪对其起诉[7]。 82

二、欺诈性组织清算罪

根据第 314-7 条的规定,这项罪名在商业法中几乎不起作用。实际上,该 83

---

① Crim. 13 janv. 2010, *Bull. crim.* n° 6; *Dr. pénal* 2010. Comm. 61; *RSC* 2010. 621, obs. H. Matsopoulou.

② Crim. 10 avr. 2002, *Bull. crim.* n° 86; *Dr. pénal* 2002. Comm. 119; *Rev. sociétés* 2002. 566, note B. Bouloc.

③ Crim. 23 janv. 1995, *Dr. pénal* 1995. Comm. 119.

④ Crim. 11 oct. 2006, *Dr. pénal* 2007. Comm. 1. 关于作为构成要素的损失与可赔偿的损失之间的区别,见 R. Ottenhof, *RSC* 1998. 108。

⑤ Crim. 19 mars 2014, *Dr. pénal* 2014. Comm. 79, note A. Maron et M. Haas.

⑥ Crim. 21 sept. 1994, *Bull. crim.* n° 300: 代理人侵占他人交付的空白支票。

⑦ Crim. 18 mai 1994, *Bull. crim.* n° 187; *RSC* 1995. 101, obs. R. Ottenhof.

条款对该罪名进行了详细的定义，对逃避民事法院或刑事法院的某些具有财产性的判决执行而实施虚假破产的行为，进行定罪处罚。对于附带民事诉讼，本条款仅提及侵权、准侵权或扶养领域中法院所作出的判决。因为该条款并未提及合同领域，所以，逃避针对该领域的法院民事判决执行的行为，不构成该罪。为了逃避偿还债务而使自己破产的债务人，不会触犯任何刑事罪名。所以，债权人应当事先知道其未来的合同对方当事人、了解其财务状况，并在适当时要求其进行财产担保或扣押这些财产。这就是为何刑法会处罚侵占质押物或扣押物的原因。

三、非法侵占抵押物或扣押物罪

1. 构成要素

84 (1)事实要素

该犯罪包括销毁或侵占抵押物(第314-5条)或扣押物(第314-6条)，换言之，使抵押程序或扣押程序所涉的物品无法使用[①]。

销毁几乎不引起任何争议，相较而言，侵占的概念就显得很难定义。根据判例法，该术语包括所有损害债权人权利的行为。比如，销售或转让债务人交其保管的扣押物[②]，夺回或试图夺回质押物，销售作为扣押物的股份[③]，侵占和转售债务人占有的葡萄酒酒瓶[④]。

目前，最常见的案件涉及汽车质押，这是不交付质押物的质押。因此，侵占包括接到法警传票仍拒绝归还车辆[⑤]或将车辆丢弃在公路上[⑥]或修理厂里[⑦]。

85 (2)故意要素

第314-5条和第314-6条对已及时知晓某物品已进入禁止动用程序，仍

---

① Crim. 6 mai 1998, *Bull. crim.* n° 156; *Dr. pénal* 1998. Comm. 126.

② Crim. 1er avr. 1954, *JCP* 1954. Ⅱ. 8178, note G. M.; 28 avr. 1982, *Bull. crim.* n° 107.

③ Crim. 24 sept. 1997, *Dr. pénal* 1998. Comm. 18.

④ Crim. 19 nov. 2014, *Dr. pénal* 2015. Comm. 3.

⑤ Crim. 25 juin 1965, *D.* 1965. 778.

⑥ Crim. 24 janv. 1968, *D.* 1968. 353.

⑦ Crim. 20 févr. 1973, *Gaz. Pal.* 1973. 1. 285.

故意侵占该物品之人,进行定罪处罚①。犯罪人不能以该程序无效或程序不合法来为自己辩护,无论是否构成抵押②或者扣押③。债务人不能自行伸张正义,他必须向法院申请质押无效或撤销扣押④,法院的裁决必然会审查申请扣押的起诉人⑤。侵占后又偿还债务的行为,则仅仅是一种积极的悔改,并不能消除犯罪以及由此造成的损害⑥。

2. 处罚

对自然人而言,非法侵占抵押物或扣押物罪的刑罚与背信罪的刑罚完全 86
相同,都包括主刑和附加刑。这两个犯罪的未遂也都是可罚的。法人能够因上述两个罪名而承担刑事责任。对法人而言,该罪应处罚金,并处第131-39条规定的两项附加刑:没收(第8项)和发布或张贴判决(第9项)。

被害人可以提起附带民事诉讼,并要求对犯罪所造成的损失进行赔偿。 87
但是,这种损失仅限于被侵占的抵押物或扣押物的价值金额。该金额不得与抵押担保的最初贷款金额相混淆⑦,亦不得与引起扣押程序的先前应收款项金额相混淆⑧。

---

① Crim. 29 déc. 1957, *D.* 1958. 748.

② Crim. 10 mars 1976, *Bull. crim.* n° 109.

③ Crim. 18 avr. 1964, *Bull. crim.* n° 209.

④ Crim. 6 mai 1998, *Bull. crim.* n° 156; *Dr. pénal* 1998. Comm. 126.

⑤ Crim. 1er sept. 2004, *Bull. crim.* n° 191; *Dr. pénal* 2004. Comm. 171.

⑥ Crim. 16 mai 2001, *Bull. crim.* n° 125; *Dr. pénal* 2001. Comm. 127 - 19 nov. 2015, *Dr. pénal* 2015. Comm. 3.

⑦ Crim. 10 mars 1992, *Dr. pénal* 1992. Comm. 229; 14 juin 1994, *Dr. pénal* 1994. Comm. 233.

⑧ Crim. 13 nov. 1969, *Bull. crim.* n° 296; 9 juin 1980, *Bull. crim.* n° 179.

第二卷　其他侵犯财产罪

《刑法典》中普通刑法处罚的其他侵犯财产犯罪，很可能对经济生活产生影响。对此，我们挑选了部分罪名，删减了某些似乎微不足道的罪名，对于被删减的罪名研究请参阅《刑法分则（第15版）》教材（Sirey Université 出版社 2015 年版）。本书中的犯罪行为将按照其出现在经济活动中的时间顺序排列，即业务活动的商定、实施和结果。 88

首先，法律处罚使用非法手段获得特定业务的行为，比如，贿赂罪、利用影响力交易罪、徇私罪（第一章）；其次，法律处罚达成被禁止业务的行为，比如，非法获取利益罪（第二章）；在开展业务活动中使用非法手段的行为，比如，伪造罪（第三章）；最后，法律处罚隐瞒或使用违法犯罪业务所得的行为，比如，隐瞒犯罪所得罪和洗钱罪（第四章）。

第一章　贿赂罪、利用影响力交易罪和徇私罪

第二章　非法获取利益罪

第三章　伪造罪和使用伪造物品罪

第四章　隐瞒犯罪所得罪和洗钱罪

第一章　贿赂罪、利用影响力交易罪和徇私罪

这三个犯罪的共同点是，处罚使用非法方法获得特定业务或从中获利的行为。媒体每天都揭露“贿赂”在法国经济和政治生活中日益增加的严重程度。这些案件中最令人不安的是涉案人员所采取的辩护机制。通常，他们的辩护论点只是论述贿赂手段的普遍性，以及使用贿赂获取对公司存续和雇员就业极为重要的合同的必要性。这种态度充分证明经济世界的腐化，以及我们曾天真地认为只发生在遥远他乡的腐败正在污染着法国。 89

本章以及第二章研究的犯罪，绝大部分时候处罚的是由享有公共权力的人员实施的、属于《刑法典》中“违反廉洁义务”的犯罪行为。除了刑事处罚之外，这些违反履行廉洁义务的行为，同时受预算和财务纪律法院（la Cour de discipline budgétaire et financière）管辖；该院能够因上述人员违反公共财政规范，对其处以经济处罚。

反腐败斗争不能仅限于国内腐败行为；若要使斗争真正有效，必须扩展至与旨在获得跨国合同的腐败行为作斗争。因此，法国已经批准若干关于外国公职人员腐败的国 90

际公约。2000年6月30日《关于修订反腐败刑法和刑事诉讼法的法律》的出台使法国法得以与上述公约保持相同水平：既在《刑法典》中引入新的罪名（第435-1条至第435-6条），又在《刑事诉讼法典》中加入必不可少的具体条款①。

2006年9月4日法令公布了《联合国反腐败公约》。该公约的规定包括应受刑事处罚的行为，起诉、诉讼时效、处罚、冻结、扣押和没收资产，以及关于管辖、国际合作和举报人保护的规范。2007年11月13日《反腐败法》对这些条款进行了补充。2008年7月4日的3项法令（第2008-671号至第2008-673号）公布了在斯特拉斯堡于1999年1月27日签署的《欧洲反腐败刑法公约》、1999年11月4日签署的《欧洲反腐败民法公约》以及2003年5月15日签署的附加议定书。

第一节　贿赂罪

91　贿赂，是指为使某人从事或不从事其职务范围内的行为，而向其支付报酬。因此，该犯罪似乎要求两人之间形成共谋。行贿人提议或同意向受贿人支付报酬，作为交换，受贿人承诺从事或不从事其职务行为。按照传统，当我们就行贿人角度而言时，我们说的是“主动”贿赂；当我们就受贿人角度而言时，我们说的则是“被动”贿赂。事实上，该术语并不完美。当行贿人是顺从受贿人的索要时，贿赂就不是主动的；而且，当受贿人主动索要“红包”时，贿赂也并不真的是被动的。

一、确定犯罪人

1. 国内法

92　《刑法典》改革时，对贿赂罪的规定进行了拆解。《刑法典》第432-11条规定享有公共权力、承担公共服务任务或经选举委任的人员的受贿罪，第

---

① 整体性介绍，见 M.-E. Cartier et C. Mauro, «La loi relative à la lutte contre la corruption des fonctionnaires étrangers», *RSC* 2000. 737。

433-1 条规定上述人员的行贿罪[①]，第 434-9 条规定法官、陪审员、专家或仲裁员的行贿罪和受贿罪。

至于私营领域中的贿赂，长期以来局限于《劳动法典》第 L. 152-6 条所列举的雇员的贿赂罪规定。但是，2005 年 7 月 4 日《适应欧共体司法领域法》，对此予以扩展。这些规定后被纳入《刑法典》第 445-1 条至第 445-4 条之中，明确规定“不从事公共服务”人员的贿赂犯罪。最终，2005 年 7 月 4 日《适应欧共体司法领域法》废除了《劳动法典》第 L. 152-6 条。

2. 国际法

经过 2007 年 11 月 13 日《反腐败法》的修订，如今，外国或国际公共组织中享有公共权力、承担公共服务任务或经选举委任的人员的受贿罪由第 435-1 条规定，上述人员的行贿罪则由第 435-3 条规定。因此，该法已将此前仅涉及欧盟成员国的规定扩展至所有其他国家。 93

二、贿赂协议

1. 达成贿赂协议

无论涉及何类人员，贿赂的机制都是一样的。它是指行贿人和受贿人之间达成协议，该协议包括行贿人同意或提议的、受贿人同意或期望的贿赂手段。因此，只有该协议由付款或付款承诺确定时，才构成犯罪。 94

因此确认，先就交付或提议赠予或从事职务行为达成协议，才能构成犯罪。经过两次立法修正之后，证明赠予或承诺赠予与从事或不从事职务行为之间存在关联，已变得非常容易。首先，2000 年 6 月 30 日《关于修订反腐败刑事法和刑事诉讼法的法律》对上述条款进行了补充，明确规定索要或同意要约、赠予或“无论何时”提议要约、赠予的，应当定罪处罚。其次，2011 年 5 月 17 日《法律质量改进和简化法》对所有条文进行了修改。具体规定，只要是为了使受贿人从事或不从事职务行为，或因为受贿人从事或不从事职务行为，提议要约或赠予的，都应当定罪处罚。因此，不必考虑这些不同要素在时间上的先

---

① Crim. 6 févr. 1969, *Bull. crim.* n° 67; 29 sept. 1973, *Bull. crim.* n° 271: fonctionnaire; 23 janv. 1973, *Bull. crim.* n° 29: syndic de faillite; 19 mars 2003, *Bull. crim.* n° 73; *JCP* 2003. I. 178, obs. E. Dreyer; *D.* 2004. Somm. comm. 315, obs. M. Segonds: 由公共电视台台长任命的自由职业记者。

后顺序，只要确定它们之间的因果关系即可。因此，明知礼物是酬谢，仍然收受的，构成受贿罪。因此，构罪行为可能只是利用职务“便利”的行为①。

2. 贿赂的手段

95 贿赂的手段包括索要或同意（受贿人），提议或同意（行贿人）要约、承诺、赠予、给予礼物或任何其他好处。因此，这些手段具有经济性质②：直接交付款项、贵重物品和礼品、受贿人的费用、旅行费用或向其提供优惠价格③。

3. 贿赂的目标

96 贿赂协议倾向于使受贿人（被动贿赂）从事或不从事职务行为，以换取行贿人（主动贿赂）所支付的费用。因此，必须在该行为与先前的要约、承诺或之后的报酬之间，建立直接且确定的因果关系。受贿人绝大部分都表现为积极作为。④ 但是，第 432－11 条也规定了不从事职务行为的情形，例如，调查人员不对其发现的犯罪做笔录⑤。

第 432－11 条的适用范围也从受贿人的职务行为扩展至受贿人利用职务、任务、委任便利的行为。发表旨在影响主管当局决定的意见，就是如此。比如，负责对主管当局分配合同提出“建议”⑥、在现场向合同的未来受益人提供信息⑦。但是，此时，该罪与利用影响力交易罪的区别非常微小。

三、处罚

1. 刑罚

97 外国或国际公共组织中享有公共权力、承担公共服务任务或经选举委任的人员的贿赂罪（第 432－11 条、第 433－1 条、第 435－1 条及随后规定），法官、陪审员、专家或仲裁员的贿赂罪（第 434－9 条）都应处以相同的主刑：10 年监

---

① Crim. 14 janv. 2015, *RTD Com.* 2015. 166, note B. Bouloc.

② Crim. 14 oct. 1975, *Bull. crim.* n° 214; *RSC* 1976. 415, obs. Vitu.

③ Crim. 26 janv. 2011：在受贿人住所免费工作以换取合同。

④ Crim. 28 mars 1955, *Bull. crim.* n° 181：税务检查员给予的应税收入津贴；1er oct. 1984, *Bull. crim.* n° 277：提供的关于合同条件的信息；28 janv. 1987, *Bull. crim.* n° 47; *RSC* 1987. 686, obs. Delmas-Saint-Hilaire：警察提供的信息。

⑤ Crim. 6 févr. 1968, *Bull. crim.* n° 37.

⑥ Crim. 30 juin 2010, *Dr. pénal* 2010. Comm. 143.

⑦ Crim. 26 janv. 2011, préc..

禁和100万欧元罚金。根据2013年12月6日《打击税务欺诈及重大经济和金融犯罪法》的规定,罚金数额可增加至犯罪所得的两倍。

但是,刑事法官实施的受贿罪是重罪,应处以15年有期徒刑和225 000欧元罚金。此外,犯罪人还应处以若干附加刑,具体参见第432-17条和第434-44条(受贿罪)、第433-22条和第433-23条(行贿罪)、第435-1条第2款和第435-5条(欧共体或国际公共组织人员的贿赂罪)的规定。

不从事公务人员的贿赂罪,处以5年监禁和50万欧元罚金,罚金数额可加倍至犯罪所得的两倍(第445-1条和第445-2条)①。

2. 特殊规定

(1)追诉时效 98

在处罚的特殊规定中,应当注意的是,贿赂罪的未遂不可罚;因为只要实施索要或要约即可构成犯罪,后续结果与其无关。如果已支付赠予,则该行为即构成时效期限的起算点②。该起算点不能推迟至发现犯罪之日,这种严厉性与滥用公司财物罪的"推迟倾向"相比,出现了"偏移";关于滥用公司财物罪追诉时效的"推迟倾向",我们将在后文详细说明(见第267段)。

但是,如果贿赂双方存在一系列的提供服务和获取报酬的持续关系,那么追诉时效应从最后一次行为之日开始计算③。

(2)法人 99

第433-25条规定,法人能够因向拥有公共权力或经选举委任职务的人员行贿,而承担刑事责任。法人应处罚金和若干附加刑,包括禁止从事经济活动、关闭营业场所、禁止参与公共采购合同、禁止向公众吸收存款、禁止签发支票和没收。

第435-6条规定,法人能够因对欧共体和国际公共组织人员行贿,而承担刑事责任。法人应处罚金和本条规定的若干附加刑,包括关闭营业场所、禁止

---

① 私营领域贿赂罪的典型案例,见 Crim. 25 fév. 2015, *AJ pénal* 2015. 318, obs. J. Gallois; *RTD Com.* 2015. 601, note B. Bouloc。

② Crim. 13 déc. 1972, *Bull. crim.* n° 391.

③ Crim. 8 oct. 2003, *Bull.* n° 185; *Dr. pénal* 2004. Comm. 16; *D.* 2004. 3023, note M. Segonds; *Gaz. pal.* 18/20 avril 2004, p. 8, note Y. Monnet.

参与公共采购合同、禁止向公众吸收存款、禁止签发支票等。

100 (3)附带民事诉讼

最高司法法院裁决,受贿罪"主要是为了公共利益而规定的,但其目的也在于保护个人利益"。因顺从索要而支付款项的人员,只要不构成教唆犯罪的共犯,就能作为附带民事诉讼当事人对其遭受的直接的个人损害诉请赔偿①。附带民事诉讼可由私法法人②或公法法人③提起。此外,应当指出,消费者协会提起附带民事诉讼也是可以受理的(《消费法典》第 L. 421-1 条)。

附带民事诉讼中诉请的损害赔偿通常是有形的经济损失,但最高司法法院也认可精神损害赔偿。比如,因戛纳市市长被判受贿罪而使该市在全球的声誉受到损害,戛纳市获得一笔"特殊"损害赔偿金④。

第二节 利用影响力交易罪

101 利用影响力交易罪与贿赂罪有很多共同点。该犯罪要求双方之间存在共谋,一方是提议或同意利用其影响力的人员(被动利用影响力交易罪),另一方是提议或同意为该影响力支付报酬的人员(主动利用影响力交易罪)。因此,两罪的定罪处罚条款中关于达成协议、确定相关人员和使用手段的措辞都是相同的(第 432-11 条和第 433-1 条)。

利用影响力交易罪和贿赂罪的区别仅在于犯罪人所追求的目标,其涉案人员利用其实际或假定的影响力,试图从公共机构或行政机构获取优待、工作、合同或任何其他有利决定⑤。达成协议即构成犯罪,与后续结果无关。无

① Crim. 1er déc. 1992, *Dr. pénal* 1993. Comm. 126.

② Crim. 4 févr. 1997, *Bull. crim.* n° 45: Fédération sportive dans l'affaire *OM c/ Valenciennes*.

③ Crim. 18 déc. 1996, *Bull. crim.* n° 474; 21 mai 1997, *Bull. crim.* n° 113: OPHLM.

④ Crim. 8 févr. 2006, *Dr. pénal* 2006. Comm. 73; 14 mars 2007, *Dr. pénal* 2007. Comm. 85.

⑤ Crim. 4 juill. 1974, *Bull. crim.* n° 249: 签发建筑许可证; 6 juin 1989, *Dr. pénal* 1990. Comm. 44: 犯罪笔录的分类; Crim. 4 mai 2011, *Dr. pénal* 2011. Comm. 104; *Gaz. pal.* 2011. 2347, obs. E. Dreyer: 出售通信簿以及在各部委的影响力网络。

论所追求的决定是合法的还是非法的，或者由于中间人高估其并不具有的影响力而无法获得，都无关紧要。如果犯罪行为涉及赠予，那么交付之日就是追诉时效的起算点①；但是，每次执行非法协议，都会再次构成犯罪②，这会影响对追诉时效起算点的认定。

根据2013年12月6日《打击税务欺诈罪和重大经济金融犯罪法》第432－11条和第433－1条的规定，具有公共权力、承担公共服务任务、经选举委任职务的人员的主动或被动利用影响力交易罪，处10年监禁和100万欧元罚金，并处第432－17条和第433－22条规定的附加刑。如果犯罪是由无上述职务的自然人实施，则处5年监禁和50万欧元罚金（第433－2条）。在这两种情况下，罚金数额都可增加至犯罪所得的两倍。

与行贿罪一样，根据第433－25条规定的条件，法人可因该罪而承担刑事责任（见第99段）。

向负责联系有影响力之人的中间人提供资金的，应当以该罪的共犯起诉③。

第三节　徇私罪

徇私罪，是指违反公共合同和公共服务授权的准入自由和候选人平等规 102
则，为他人提供不正当好处，即优待他人。该罪名由1991年1月3日《关于采购程序的透明度和规则性法》第7条规定，随后被归入《刑法典》第432－14条；该条本身已进行多次补充和修改，最终并入由2006年8月1日法令公布的《公共采购法典》；该法典完成2004年3月31日欧共体指令的国内法移植，并解决其旧版本中的适用困难。因某些丑闻“事件”的曝光，我们得以了解公共采购合同的数量及其可能引发的腐败风险。尽管该罪名并不一定意味着犯罪人个

---

① Crim. 12 déc. 1989, *Bull. crim.* n° 474.

② Crim. 15 mars 2000, *Bull. crim.* n° 115; *RSC* 2000. 815, obs. B. Bouloc.

③ Crim. 8 janv. 1998, *Dr. pénal* 1998. Comm. 98.

人从中获利,但也应当对其进行处罚①。

尽管条文繁多、复杂而且经常修改,但最高司法法院认为,该罪的定义足够明确和准确,故而不违反任何宪法条款或宪法原则。因此,该院认为,没有必要将对该犯罪定义提起的宪法优先性审查移交至宪法委员会②。

一、构成要素

1. 确定犯罪人

103 犯罪只能由特定的人员实施,但法条中列出的清单似乎足够广泛和全面,可以对在公共采购过程中非法干预的所有级别的人员进行追诉。首先,与贿赂罪一样,第 432-14 条规定的是享有公共权力、承担公共服务任务、经选举委任的人员。其次,该条增加从事国家、地方行政单位,事业单位,承担公共服务任务的国家混合经济公司和地方混合经济公司的代表人、管理人或代理人职务的人员。最后,这个看似有限的清单中包括一个非常笼统的术语,即"任何代表上述人员行事之人"。结果是,犯罪可以由决策者实施,也可以由为他人决策进行准备或作出提议之人实施③。

最高司法法院对《刑法典》第 121-1 条"任何人均只对自己的行为承担刑事责任"的规定,采取了广义解释;这表现出该院的严厉态度,该院甚至对集体决策的行为进行处罚。因此,应当以徇私罪追究市长的个人责任;因为市长确定市政委员会的议程并主持会议,最终,在会议期间以绝对多数票通过案件中产生争议的合同④。但是,上诉法院拒绝仅因其参加有争议的投票而追究市政委员会成员的个人责任⑤。

2. 给他人的不正当好处

104 与受贿罪不同,徇私罪并不以犯罪人从中谋取或获取利益为前提。该不

---

① J. Savoye, «De la répression du délit de favoritisme et autres infractions en matière de marchés publics», *D.* 1999. Chron. 169; *RSC* 2000. 618, obs. Delmas-Saint-Hilaire.

② Crim. 30 nov. 2011, QPC, *Dr. pénal* 2012. Comm. 29.

③ Crim. 9 mars 2005, *Dr. pénal* 2005. Comm. 115: 副市长的责任; 20 avr. 2005, *Bull. crim.* n° 139: 市政府秘书长的责任。

④ Crim. 19 nov. 2003, *Dr. pénal* 2004. Comm. 32; *D.* 2004. 2753, obs. G. Roujou de Boubée; 7 avr. 2004, *Bull. crim.* n° 93.

⑤ Aix-en-Provence 16 mai 2007, *D.* 2008. 53, note E. Gallardo.

正当好处是提供给他人的，即直接向其分配合同或向其分公司分配部分合同。但是，犯罪人并没有真正“无偿地”实施该行为，立法者也并不是天真地想要处罚单纯的利他行为。正如我们所知，这种行为经常会通过财务操作最终进入政党的资金库。政党的秘密筹资是提供给他人的不正当好处的一种衍生形式。

但是，最近的一项判决似乎并未要求为他人提供好处成为该罪的必备要素。最高司法法院确实认为，只要被告人明知缘由，仍然实施违反相关法律或法规规定的行为，即构成犯罪，无论被告人是否具有优待他人的动机①。在该裁决之后，再称之为“徇私罪”似乎不太准确。

3. 违反法律法规

就最广义的角度而言，该罪的事实要素是“违反确保公共合同和公共服务授权的准入自由和候选人平等的法律或法规规定的行为”。因为为他人提供不正当好处行为所违反的条款规定是无法计数的，所以，该行为的形式也非常多样。这些条款经过多次修订（特别是2006年8月1日第2006－996号法令）之后，都归入《公共采购法典》之中。这些修订提高了必须遵守法律和法规程序的合同的标准，同时扩大了以下合同的范围：根据发票双方协议进行结算的合同和难以进行竞争性招投标的提供特定服务的合同。根据2008年12月19日第2008－1356号法令，该标准为20 000欧元②。 105

此外，新机制允许将合同切分成多个部分，以方便专业的中小型企业（PME）进入；此前单个大额合同只会分配给大型企业，而这些中小型企业只能被排除在外。但是，该法令没有修改任何现行刑法规定，也没有规定新的处罚，更没有减轻任何已有的处罚；因为这些修改都属于必须由法律规定的内容。

尽管可适用条款连续修改，也没有产生新条款适用的时间效力的微妙问题。最高司法法院已明确指出，由于《公共采购法典》的规定具有规章性质（un caractère réglementaire），其对被告人有利的修改条款不具有溯及力，只要该罪

① Crim. 11 janv. 2004, *Bull. crim.* n° 11; *Dr. pénal* 2004. Comm. 50; *JCP* 2004. Ⅱ. 10084, note F. Linditch.

② F. Linditch, *JCP E.* 2009. Act. 3.

的定罪处罚条款(《刑法典》第 432-14 条)仍然有效[①]。

我们列举以下情形:违反法律或法规规定,损害合同公开性或为某些候选人提供内幕信息的行为,应当进行刑事处罚[②]。为了确定获得合同而对价格金额进行沟通的行为,应当进行刑事处罚[③]。通过引入技术条款限制竞争的行为,而该技术条款只有犯罪人想要为其分配合同的企业才能遵守的,以及通过合同分配后进行转包来掩盖获取不正当好处的受益人的痕迹的行为,都应当进行刑事处罚。未经公平竞争而分配市政府委员会月刊的印刷合同,也应当进行刑事处罚[④]。通过拆分合同"规避"招标程序的,应当进行刑事处罚。例如,市长直接支付账单会危害潜在候选人的平等市场准入,并因不平等优待而使相关公司受益[⑤];将合同拆分为多个合同,这些合同的目标非常接近,且缔约公司都属于同一集团,公司的管理人也是同一个人[⑥]。

我们列举以下情形:通过模仿竞争企业的欺诈操作,营造获得分配合同的企业是最优企业的假象[⑦];创建尤其是控制组织和运营的公共法人协会,并为其提供关键资源[⑧]。

4. 故意要素

106 第 432-14 条并不惩罚简单的过失,处罚的是出于自愿为他人谋取不正当利益的行为,因为行为人知道该行为违反了其应遵守的法律或法规规定。最高司法法院对故意的解释非常严格。因此,该院认为,针对该犯罪是否存在故意要素提起的宪法优先性审查,没有必要移交给宪法委员会[⑨]。该院认为,当选已久的官员必定了解该领域的立法,不能借口不知道招标程序来逃避责

---

① Crim. 28 janv. 2004, *Bull. crim.* n° 23; *JCP* 2004. Ⅱ. 10084, note F. Linditch, *Gaz. Pal.* 2004. 2541, note A. C..

② Crim. 2 avr. 1998, *Gaz. Pal.* 2000. J. 139, note G. Pancrazi.

③ Crim. 14 févr. 2007, *Bull. crim.* 2007, n° 47.

④ Crim. 30 juin 2004, *Bull. crim.* n° 177; *D.* 2004. 2753, obs. G. Roujou de Boubée.

⑤ Crim. 13 déc. 2000, *Bull. crim.* n° 374.

⑥ Crim. 10 sept. 2008, *Dr. pénal* 2008. Comm. 158.

⑦ Crim. 16 nov. 2011, *Dr. pénal* 2012. Comm. 29.

⑧ Crim. 7 nov. 2012, *LPA* 4 avr. 2013, n° 68, p. 6, note M.-E. Boursier.

⑨ Crim. 23 juill. 2014, QPC, *Dr. pénal* 2014. Comm. 124.

任[1],也不能借口“无能为力”来逃避责任[2],更不能借口在解释应适用的法律时发生法律错误来证明其行为的正当性[3]。同样,只需确认公职人员在有争议的交易中具有精神利益即可[4],无须调查其是否另外打算优待某个候选人或苛待其他候选人[5]。可见,对当选官员进行难以推翻的犯罪故意推定,似乎不再遥远。

二、处罚

根据2013年12月6日《打击税务欺诈罪及重大经济和金融犯罪法》,该犯罪处2年监禁和20万欧元罚金,罚金数额可以增加为犯罪所得的两倍。犯罪人还应处第437-17条规定的附加刑,即禁止公民、民事和家庭权利和禁止从事公职。该罪的未遂是可罚的。 107

关于起诉的特殊规定,值得注意的是1991年1月3日《关于采购程序的透明度和规则性法》。该法后经1993年1月29日《预防腐败和经济生活及采购程序透明度法》修订,创立了专门委员会,负责对公共采购合同和公共服务授权协议进行调查并核实签订合同的合规性(第1条至第3条);特别是《刑法典》第432-14条的犯罪,委员会成员获得巴黎大审法院院长命令的授权后,可到任何地方进行搜查并进行扣押(第5条)。

该罪的追诉时效期限从违反法律或法规规定的行为发生之日起计算。但是,如果非法行为被隐瞒或通过隐秘手段实施,那么,如其他犯罪一样,最高司法法院裁定,徇私罪只能从发现犯罪行为之日起计算[6]。

从非法分配合同中获益的人员,可因隐瞒徇私罪的犯罪所得罪而被起

---

① Crim. 10 sept. 2008, *Dr. pénal* 2008. Comm. 158.

② Crim. 24 oct. 2001, *Dr. pénal* 2002. Comm. 26.

③ Crim. 10 avr. 2002, *Bull. crim.* n° 84; *Dr. pénal* 2002. Comm. 105.

④ Crim. 29 juin 2011, *Gaz. Pal.* 9/10 nov. 2011. 20, obs. E. Dreyer.

⑤ Crim. 14 déc. 2011, *Dr. pénal* 2012. Comm. 29.

⑥ Crim. 27 oct. 1999, *Bull. crim.* n° 238; *Dr. pénal* 2000. Comm. 27; *RSC* 2000. 618, obs. Delmas-Saint-Hilaire; 5 mai 2004, *Bull. crim.* n° 110; 19 mai 2004, *Bull. crim.* n° 131; *Dr. pénal* 2004. Comm. 133; *Gaz. Pal.* 26/27 janv. 2005. 10, note A. C.; 21 sept. 2005, *Dr. pénal* 2005. Comm. 26; 17 déc. 2008, *Bull. crim.* n° 161; *RSC* 2010. 141, note C. Mascala.

诉[1]。与之相反,在同行业中拥有合适的人员和设备但被不公平地排除出合同分配的企业,则遭受被起诉犯罪所引发的直接损害。因此,这些企业有资格提起附带民事诉讼,要求受益人对其"机会损失"支付损害赔偿金[2]。法院甚至认为,该犯罪可能对国家造成精神损害,因为它"使全体工作人员丧失信誉……并且在公众舆论中削弱国家权威"[3]。

① Crim. 5 mai 2004, *Bull.* n° 110:因获取合同的"积极附带利益"而获益。

② Crim. 28 janv. 2004, *Bull. crim.* n° 23; *Dr. pénal* 2004. Comm. 92: *JCP* 2004. Ⅱ. 10084, note R. Leborgne.

③ Crim. 4 mai 2006, *Dr. pénal* 2006. Comm. 113.

第二章　非法获取利益罪

立法者希望通过明确权力与商业和金钱的界限和规范公共职能向私人经营活动的延伸，来促进公共生活道德化。该目标清楚地出现在旧《刑法典》第175条和第175－1条之中，这两个条款处罚的是不当干涉行为，即“公职人员对与其身份不相兼容的经济或商业活动进行干涉”。事情原来很明确：立法者在公职和商业之间制定了不得兼容规定，并处罚法律所禁止领域中的所有干涉行为。原先的条文被归入新法第432－12条和第432－13条规定的“非法获取利益罪”之中。但是，立法者将它们与贿赂罪、贪污罪一起归类为“违反履行廉洁义务罪”，这就扭曲了人们对这些犯罪可能持有的一种观念，尤其是使判例法难以理解。因为根据判例法，尽管犯罪人没有从犯罪行为中获得任何利益，也构成该罪。那么，作为不履行廉洁义务同义词的不诚信行为是什么呢？ 108

越来越多的公职人员的案例引起媒体的广泛关注，最终促使立法者进行干预，以确保“公共生活的透明度”。这正是2013年10月11日《公共生活透明度法》的立法目标，该法已经被宣布符合宪法原则[①]。

我们将通过区分在职公务员(第一节)和离退公务员(第二节)来研究这种犯罪行为。

第一节 在职公务员

一、相关人员

109 尽管提到干涉行为或获取利益行为,通常说的是“公务员”,但是《刑法典》第432-12条的法律条文规定得更为广泛。与贿赂罪或徇私罪一样,该罪的主体是享有公共权力、承担公共服务任务、经选举委任的人员。对判例法的研究表明,最常受到起诉的是地方民选代表、市长或副市长,但该主体也可以扩展至以公权力名义负责特定事务的管理或监督人员。

这方面相关案例非常多。值得一提的是,该罪的主体包括工商会主席[②]、工艺协会秘书长[③],以及企业清算的司法管理人和司法代理人[④]。

但是,工商业公共服务的初级官员没有管理或监督的权力[⑤]。但是,判例法认可,该罪的犯罪人也可以是无决定权而仅负责调查档案、向决策者提出意见或建议的人员[⑥]。

特别值得注意的是,如果涉案的决定是由集体机关作出,如市议会,就经常会产生争议。但是,最高司法法院认可,如果市长主持决策会议,而且会议

---

① Cons. const. 9 oct. 2013, *JCP G.* 2013. 2020, note J.-E. Gicquel et *ibid.* 1989, note P. Lignières.

② Crim. 20 nov. 1980, *D.* 1982. 246, note W. Jeandidier; *RSC* 1981. 607, obs. A. Vitu.

③ Crim. 10 sept. 2003, *Bull. crim.* n° 158; *Dr. pénal* 2004. Comm. 19.

④ Crim. 14 juin 2000, *Bull. crim.* n° 183.

⑤ Crim. 10 févr. 1988; *Bull. crim.* n° 69; *RSC* 1988. 772, note Delmas-Saint-Hilaire.

⑥ Crim. 14 juin 2000, *Bull. crim.* n° 221; *Dr. pénal* 2001. Comm. 5; 27 févr. 2001, *Bull. crim.* n° 48; *Dr. pénal* 2001. Comm. 5: 向廉租房(HLM, habitations à loyer modéré)管理办公室提出投标建议的建筑师; 14 déc. 2005, *Bull. crim.* n° 333; *Dr. pénal* 2006. Comm. 59: 为医院董事会决定做准备的医院主任。

所做决定与市长具有直接利益关系，那么，可以追究市长的个人责任[1]；如果参加投票表决的市长、副市长和议员对市级协会的补助进行投票，而他们就是这些协会的主席，那么，可以追究市长、副市长和议员的个人责任[2]。

二、禁止行为

第432－12条禁止上述主体"获取、接受或保留任何利益"。上述用语非常宽泛：既可以处罚单独的行为[3]，又可以处罚重复的或持续的行为[4]；这使该犯罪具有连续性[5]。此外，通过对严格证明的要求，最高司法法院认可，犯罪人并不必然从犯罪活动中获得专属利益，市长所实施的行为也并不必然是损害公众利益的[6]。 110

另外，市长在其当选任期中必须非常准确地授予利益相关方对其持有或保留利益的企业进行监督、管理或付款的义务。国家代理人对于其持股或领取报酬的企业，享有继续培训活动的监督权，就是这种情况[7]。最高司法法院对该罪的控制非常严格，一定程度上限制了该罪的适用范围。因此，建筑师不能既提交建筑许可申请又担任城市规划的委托助理[8]，税务检查员不能既监督纳税人又担任被监管纳税人的顾问[9]。市长不能以从事公共工作的名义雇用员工，却只给该员工分配私人事务[10]。但是，负责民事登记的副市长，则可以作为享受市级补贴协会的受薪董事[11]。

为了防止通过某些精明手段规避法律的禁止规定，第432－12条将所有获取利益（无论是直接的还是间接的）的行为都确定为犯罪。上述规定使刑法能

---

① Crim. 19 mars 2008, *RSC* 2008. 592, obs. C. Mascala.

② Crim. 22 oct. 2008, *Dr. pénal* 2009. Comm. 13.

③ Crim. 2 nov. 1961, *Bull. crim.* n° 438：市长与其市镇之间签订合同；23 févr. 1996, *Bull. crim.* n° 64：出售市镇土地。

④ Crim. 18 juin 1996, *Dr. pénal* 1996. Comm. 263：副市长以建筑师身份提交建筑许可申请。

⑤ J.-H. Robert, *Dr. pénal* 1994. Chron. 10.

⑥ Crim. 19 mars 2008, préc..

⑦ Ass. plén. 4 juill. 2008, *Bull. crim.* n° 2; *D.* 2009. Pan. 1725, obs. C. Mascala; *AJ pénal* 2008. 473.

⑧ Crim. 18 juin 1996, préc..

⑨ Crim. 3 avr. 1991, *D.* 1992. 225, note C. Pagnon.

⑩ Crim. 7 mai 1998, *Bull. crim.* n° 157; *Dr. pénal* 1998. Comm. 128.

⑪ Crim. 6 août 1996, *Dr. pénal* 1996. Comm. 263.

够处罚民选官员通过中间人从其负责的企业中获取利益的行为①,也使刑法能够处罚通过多个利益交叉企业的复杂手段非法获取利益的行为②。

最后,在大多数情况下,该犯罪规定处罚的是真正违反廉洁义务的行为,是获得非法物质利益之人的不诚信行为③。但是,最高司法法院坚持认为,谋取非法利益并不是犯罪的构成要素。根据该院的判决,即使通过被禁止的交易所获得的利息"不包括任何报酬或金钱对价",也能够成立该罪④。只要犯罪的行为人能在其中找到"精神"利益,就足以构成该罪⑤,而这种行为通常是为其家庭利益而实施的⑥。该判例法非常严格,因为这意味着,即使不存在任何个人获利的情形,都可以对民选官员进行刑事处罚。但是,法院对小型市镇的市长及副市长的松动态度,一定程度上可以降低该判例法的影响。

三、故意要素

111 第 432-12 条处罚的是故意犯罪。但是,判例法对被告人表现出一定程度的严厉性。判例法认为,犯罪故意的特征仅在于行为人有意实施犯罪的事实要素⑦。与徇私罪一样,本条规定所针对的主体都是民选官员或职业人员,因此,推定他们因其职责而应该知道法律禁止其实施上述行为。要推翻该故意推定似乎是不可能的,因为正如某判决书在其判决理由中指出的那样,绝大多数被告人都具有"长期的公共服务经验"⑧。

---

① Crim. 9 févr. 2005, *Bull. crim.* n° 48; *RSC* 2005. 560, obs J.-P. Delmas-Saint-Hilaire; 14 déc. 2005, *Bull. crim.* n° 233; *Dr. pénal* 2006. Comm. 59.

② Crim. 27 nov. 2002, *Bull. crim.* n° 213; *JCP* 2003. Ⅱ. 10093, note W. Jeandidier; *Gaz. Pal.* 2003. 2415, note Y. Monnet.

③ Crim. 18 oct. 2000, *Bull. crim.* n° 301:市长为其办公室签约一名女性员工,而实际上她只是市长的家政工人。

④ Crim. 25 juin 1996, *Bull. crim.* n° 273; *Dr. pénal* 1996. Comm. 264.

⑤ Crim. 29 sept. 1999, *Bull. crim.* n° 202; *Dr. pénal* 2000. Comm. 15; *RTD com.* 2000. 473, obs. B. Bouloc.

⑥ Crim. 9 févr. 2005, *Dr. pénal* 2005. Comm. 114:将合同分配给招标委员会主席的子女经营的企业。

⑦ Crim. 27 nov. 2002, préc. ss 110.

⑧ Crim. 14 déc. 2005, préc.

四、小型市镇的松动

严格适用该条款,可能会使绝大多数小型市镇陷入尴尬境地。这将使这些小型市镇无法与由市长、副市长及其近亲属经营或控制的公司签订任何工程、物资或服务合同,从而这些小型市镇不得不以更高的价格求助于外地公司。正是基于此,立法者授权不超过3500名居民的市镇的市长、副市长或市政委员会议员,可以与该市镇签订转让动产或不动产或提供服务的合同,而且交易数额每年不得超过16 000欧元。为从事其职业活动之需,他们还可以获得市镇的住房、与市镇签订住房租赁协议,以及获得市镇的财产。 112

为防止任何欺诈风险,第432-12条规定订立上述合同应当遵守特殊的程序规则,特别是价格和决策程序,并禁止利害关系人参与合同批准以及市长自身签订合同的审议工作[①]。此外,最高司法法院禁止通过分包合同来规避这些规则。因此,如果某企业由市长或副市长经营,要想将合同分包给该企业,就必须遵守上述特殊法律规定,否则,不得将合同分配给该企业[②]。

五、处罚

根据2013年12月6日《打击税务欺诈罪和重大经济金融犯罪法》,犯罪人处5年监禁和50万欧元罚金,罚金数额可增加至犯罪所得的两倍。另外,犯罪人还应处第432-17条中的附加刑。最高司法法院认为,该条款规定的剥夺公民民事和政治权利,并不仅限于剥夺与犯罪行为相关的活动中的权利[③]。至于犯罪行为的受益人,则可能会因其获得非法利益而被起诉[④]。如果犯罪损害市镇利益,那么只有市长有资格(往往是市镇管理团队换届后的继任者)对犯罪人提起诉讼[⑤];而且,必须根据《市镇法典》第L.122-20条的规定,在获得明确授权之后起诉。当然,纳税人并不具备提起附带民事诉讼的资格[⑥];但是,如果 113

---

① Crim. 29 juin 2005, *Dr. pénal* 2005. Comm. 150.

② Crim. 4 juin 1996, *Bull. crim.* n° 231; *Dr. pénal* 1996. Comm. 262.

③ Crim. 7 mars 2012, n° 11-81.918.

④ Crim. 21 sept. 2005, *Bull. crim.* n° 233.

⑤ Crim. 16 déc. 1975, *Bull. crim.* n° 279.

⑥ Crim. 2 févr. 1982, *JCP* 1983. Ⅱ. 19985, note P. Chambon; 2 févr. 1988, *Bull. crim.* n° 51.

发现市长不作为,由行政法院根据《市镇法典》第 L. 316-8 条授权的除外[1]。

原则上,非法获取利益罪是一种即时犯,追诉时效从犯罪行为发生之日起计算。并且,如果犯罪是重复行为,则追诉时效从最后一个行为完成之日起计算[2]。与许多其他犯罪一样,最高司法法院认可,如果存在隐瞒犯罪行为之情形,则追诉时效期限的起算点推迟至被害人知道犯罪行为之日[3]。因此,这种推迟必须要求同时存在隐瞒犯罪行为和揭露犯罪行为的证据。但是,对持有非法获取利益罪犯罪所得之人,不得以隐瞒犯罪所得罪进行追诉,即使该主犯已经超过追诉时效[4]。

第二节　离退公务员

114 立法者试图将公职人员向私营公司的流转(传统上称为"旋转门")活动道德化[5],以防止上述人员的新雇主从他们在公共服务中建立的联系或友谊网络中受益。刑事条款经过多次修改,2007 年 2 月 2 日《公共服务现代化法》将其纳入第 432-13 条。其后,2007 年 4 月 26 日第 2007-611 号法令和 2013 年 10 月 11 日《公共生活透明度法》又对其进行了补充。

应当指出的是,这些条款的适用并不是很频繁,其实施也引起了相关各界的强烈反应。例如,国务委员会的决定取消了任命法兰西信贷银行财务部副总干事的法令,因其违反《刑法典》第 432-13 条的规定[6]。最近的任命再次引

---

① Crim. 3 janv. 1985;*Bull. crim.* n° 1.

② Crim. 7 mai 1998,*Bull. crim.* n° 157;*Dr. pénal* 1998. Comm. 128:每月向仅为市长个人服务的工作人员发放薪酬;4 oct. 2000,*Bull. crim.* n° 287,*D.* 2001. 1654,obs. M. Segonds;11 avr. 2002,*Bull. crim.* n° 84;*D.* 2003. 246,obs. M. Segonds。

③ Crim. 19 mars 2008,*Dr. pénal* 2008. Comm. 102 – 16 déc. 2014,*D.* 2015. 76;*RTD Com.* 2015. 165,note B. Bouloc.

④ Crim. 12 nov. 2015,n° 14 – 83. 073,FS. P + B;*Juris-Data* n° 2015 – 025090.

⑤ J. Dufau,«Le "pantouflage" et le droit»,*Gaz. Pal.* 1997. Doctr. 1563.

⑥ CE,ass.,6 déc. 1996,*JCP* 1997. Ⅱ. 22752,note B. Hérisson;*D.* 1997. 56,note M. Dobkine;*LPA* 29 janv. 1997,p. 10,note B. Poujade.

发争论,因为该犯罪的范围似乎并没有达到我们所期望的清晰程度。基于此,目前正在研究修订这些规定。

根据第432-13条的规定,该犯罪处3年监禁和2万欧元罚金,罚金数额可增加至犯罪所得的两倍;另外,对于某些类型人员实施的某些行为,还应处以第432-17条中的附加刑。最高司法法院认可,工会有资格提起附带民事诉讼①。

一、相关人员

第432-13条针对两类人员,并在更广泛范围内将若干公职人员或类似人员从事专业活动中的行为进行定罪处罚: 115

第一,负责监督或监管私营企业或与私营企业签订任何形式的合同,或对私营企业的运营提供意见的公职人员、公共行政机构的工作人员或代理人。当然,这些人员所履行的职务可能只是暂时授权的监管②。

第二,国家或公共机构直接或间接持有50%以上资本的事业单位、国有企业、混合经济公司(SEM)的代理人,以及1990年7月2日《法国邮政和法国电信公共服务组织法》规定的公共运营商。

这些法律规定相当明确;如果没有明确相关人员实际履行职务的具体性质,就不得对其提起诉讼③。

二、禁止行为

该条款对该禁止规定的空间效力和时间效力进行了界定。 116

关于空间效力,第432-13条禁止有关人员订立雇佣合同,从事顾问或培训的自由职业活动④,或在其负责监管或监督的企业中持有股份或者持有上述企业30%以上的共有资本。的确,如果禁止曾经担任过相关职务的公务员在国家层面对经济活动进行监督,那么这种禁止规定的范围可能会大大扩展,甚至超出了立法者的本意。国务委员会于1996年12月6日决定取消该规定就

---

① Crim. 27 juin 2012, v. ss 115.

② Crim. 15 nov. 1982, *Bull. crim.* n° 254; *RSC* 1983. 469, obs. A. Vitu:账务监管。

③ Crim. 27 juin 2012, *Lamy Dr. pén. affaires*sept. 2012. 120, note J. Lasserre Capd eville; *LPA* 27 nov. 2012, n° 237, p. 6, note M. -E. Boursier.

④ Crim. 18 juill. 1984, *Bull. crim.* n° 262; *RSC* 1985. 291, obs. Delmas-Saint-Hilaire.

是一个很好的例证,该决定禁止某些公务员在其专业领域内从事私人职业活动。

关于时间效力,该项禁止是有期限的。根据2007年2月2日法规定,禁止期限从公共职务终止之日起3年至5年,无论该终止的原因是辞职、解雇还是退休。

第三章　伪造罪和使用伪造物品罪

乍看起来，伪造罪和使用伪造物品罪并不是经济刑法的直接组成部分。的确，相关处罚规定位于《刑法典》第四编“危害公共信任罪”，与伪造货币，伪造权力机关标志，伪造印章、印戳和其他税票罪并列。但是，如果更加细致地查阅就会发现，对伪造罪和使用伪造物品罪进行的起诉，经常与经济法领域中其他犯罪的起诉同时进行，无论它们是普通刑法中的犯罪（诈骗罪、背信罪、贿赂罪或隐瞒犯罪所得罪）还是《刑法典》以外的犯罪（滥用公司财物罪或虚假破产罪）。确实，伪造思想的媒介并予以使用，通常是为实施上述犯罪提供便利，或旨在防止上述犯罪被发现。 117

尽管立法者经常表现出想要简化规定的意愿，但《刑法典》中仍然对伪造罪保持了相当复杂的处罚机制。除基础条款（第 441 – 1 条）一般性规定伪造罪的构成要素之外，《刑法典》还作出很多特殊规定。本书中我们仅限于介绍一般规定；如果读者对特殊规定感兴趣，请参考《刑法分则（第 15 版）》教材。本部分首先介绍伪造罪（第一节），其次介绍使用伪造物品罪（第二节）；这两种犯罪有很大差别。

第一节 伪造罪

一、构成要素

118 《刑法》第441－1条规定比旧条款更加清楚完整。它对伪造罪进行了一般性定义，包含四个构成要素。

1. 思想的文字或媒介

119 第441－1条的规定非常笼统，该条处罚的是对"表达思想的文字或其他媒介"中的事实进行修改的行为。思想媒介的性质无关紧要，包括文字、磁带、磁盘等。因此，新《刑法典》没有保留专门规定伪造计算机文档的旧条款。从此，伪造罪的规定列入普通刑法第441－1条之中①，比如，电脑中创建的文稿②。

如今媒介（载体）的性质已不重要，定罪处罚的条款应当对媒介中的内容进行仔细描述。只有伪造的文字或媒介是"以证明某项权利或具有法律后果的事实为目的或具有上述效果"，才应以伪造罪进行处罚。这种规定在处罚伪造罪和法院要求提供的书面证据之间建立了非常密切的联系。只要伪造的文字可以作为行使权利或提起诉讼的依据，可以证明权利的创立、转移或消失，那么对该伪造就应进行刑事处罚。否则，任何对思想的文字或媒介的伪造都可免受刑事处罚。

因此，伪造证券应当进行刑事处罚，因为其本身就是债务转让清单的证据，比如，"Dailly"清单③、会计凭证④。工资单也是如此，无论伪造行为人是雇员还是雇主，都应予以处罚⑤；公司股东大会的会议记录也是如此⑥。

---

① Crim. 24 janv. 2001, *Bull. crim.* n° 24.

② Crim. 5 déc. 2012, *JCP* 2013. 367, note O. Décima et S. Detraz.

③ Crim. 30 mars 1992, *Bull. crim.* n° 132; *RSC* 1993. 549, obs. Bouzat.

④ Crim. 11 avr. 1991, *Bull. crim.* n° 132; 19 sept. 1995, *Dr. pénal* 1996. Comm. 34.

⑤ Crim. 7 sept. 2005, *Bull. crim.* n° 220; *Dr. pénal* 2005. Comm. 175.

⑥ Crim. 20 mars 2007, *Bull. crim.* n° 86; *RSC* 2007. 536, obs. C. Mascala; *Rev. sociétés* 2007. 590, note B. Bouloc.

同样,在财目中记入虚假发票符合伪造罪的全部构成要素,该行为对会计记录及其证明文件的证明力造成损害①。但是,须经核查的单方面声明不产生权利,不具有证明价值,不构成伪造罪,如伪造凭证、备忘录、账目报表、估价单②,甚至法庭所得出的结论③。

虚假发票的问题通常是值得讨论的,并产生了大量不断发展甚至相互矛盾的判例法。目前,最高司法法院似乎认可,出具虚假发票构成伪造罪,应予处罚④。

相同的推理适用于伪造副本或影印本。如果这些媒介具有证明价值,那么对其伪造可予处罚⑤。如果这些媒介不具有证明价值,那么对其伪造不得处罚⑥。

2. 改变事实

改变事实是伪造罪特有的事实要素。为防止对犯罪人所采用的伪造方法无法完整列举所带来的不便,第 441－1 条非常谨慎地规定为"以任何方式所进行的"事实之改变。但是,长期以来,司法实践人员仍然使用传统的形式伪造(faux matériel)和内容伪造(faux intellectuel)的概念。的确,两者有时难以区分。通过篡改第三方身份来增加文本的复制和传播,究竟是哪种伪造⑦? 120

其一,形式伪造。在这一类别中,对事实的改变是通过对思想的文字或媒介进行物理性的改变来实现的,这种改变留下了技术专家能够发现的痕迹。比如,刮去、擦除或覆盖文字,以及假冒或模仿该文字的真正权利人的笔迹⑧。在这些情况下,犯罪人所使用的方法是通过修改伪造媒介的意义或范围来改 121

① Ass. plén. 4 juill. 2008, *D.* 2009. 1725, obs. C. Mascala.

② Crim. 13 févr. 2002, *Bull. crim.* n° 29; *D.* 2003. 448, note B. Bouloc:建筑师提交的费用说明。

③ Crim. 22 nov. 1977, *Bull. crim.* n° 361.

④ Crim. 20 juin 2007, *Dr. pénal* 2007. Comm. 142; *D.* 2008. 1576, note C. Mascala; *Rev. sociétés* 2008. 591, obs. C. Mascala.

⑤ Crim. 30 oct. 1975, *Bull. crim.* n° 235:商事法庭;16 nov. 1995, *Bull. crim.* n° 354; *Dr. pénal* 1996. Comm. 103。

⑥ Crim. 19 mars 1958, *Bull. crim.* n° 561:复制发票。

⑦ Crim. 5 déc. 2012, préc. ss 119.

⑧ Crim. 13 oct. 1999, *Bull. crim.* n° 218:伪造建筑师签名的建筑许可申请。

变事实。

依据上述内容，如果账户的真正持有人出具签署其真实姓名的支票，但该签名与其在银行预留签名不一致，那么，他的行为是否构成伪造罪是非常值得探讨的[①]。最高司法法院的确判决道，对事实的改变不能仅仅"从违法行为的不合规之处"进行推断[②]。

但是，在已有的文字中插入内容以及伪造人对所有文字的整体制作也构成形式伪造，例如，受薪医生假冒同事名义自行开具处方[③]。在这种情况下，伪造应受处罚，而无须证明媒介中所包含的事实或陈述的虚假性[④]。因此，即使补充的或编造的文字表述的是事实，该行为也将受到伪造罪的处罚！

122 其二，内容伪造。该类伪造对事实的改变方式更为微妙，因为它并不触及思想的物质媒介。申报时作假，构成伪造罪，就是这种情况。通常由申报人员负责确认虚假事实的真实性，记录人员负责对其虚假申报予以确认。比如，先向警察或宪兵队对盗窃、意外或损失的情况进行虚假申报，然后，将虚假申报的收据用于实施或企图实施保险诈骗。较为罕见的是，由负责记录申报之人实施的情形，他们不是记录向其陈述或其自身发现的事实，而是记录其他事实。无论何种情况下，只有文字内容或其他任何物理媒介的虚假性都得到充分证明，才能对伪造罪进行处罚[⑤]。

另外，我们应注意，文字内容并非作者本意的情况，这可能是由于作者的签名是通过欺诈获得的[⑥]，也可能是由于他人将这些内容强加给智力低下的人员[⑦]。行为人修改文件的最终版本、报告或笔录的注释或草稿，也构成"内容

---

① Grenoble 21 nov. 1997, *Dr. pénal* 1998. Comm. 79.

② Crim. 23 janv. 1997, *Bull. crim.* n° 35; *JCP E.* 1998. 263, obs. J. -F. Renucci：客户账户状态与实际交易不符的不合规行为。

③ Crim. 18 mai 2005, *Bull. crim.* n° 148.

④ Crim. 22 févr. 1995, *Dr. pénal* 1995. Comm. 170：凭伪造的原产地证书相信艺术品的真实性；3 juin 2004, *Bull. crim.* n° 149; *Dr. pénal* 2004. Comm. 141; *D.* 2004. 2752, obs. B. de Lamy：复制我们所丢失的原件。

⑤ Crim. 14 mars 1963, *Bull. crim.* n° 123.

⑥ Crim. 1er oct. 1990, *Gaz. Pal.* 1991. 1. 301, obs. Doucet; *Bull. crim.* n° 325; *RSC* 1991. 770, obs. Bouzat.

⑦ Crim. 30 nov. 1971, *Bull. crim.* n° 326.

伪造"①。

最后，最高司法法院在犹豫几番之后认可，在文字中省略某些内容也构成对事实之改变②。确实，《刑法典》第441-1条的措辞非常笼统，并未禁止同时将作为和不作为都确定为犯罪。最近一直都不缺乏相关案例③。

无论是形式伪造还是内容伪造，只有改变的事实与文字或任何其他媒介实质相关，才应以伪造罪进行处罚。换言之，根据第441-1条的规定，能够证明权利或具有法律后果的事实的内容包括承诺、付款、受益人的姓名、日期、金额④。但是，刑法不处罚对偶然提及或附加提及的内容进行的修改行为，亦不处罚未改变文字或媒介法律价值或证明价值的修改行为⑤。

3. 损害

作为伪造罪构成要素的损害，并未出现在旧条款之中，而是源自长久而持 123
续的判例法。第441-1条再次重复这种解决方案；该条明确，若对事实的更改具有"损害性"，则构成伪造罪。这种损害表现为多种类型，并不一定是物质性的或经济上的损害。比如，由于在原产地证书上粘贴虚假签名而导致艺术品被排除在展厅之外，从而侵犯"商业信誉"⑥。同样，在账目中记入虚假发票符合伪造罪的全部构成要素，因为该行为"损害了会计记录及其证明文件的证明力"⑦。原则上，刑事法官在作出有罪判决之前，应当查明存在损害；但是，该义务不会特别限制犯罪的范围，因为这在司法实践中表现为两个不同的层面：

第一个层面，法院仅致力于查找可能造成的损害，而不是已经造成的损害，条款中的规定是指具有"损害性"的改变。这种解释是合乎逻辑的。首先，

---

① Crim. 30 avr. 2003, *Dr. pénal* 2003. Comm. 109; 3 juin 2004, *Dr. pénal* 2004. Comm. 144.

② Crim. 25 janv. 1982, *Bull. crim.* n° 29; *RSC* 1982. 623, obs. Bouzat; 5 févr. 2008, *Dr. pénal* 2008. Comm. 42; *RSC* 2008. 591, obs. C. Mascala：呈交监护法官的财产清单中有省略。

③ Crim. 14 nov. 2013, *Dr. pénal* 2014. Comm. 21 et *RSC* 2014. 74, note C. Mascala：呈交公证处的会计报表中的金额有省略；Crim. 8 janv. 2014, *Dr. pénal* 2014. Comm. 38; *RTD Com.* 2014. 430, note B. Bouloc：对不存在的债务开具汇票。

④ Crim. 11 janv. 1981, *D.* 1981. 348, note Cosson：在审计员的报告上贴上呈交股东的虚假日期。

⑤ Crim. 16 sept. 1995, *Dr. pénal* 1996. Comm. 35：附在租赁转让文件上但未经批准的陈述。

⑥ Crim. 27 mars 2007, *Dr. pénal* 2007. Comm. 99.

⑦ Ass. plén. 4 juill. 2008, *D.* 2009. 1725, obs. C. Mascala.

因为损害通常是由通过使用伪造的文字或媒介造成的。但是,无论伪造证件使用与否,伪造都是应受惩罚的。其次,因为潜在受害人通常在遭受损害之前,就发现了伪造的存在。比如,在被保险人为了进行保险诈骗向保险公司虚假申报损失时,该公司就发现对相关事实的改变,因而不支付任何赔偿,就是这种情况。

第二个层面,当伪造涉及特定文件时,最高司法法院不要求提供任何证据证明损害,哪怕是可能遭受的损害。根据该院判决,“如果损害是因假币而造成的,那么就无须对该损害进行审查”①。该判例法最初仅限于公开的或真实的文书伪造②,之后逐步扩展至经济领域,因为具有损害性的文书伪造大量增加③。在这些情况下,即使对可能的损害的审查也只是纯粹的形式要求④。

4. 非法占有之目的

124 第441-1条只处罚对事实的“欺诈性”改动。因此,该犯罪不处罚起草文件或申报时的轻率或疏忽,而是处罚故意和明知对事实的改动。在对不作为的伪造罪提起诉讼时,尤其如此。只有未履行专业义务的行为(比如,未实施且未报告监督活动),不足以表征非法占有之目的⑤。相反,如果未履行义务却声称已经履行,那么构成伪造罪⑥。在这些情况下,犯罪人的作案动机仍然是不相关的。即使行为人并无损害他人之意图,该伪造行为仍应受到处罚⑦;即使已经更正、修改甚至全部重做的文字能够表明确切事实(见第119段形式伪造相关内容),该伪造行为仍应受到处罚。任何人都不能自行对其行为进行归因,特别不能归因于并非真正行为人的第三方。

该故意的证据应当由事实审法官进行判断。在形式伪造(改变思想表达

---

① Crim. 10 mai 1989, *Dr. pénal* 1990. Comm. 84.

② Crim. 24 mai 2000, *Bull. crim.* n° 202.

③ Crim. 16 mars 1970, *JCP* 1971. Ⅱ. 16813, note B. Bouloc; 27 nov. 1978, *Bull. crim.* n° 331:伪造商业文书、伪造股东大会签到簿或伪造董事会会议记录;10 mai 1989, préc.:伪造法国工商就业协会(Assedic)的会员清单;12 nov. 1998, *Bull. crim.* n° 298:伪造驾驶证。

④ 关于该问题,见拙文«Du préjudice éventuel au préjudice virtuel», *Dr. pénal* 1999, chron. 7.

⑤ Crim. 7 sept. 2004, *Dr. pénal* 2004. Comm. 180.

⑥ Crim. 18 mai 2005, *Dr. pénal* 2005. Comm. 131.

⑦ Crim. 5 déc. 2012.

的文字或媒介)的案件中,几乎不会引起任何问题。笔迹专家或技术专家将揭示被告人所使用的删减、涂改或对字迹、剪辑或拼贴的模仿及伪造。在内容伪造的案件中,证据就显得更为微妙。比如,我们应当证明申报人知道其陈述的虚假性,或该文件的内容与"被迫"签名人的确切意图不符。该证据可能来自以下事实:虚假文字的行为人是专业人士,本案中是一名律师,其未考虑到该文件是虚假的①。

二、处罚

1. 自然人

对伪造罪的处罚取决于伪造文件的性质。原则上,伪造罪处 3 年监禁和 45 000 欧元罚金(第 441 – 1 条)。这些刑罚适用于私人文书的伪造,以及旧《刑法典》第 150 条中所称的"商业或银行文书的伪造"。因此,上述条款构成经济领域中伪造罪的基本处罚。对此,我们注意到,对伪造罪的处罚越来越轻缓,直至 1958 年之前仍以重罪进行刑事处罚;后至 1994 年则处以 5 年监禁,即以轻罪进行刑事处罚。 125

但是,在两类案件中,刑罚加重:

首先,伪造与公共管理部门为确立权利、身份、资格或授权而签发的文件有关,如许可证、证明、证件、护照、纳税票证等(第 441 – 2 条)。对此,处以 5 年监禁和 75 000 欧元罚金;若伪造由享有公共权力的人员实施,或者旨在帮助实施重罪或使犯罪行为人免于处罚,则处 7 年监禁和 10 万欧元罚金。

其次,伪造针对公开或真实的文书而进行,如司法文件、由公职人员或司法辅助人员、法警或公证人员出具的文件。该规定已经扩展至伪造"草稿",也就是说,扩展至市议会决议记录的备注②。第 441 – 4 条规定,对于自然人个人实施的上述伪造罪,处 10 年监禁和 15 万欧元罚金。但是,如果伪造罪是享有公共权力的、承担公共服务职能的人员在行使职权过程中实施的,则处 15 年有期徒刑和 22.5 万欧元罚金。

此外,无论何种情况下,犯罪人都应处第 441 – 10 条中的附加刑,特别是禁

① Crim. 3 déc. 2014, *Rev. sociétés* 2015. 192, note B. Bouloc.
② Crim. 30 avr. 2003, *Dr. pénal* 2003. Comm. 109.

止从事公共职务或职业活动。所有伪造罪的未遂都是可罚的(第441-9条)。

2.法人

126 法人能够因所有伪造罪而承担刑事责任(第441-12条)。对于法人,处自然人罚金的5倍,并处第131-39条规定的所有附加刑,包括解散、禁止从事职业活动、关闭营业场所。

在适用《刑法典》第121-2条中规定的一般原则之时,必须证明伪造是由作为法人的机关或代表的自然人实施的,如此,才能对法人处以刑事责任。但是,当该行为"只能"由法人的机关或代表实施之时,最高司法法院则认为,对其可以免予证明。更具体而言,最高司法法院认为,如果犯罪事实符合涉案公司的"商业政策",就可免于证明[①]。

第二节　使用伪造物品罪

127 使用伪造物品罪处罚的是使用伪造的文字、文件或媒介的行为,对所处刑罚与伪造罪相同的。没有条款对"使用"的概念进行定义,而"使用"正是构成该罪的事实要素。对其作出定义显然是无用的,因为使用是指根据其性质或一般目的使用伪造的文字、文件或媒介,包括主张权利、作为诉讼证据、从保险公司获得付款或赔偿。然而,判例法明确,对伪造物品的使用只能由积极的作为来完成。比如,有人知道文件是伪造的,但却"让"第三方在诉讼中予以出示,就不是积极的作为[②]。但是,在法庭上出示伪造文件应受到处罚,无论该出示是自发的还是执行法院的送达命令[③]。在故意要素上,该犯罪要求使用人知道文书是伪造的;当该使用人本身不是伪造人时,对该明知的证明有时就显得微妙。

---

① Crim. 25 juin 2008, *Dr. pénal* 2008. Comm. 140.

② Crim. 4 nov. 2010, *Dr. pénal* 2011. Comm. 17.

③ Crim. 3 mai 2012, *Dr. pénal* 2012. Comm. 113; *D.* 2013. 1334; *AJ pénal* 2012. 481, obs. G. Gallois.

伪造罪和使用伪造物品罪是可以分别构成的独立犯罪。即使伪造人尚未查明①或已超过诉讼时效②,使用伪造物品也应受到处罚。诚然,使用伪造物品罪和伪造罪都是即时犯,但使用伪造物品的行为通常要比对事实的改动行为迟得多,因此,使用伪造物品罪的诉讼时效的起算点得以延迟。此外,如果存在多次使用伪造文件的行为,那么每次行为都重新构成使用伪造物品罪;因此,该罪追诉时效应当从最后一次使用该伪造物品时起计算,例如,在诉讼程序的不同阶段向法院出示伪造的文件③。因此,查明伪造行为人是否同时是使用该伪造文件犯罪的主犯或从犯,具有非常重要的意义。

法人能够因使用伪造物品罪而承担刑事责任(第441-12条)。对于法人,应处罚金,并处第131-39条规定的所有附加刑④。

---

① Crim. 8 août 1995, *Dr. pénal* 1995. Comm. 279.

② Crim. 14 oct. 1991, *Dr. pénal* 1992. Comm. 56.

③ Crim. 30 mars 1999, *Bull. crim.* n° 54; *Dr. pénal* 2000. Comm. 73; 19 janv. 2000, *Bull. crim.* n° 32; *RTD com.* 2000. 737, obs. B. Bouloc.

④ Crim. 24 mai 2000, *Bull. crim.* n° 203; *RSC* 2000. 816, obs. B. Bouloc:在劳资调解委员会中就解雇程序出示虚假证明。

第四章　隐瞒犯罪所得罪和洗钱罪

128 通过将犯罪所得的隐瞒和洗钱行为规定为犯罪，立法者希望处罚在犯罪行为实施完毕之后，为犯罪的行为人提供协助、帮助或从中谋取私利的行为。由于不能以共犯起诉这些行为，因为共犯必须在犯罪行为实施之前或之时，因此立法者不得不将它们列为单独的犯罪。经过最近的立法改革，隐瞒犯罪所得罪和洗钱罪具有共同特征，因为它们处罚的都是针对所有重罪和轻罪所得的行为以及明知其犯罪所得的来源仍旧实施的行为。它们的区别仅仅在于事实要素不同。我们首先研究隐瞒犯罪所得罪（第一节），其次研究洗钱罪（第二节）。

第一节　隐瞒犯罪所得罪

129 通过研究隐瞒犯罪所得罪，来确定适用于经济领域的普通刑法的边界，是合乎逻辑的。的确，这种犯罪通常归因于经济领域中真正的专业人员，而且通常会产生国际影响。此外，它还涉及各种不同犯罪的所得：既可能是前文已研究过的犯罪(诈骗罪、背信罪、伪造罪或贿赂罪),也可能是后文将要研究的犯罪(滥用公司财物罪或内幕交易罪)。隐瞒犯罪所得罪与犯罪集团一样,属于所谓的“跨领域”犯罪,处罚的是所有的犯罪行为。对犯罪集团进行定罪处罚,使得我们能够在犯罪既遂或犯罪未遂之前,对单独的犯罪“预备”作出回应(《刑法典》第 450 – 1 条);与之相对,隐瞒犯罪所得罪以及洗钱罪(1996 年以后),使我们能够对犯罪既遂后占有、转移犯罪所得或从中收益的下游行为采取行动(《刑法典》第 321 – 1 条)。

因此,隐瞒犯罪所得罪是结果犯,以存在上游犯罪为前提。我们还将研究该罪的构成要素、处罚及其“邻近”犯罪。

一、隐瞒犯罪所得罪的上游犯罪

隐瞒犯罪所得罪针对的是“通过犯罪行为夺取、转移或获取的物品”(旧 130
《刑法典》第 460 条)或者“来自或属于犯罪所得”(《刑法典》新第 321 – 1 条)。这些用语非常相似,进而引起了几个问题:确定犯罪的性质、被隐瞒物品的性质以及犯罪行为所在地。

1. 犯罪的性质

根据最高司法法院的经典论述,无论是旧的条款还是新的条款,都是“原 131
则性规定,没有对作为所隐瞒物品来源的不同犯罪作出区分”①。因此,隐瞒犯罪所得罪可以针对来自任何犯罪行为的物品,尽管法官必须对该犯罪进行定性,而不能满足于断定“所隐瞒物品的来源非法”②,但是该义务并非始终都得到遵守③。

的确,隐瞒犯罪所得罪通常涉及的是盗窃所得的物品④。对判例法的初步检查显示,被隐瞒的物品的原始犯罪性质特别多样,包括伪造罪⑤、侵犯商业秘

---

① Crim. 10 juill. 1969, *D.* 1969. 546; 9 juill. 1970, *D.* 1971. 3, note Littermann.

② Crim. 23 mai 1962, *Bull. crim.* n° 418.

③ Crim. 12 mai 2015, *Dr. pénal* 2015. Comm. 95.

④ Crim. 12 janv. 1981, *Bull. crim.* n° 15:隐瞒影印复制而得的文件。

⑤ Crim. 12 mai 1970, *Bull. crim.* n° 162.

密罪[1]、侵犯调查程序秘密或预审程序秘密罪[2]、侵犯职业秘密罪[3]、滥用公司财物罪[4]、贪污罪[5]或者内幕交易罪[6]。

如果持有物品源自犯罪行为,那么隐瞒犯罪所得就可以予以刑事处罚,即使原始犯罪的犯罪人无法被起诉或无法确定身份[7]。如果原始犯罪是可罚的,无论犯罪人是谁(只要存在盗窃即可,犯罪人是谁并不重要),那么这种解决方案是符合逻辑的;但是,如果原始犯罪是不可罚的,因为它是由"特殊"人员实施的,那么这种解决方案就是值得商榷的。如果不能确认是谁提供了所持有的文件,那么如何能肯定该行为构成隐瞒侵犯财务秘密罪的犯罪所得罪呢?他是否有义务保守职业秘密?最高司法法院曾经一度持肯定态度[8],最近似乎表现得更加犹豫,并审查了上诉法院的判决,该判决没有确定侵犯职业秘密罪的犯罪人的身份,但对隐瞒犯罪所得的行为进行定罪处罚[9]。

2. 被隐瞒物品的性质

132 就像盗窃罪要占有"物品"一样,隐瞒本质上要持有"物品"。这两个犯罪使用相同的术语是符合逻辑的,因为隐瞒的物品通常来自盗窃。一般而言,我们对隐瞒犯罪所得罪处罚的都是对有形动产(画作、珠宝、现金、文件、车辆等)的占有行为;最高司法法院将该罪的对象扩展至犯罪所得的收益或盈利,从而使该罪隐瞒的对象具有了一些"非物质性"。

但是,该院最新的几个判决又撤销了下级法院关于隐瞒物品的性质演变的判决。特别是,该院认为,仅仅占有信息并不属于《刑法典》规定的"物品"。

---

① Crim. 8 nov. 1974, *Bull. crim.* n° 323.

② Crim. 9 juin 2015, *Dr. pénal* 2015. Comm. 122 par Ph. Conte.

③ Crim. 3 avr. 1995, *Bull. crim.* n° 142.

④ Crim. 29 avr. 1996, *Bull. crim.* n° 174.

⑤ Crim. 21 mars 1995, *Dr. pénal* 1995. Comm. 198.

⑥ Crim. 26 oct. 1995, *Bull. crim.* n° 326.

⑦ Crim. 3 avr. 1995, *Bull. crim.* n° 142; *JCP* 1995. Ⅱ. 22429, note E.-M. Derieux; *Gaz. Pal.* 1995. 1. 264, note Périer-Daville; *RSC* 1995. 599, note J. Francillon et 821, note R. Ottenhoff; *Dr. pénal* 1995. Comm. 175.

⑧ Crim. 19 juin 2001, *Bull. crim.* n° 149; *RSC* 2002. 96, obs. B. Bouloc et 119, obs. J. Francillon.

⑨ Crim. 4 déc. 2007, *Dr. pénal* 2008. Comm. 37.

因此,隐瞒侵犯商业秘密罪的犯罪所得罪必须要求实际占有包含秘密信息的文件①;隐瞒内幕交易罪的犯罪所得罪的对象不包括非法披露的内幕信息,而是针对使用该信息的收益②。因此,一名记者复制源自侵犯职业秘密罪的文件,构成隐瞒犯罪所得罪③。

3. 犯罪行为所在地

判例法认为,原始犯罪行为所在地的法院对隐瞒犯罪所得罪具有管辖权。 133
因此,对发生在比利时的隐瞒犯罪所得罪,如果隐瞒的是被盗于法国教堂的作品,那么,法国司法机关具有管辖权④。这种解决方式受到某些评论者的质疑,因为它事实上使原始犯罪成为《刑法典》第113-2条规定的隐瞒犯罪所得罪的构成要素,而不再仅仅是一个前提条件。

二、构成要素

1. 事实要素

《刑法典》旧的第460条没有定义隐瞒犯罪所得罪的事实要素,而新的第 134
321-1条则将判例法中已经包含的犯罪的两方面内容予以法定化。

(1)通过物理占有的隐瞒犯罪所得罪 135

隐瞒犯罪所得罪包括对犯罪所得物品的占有。传统上的判例法一直赋予"占有"非常广泛的适用范围。首先,它不要求个人占有,并认为当物品在为隐瞒人利益行事的代理人或代表手中时(比如,存放在银行账户中的钱款、存放在商店中的商品),即构成隐瞒犯罪所得罪。其次,也是最重要的是,占有的可能并不是原始犯罪的直接所得,而是销售该犯罪所得的收益⑤。这里的判例法使用了再利用和事实代位的概念,并认为尽管原始犯罪的最初收益已经转变,但仍然构成隐瞒犯罪所得罪。

---

① Crim. 3 avr. 1995, préc..

② Crim. 26 oct. 1995, *Bull. crim.* n° 326.

③ Crim. 9 juin 2015, *Dr. pénal* 2015. Comm. 122, par Ph. Conte.

④ Crim. 26 sept. 2007, *Bull. crim.* n° 224; *Dr. pénal* 2007. Comm. 150; *D.* 2008. 1179, note D. Rebut; *Gaz. Pal.* 2008. 285, note J.-D. Peltier; *Rev. sc. crim.* 2008. 350, obs Y. Mayaud.

⑤ Crim. 11 févr. 1964, *Bull. crim.* n° 46: 隐瞒被盗物品的销售赃款; 7 oct. 1980, *D.* 1981. IR 144: 隐瞒用盗窃所得购买的车辆。

在物理占有的行为之外,第 321－1 条增加了其他同样构成对犯罪所得物品的占有的行为,即使是非常短暂的行为:隐瞒、转移或充当中间人进而实施转移。在后一种情况下,最高司法法院甚至连最低程度的占有都不要求。因此,尽管自己从未占有过被盗物品,但行为人通过电话协商销售事宜,同样构成隐瞒犯罪所得罪①。

136 (2)从犯罪所得中获益的隐瞒犯罪所得罪

第 321－1 条规定,"以任何方式"从犯罪所得中获益,都能构成隐瞒犯罪所得罪,而这仅仅是重申了判例法中已经确立的固定做法②。这就是对所谓的"使用性隐瞒"的认可,其中包括在没有物理占有的前提下,从犯罪所得中收益或获利。这种隐瞒模式的适用范围非常广泛③。我们可以理解立法的这种严厉性,但是,如果我们决定将其适用于看被盗的著作、听被盗的录音带或看被盗的绘画之人,那么就必须防止对"以任何方式"获益这一规定的适用发生异化。

判例法采取的方式是,对于不存在个人利益的案件,仅对从原始犯罪中获得精神利益的行为人,处以隐瞒犯罪所得罪。比如,民选官员的报刊费用由滥用公司财物罪的犯罪所得来支付④,以及政党的活动经费通过利用影响力犯罪所得来保障,都是这种情况⑤。

2. 故意要素

137 第 321－1 条处罚的是"明知"被占有物品是犯罪所得之人,以及"知道"是犯罪所得并从中获益之人。因此,该条明确了隐瞒犯罪所得罪的故意要素,但

① Crim. 30 nov. 1999, *Bull. crim.* n° 282; *Dr. pénal* 2000. Comm. 55; *JCP* 2000. Ⅱ. 10359, note J. Biguenet; *RTD com.* 2000. 474, obs. B. Bouloc; *RSC* 2000. 832, obs. R. Ottenhof.

② Crim. 24 oct. 1979, *D.* 1982. 430, note S. Durrande; *JCP* 1983. I. 3123, n° 95.

③ Crim. 9 juill. 1970, préc. et 24 août 1981, *JCP* 1982. Ⅱ. 19801, note Allix; *RSC* 1982. 620, obs. Bouzat: 乘坐被盗车辆; Crim. 24 oct. 1979, préc.: 饮用被盗饮料; 9 mai 1974, *Gaz. Pal.* 1975. 1. 66 et 21 mars 1995, *Dr. pénal* 1995. Comm. 198: 从由配偶侵占罪或贪污罪所得支撑的生活方式中获益; 29 avr. 1996, *Bull. crim.* n° 174: 由滥用公司财物罪犯罪人帮其偿还债务; Douai 14 oct. 2004, *Dr. pénal* 2005. Comm. 21: 乘坐使用"撞骗"所得汽油行驶的车辆。

④ Crim. 27 oct. 1997, *Bull. crim.* n° 352.

⑤ Crim. 16 déc. 1997, *Bull. crim.* n° 428; *Rev. sociétés* 1998. 402, note B. Bouloc.

传统的判例法却表现出对证明被告人主观的严厉态度。因此,不应忽视财产"可疑来源"并借助复杂技术手段予以占有,后以秘密方式转售之人,构成隐瞒犯罪所得罪①。

首先,正如我们在上文所述(见第131段),它不要求隐瞒人知道原始犯罪的性质或犯罪人的身份,只要隐瞒人对其占有的物品的非法来源,不得不表示怀疑即可②。其次,有时它对被告人明知非法来源的证明要求也不高。最高司法法院认可,事实审法官有权对案件的事实要素进行自由心证,就像法官通过这些物品来源的证据所能认识到的那样。在实践中,该机制导致了举证责任的倒置。面对特定证据,被告人必须证明自己的善意,以及其对所占有或从中获益的物品来源的无知,而这是非常困难的。

法院认可的证据非常简单:隐藏物品、低价购买、不出具发票③、非专业人士提供的贵重物品④、被告人的专业身份令人生疑,但为达成划算交易而拒不核实⑤。根据这些证据,事实审法官可以根据最高司法法院的措辞得出结论,被告人"必然"知道本案中秘密账户中资金的来源⑥。比如,律师持有并使用其委托人提供的支票,而该委托人曾到律师事务所就其卷入的诈骗案向该律师咨询,就是这种情况⑦。

三、处罚

1. 刑罚

(1)自然人 138

原则上,对于自然人,处5年监禁和37.5万欧元罚金(第321-1条),罚金最高可增加至所隐瞒物品价值的一半(第321-3条)。若隐瞒犯罪所得构成惯犯,或者利用职业活动的便利(比如,二手车经销商、古董经销商、汽车修理工、

---

① Crim. 12 mai 2015, *Dr. pénal* 2015. Comm. 95.

② Crim. 20 oct. 2010, *JCP* 2010. 2383, note S. Detraz.

③ Crim. 30 oct. 1962, *Bull. crim.* n° 298.

④ Crim. 19 déc. 1992, *Dr. pénal* 1993. Comm. 132.

⑤ Crim. 3 déc. 1984, *Bull. crim.* n° 381; 5 mai 1993, *Dr. pénal* 1993. Comm. 256.

⑥ Crim. 24 sept. 2008, *Dr. pénal* 2008. Comm. 139.

⑦ T. corr. Versailles 25 oct. 2007, *Gaz. Pal.* 2008. 926, note B. Bouloc; Crim. 11 févr. 2009, *Dr. pénal* 2009. Comm. 52.

专家)，则处10年监禁和75万欧元罚金。如果隐瞒犯罪所得是有组织犯罪，则处以上述相同刑罚(第321-2条)。但是，如果被隐瞒财物的原始犯罪的刑罚更重，甚至可能是重罪的刑事处罚，那么隐瞒人则按照原始犯罪的刑罚进行处罚，或按照他所明知的加重情节进行处罚(第321-4条)。要判处这些刑罚，事实审法官必须查明被告人的明知①，对此，同样适用非常难以推翻的事实推定机制②。

无论何种情况下，犯罪人都要承担第321-9条所列的全部或部分附加刑，以及第321-10条规定的被隐瞒物品原始犯罪的附加刑。这些处罚可能非常具有震慑力，因为它们主要包括禁止从事职业活动、关闭营业场所、禁止参与公共采购、禁止签发支票和没收犯罪所得。

139 (2)法人

第321-12条规定，法人能够因隐瞒犯罪所得罪的基本犯和加重犯而承担刑事责任。对于法人，处自然人罚金的5倍，并处第131-39条规定的所有附加刑，包括解散、禁止从事职业活动、关闭营业场所。

2. 追诉的特殊规定

140 (1)追诉时效

隐瞒犯罪所得罪尽管“不同于”被隐瞒物品的原始犯罪，但仍属于“结果”犯。据此，最高司法法院对其适用诉讼时效之规定。同时适用隐瞒犯罪所得罪和原始犯罪的追诉时效，则使追诉隐瞒行为人的时效标准过高。

这是因为与原始犯罪“有区别”，隐瞒犯罪所得罪仍然应当受到处罚，即使原始犯罪已经超过诉讼时效③。当原始犯罪是即时犯时，便是如此。在这种情况下，该犯罪的追诉时效从构成事实要素的行为发生之日开始计算；但是，隐瞒犯罪所得罪是继续犯，其追诉时效从占有被隐瞒物品行为或从被隐瞒物品获利行为停止之日开始计算。

---

① Crim. 3 sept. 1986, *Bull. crim.* n° 252.

② Crim. 5 et 26 juill. 1993, *Dr. pénal* 1993. Comm. 258.

③ Crim. 16 juill. 1964, *D.* 1964. 664; 28 mars 1996, *Bull. crim.* n° 142; *Dr. pénal* 1996. Comm. 218.

作为原始犯罪的“结果”犯,隐瞒犯罪所得罪必然与被隐瞒物品的原始犯罪相关联。因此,隐瞒犯罪所得罪的追诉时效必须从原始犯罪的追诉时效开始计算之日才能开始计算①。这同样适用于滥用公司财物罪。这意味着,隐瞒犯罪所得罪的追诉时效只能从该罪被发现或者被查明可对其提起公诉之日起计算②。因此,最高司法法院将隐瞒滥用公司财物罪的犯罪所得罪扩大到滥用公司财物罪自身的追诉时效,这种做法大大延长了原始犯罪和隐瞒犯罪所得罪的追诉时效期限(见第300段)。

(2)支付罚金、诉讼费用和损害赔偿 141

原始犯罪与隐瞒犯罪所得罪之间具有关联性(《刑事诉讼法典》第375-2条、第480-1条和第543条)。因此,可以判决原始犯罪的犯罪人和隐瞒犯罪所得罪的犯罪人连带支付罚金、诉讼费用和向被害人进行损害赔偿。这种连带责任对支付上述款项具有重大意义,因为往往只有隐瞒犯罪所得之人是有偿付能力的。有时连带责任的执行是很微妙的,因为每个案子都可能会出现不同的情况③。比如,即使隐瞒人仅收到或持有部分被盗物品,他也可能被判决向被害人支付全额赔偿金④。

(3)同时以隐瞒犯罪所得罪和原始犯罪进行起诉 142

是否能够对原始犯罪的犯罪人提起隐瞒犯罪所得罪之诉?比如,盗窃罪的犯罪人自己占有全部或部分的犯罪所得之时。如果对这个问题持肯定回答,那么将有可能对已经超过诉讼时效的即时犯的犯罪人,以隐瞒犯罪所得罪(继续犯)进行定罪处罚。最高司法法院对这个问题的回答,似乎非常微妙。“一事不二罚原则”禁止对原始犯罪的犯罪人提起诉讼,因为这将导致对单一事实行为的双重定罪⑤。因此,对自行藏有部分赃物的盗窃罪的行为人,以及

---

① Crim. 7 mai 2002, *Bull. crim.* n° 108; *Dr. pénal* 2002. Comm. 108:隐瞒背信罪的犯罪所得罪。

② Crim. 6 févr. 1997, *Dr. pénal* 1997. Comm. 59; *JCP* 1997. Ⅱ. 22823, note M. Pralus, *Bull. crim.* n° 48; 27 oct. 1997, *Bull. crim.* n° 352; *Dr. pénal* 1998. Comm. 20.

③ A. Vitu, *RSC* 1989. 311 et 723; *RSC* 1991. 69.

④ Crim. 20 mars 1985, *Bull. crim.* n° 120; 6 mai 1987, *D.* 1987. IR 193 et *RSC* 1988. 535, obs. Bouzat.

⑤ Crim. 15 déc. 1959, *Bull. crim.* n° 350.

藏有已过追诉时效的非法获取利益罪的犯罪所得的人员,我们都不能以隐瞒犯罪所得罪提起诉讼①。但是,该原则并不禁止以原始犯罪的共犯对隐瞒犯罪所得罪提起诉讼,因为隐瞒犯罪所得罪与原始犯罪共犯的构成要素存在差别②。

四、隐瞒犯罪所得罪的“邻近”犯罪

1. 与动产销售或交易有关的犯罪

143 尽管对隐瞒犯罪所得罪的处罚是非常严厉的,但似乎仍不足以有效打击二手动产交易的组织网络。立法者认为,有必要针对上游犯罪采取行动,以实现有效预防。因此,出台 1987 年 11 月 30 日《预防和惩罚隐瞒犯罪所得罪和组织动产销售法》以及 1988 年 11 月 14 日两项法令,其中的规定均已被纳入《刑法典》中的隐瞒犯罪所得罪及其“邻近”犯罪之中(第 321-7 条和第 321-8 条)。

这些条款构成对如下职业活动具有法律约束力的规定:销售二手动产或销售从生产商或经销商之外的其他人员处获得的动产。该规定同样适用于组织在公共场所或向公众开放的以销售或交易此类物品的活动的人员,比如,由假日委员会在市镇中组织的跳蚤市场的人员。立法者对登记簿的保存和编纂作出特别要求以确保透明度,进而消除交易人员的匿名性以及经常用于流通犯罪赃物的物品交易的非法性③。

严重违反该规定的行为,处 6 个月监禁和 3 万欧元罚金(第 321-7 条和第 321-8 条),并处第 321-9 条规定的附加刑。第 R. 321-1 条至第 R. 321-12 条中违反该规定的最轻微行为仅构成第 3 级违警罪(第 R. 6331 条至第 R. 635-5 条)或第 5 级违警罪(第 R. 6353 条至第 R. 635-7 条)。法人能够因上述所有犯罪而承担刑事责任。如果是轻罪,法人应处罚金,并处第 131-39 条规定的所有附加刑,但是解散和置于司法监督之下(第 321-12-30 条)除外。如果是违警罪,法人仅处罚金(第 R. 6334 条和第 R. 635-6 条)。

---

① Crim. 12 nov. 2015, *Dr. pénal* 2016. Comm. 5, note Ph. Conte.

② Crim. 18 nov. 1965, *D.* 1966. 248, note R. Combaldieu; 9 févr. 1967, *Gaz. Pal.* 1967. 1. 217; 10 oct. 1996, *Dr. pénal* avr. 1997. Comm. 48:诈骗罪、非法从事银行业务罪的共犯和隐瞒犯罪所得罪。

③ Crim. 24 nov. 1992, *Dr. pénal* 1993. Comm. 85.

如果是违警罪,法人可能会处累计刑罚。比如,每次对物品编号错误,处20法郎罚金,共处173次①;每次不在登记簿中标明序列号,处5欧元罚金,共处500次②。

2. 无法证明生活方式的合法来源

立法者已决定,对与犯罪人有关联但无法证明生活方式合法来源的人员进行定罪处罚,因为我们能够认为该人是从犯罪行为中获益。立法最初只限于与某些明文列举的犯罪的行为人有关联,后来,相关犯罪的范围不断扩大。最后,2006年1月23日《打击恐怖主义和边境管理安全法》引入第321-6条的原则性规定。不过,最高司法法院认为,犯罪的定义是足够清晰和明确的,并且不会对被告人造成任何有罪推定。因此,该院裁决没有必要将"犯罪定义是否清晰"的宪法优先性审查争议移交至宪法委员会③。 144

该犯罪是指与一名或多名被处5年以上监禁的犯罪人保持经常联系并从犯罪中直接或间接获利,或者与上述犯罪的被害人保持经常联系,但无法证明所拥有财产的来源的正当性。因此,该条款推定存在隐瞒犯罪所得罪,并要求处于上述境地的人员证明所拥有财产的合法来源。这些证据显然只能来自无可争议的文件,例如,发票、工资单或纳税申报单。否则,对于"全部生活在一个紧密而有组织的团体中,且所提出的证据无法解释持有大量现金和3辆高性能汽车"的被告人,应当进行定罪处罚④。此外,该条款也将为上述人员出具虚假收入来源的行为规定为犯罪。

根据第321-6条的规定,该罪原则上处3年监禁和75 000欧元罚金;但是,第321-6-1条规定了几种加重处罚的情形。无法证明合法来源之人所依赖的犯罪是由未成年人实施的,则处以5年监禁和15万欧元罚金。无法证明合法来源之人所依赖的犯罪是拐卖人口罪、敲诈勒索罪、有组织犯罪以及贩毒罪的,则处以7年监禁和20万欧元罚金。最后,当其中一项犯罪是由一名或多

---

① Crim. 23 oct. 1997, *Dr. pénal* 1998. Comm. 32.

② Douai 8 oct. 2002 .

③ Crim. 26 sept. 2012, QPC, *Dr. pénal* 2013. Comm. 2.

④ Crim. 8 févr. 1989, *Gaz. Pal.* 1989. 2626 et la note; *RSC* 1989. 491, obs. A. Vitu.

名未成年人实施之时,则处以 10 年监禁和 30 万欧元罚金。另外,第 321-10 条还规定了附加刑。其一,对自然人没收其全部或部分财产,只要无法证明其合法来源,无论其性质如何(动产或不动产、可分割或不分割)。其二,对自然人处以与无法证明合法来源之人保持经常联系之人所实施犯罪的附加刑。

第二节 洗钱罪

145 最初,洗钱罪仅仅处罚与贩毒所得相关的活动。该罪最初由《公共卫生法典》第 L.627 条规定,该条款随后被转入新《刑法典》第 222-38 条中。1996 年 5 月 13 日《打击洗钱和贩毒以及组织扣押和没收犯罪所得国际合作法》将处罚范围扩展至对任何犯罪所得的洗钱活动(《刑法典》第 324-1 条),进而将法国先前在国际法上的承诺转化为国内法。此后,法国法律进行了多次修订和补充,以将欧盟指令的内容纳入本国法律之中。在这些规定中,值得注意的是欧洲理事会于 2015 年 5 月 20 日通过的第四项反洗钱指令①。至于国内法,2013 年 12 月 6 日《打击税务欺诈罪和经济金融犯罪法》对洗钱罪的构成要素进行了扩张②。因此,新的立法不仅限于定义相关犯罪,还包括采取整体措施确保在打击洗钱方面进行必要的国际合作。但是,基于我们下文将要详细说明的理由,立法者认为,没有必要废除《刑法典》中保留的专门针对贩毒罪的初始规定。我们首先研究普通刑法中的洗钱罪,其次说明贩毒罪的洗钱罪的特殊规定,最后介绍打击洗钱活动的强制报告义务③。

一、普通刑法中的洗钱罪

1. 上游犯罪

146 《刑法典》第 324-1 条处罚的两种行为,要求必须存在上游犯罪,既包括重

---

① 见评论,Ch. Cutajar, *JCP G* 2015, Act. 784。

② 见评论,A. Létocard, *JCP G* 2015. 899。

③ 整体性论述,见 H. Robert «Réflexions sur la nature de l'infraction de blanchiment d'argent», *JCP* 2008. I. 146。

罪也包括轻罪。一般而言,该条款的措辞现在可以用于对各种形式的犯罪或有组织犯罪提起诉讼:淫媒牟利罪、贿赂罪、贩卖被盗车辆或艺术品罪、税务欺诈罪、走私罪等。但是,最高司法法院认为,虽然洗钱罪以资金来源非法为前提,但该条款不要求事先已对该上游犯罪提起诉讼,也不要求已对上游犯罪的犯罪人定罪处罚,才能对洗钱罪进行处罚,只要审理洗钱案件的法官确信上游犯罪的构成要素已经具备即可①。因此,被告人持有贩毒所得的大量金钱的证据,可能是警犬在钞票上发现了"大量的"可卡因痕迹②。此外,最高司法法院认为,上述条款并不要求"该上游犯罪在法国本国领土上实施",也不要求"只有法国司法机关对其具有管辖权"。只要外国人在国外获得资金的途径属于法国法管辖,就可以在法国起诉该洗钱行为③。

2013 年 12 月 6 日《打击税务欺诈罪和重大经济金融犯罪法》对该判例法进行了扩展、概括和法定化,并引入第 324-1-1 条之中。该法在事实上确立了对财产或收入来源的非法推定,并被引入第 324-1-1 条之中。如果符合销售、隐瞒或转化交易的事实的、法律的或财务的条件,除了隐瞒这些物品或财产的来源或实际受益人之外,没有其他合法理由,那么"推定"它们是犯罪的直接或间接产物④。对于该推定是否涉及合宪性优先审查问题,刑事法庭认为没有必要移交宪法委员会,因为该推定并非不可推翻,并且要求必须同时满足隐瞒财产或收入来源的所有事实或法律条件⑤。

2. 构成要素

(1)事实要素 147

第 324-1 条规定了两种不同形式的洗钱罪。

第一种形式的洗钱,是指以任何方式为直接或间接从犯罪中获利之人的

---

① Crim. 25 févr. 2008, *Gaz. Pal.* 4-5 mars 2009. 24, note Y. M..

② Crim. 7 oct. 2009, *Dr. pénal* 2009. Comm. 151.

③ Crim. 21 févr. 2010, *JCP* 2010. 1180, note C. Mascala; *Gaz. Pal.* 9/10 juill. 2010. 46, note J. Morel-Maroger.

④ 见 A. Létocard: «La revitalisation du traitement judiciaire du blanchiment», *JCP G.* 2015. Comm. 899。

⑤ Crim. 9 déc. 2015, QPC, n° 15-90.019; *Juris-Data* n° 2015-027598.

财产或收入来源提供虚假证明：虚假发票、虚假劳动合同、虚假工资单。有时，洗钱活动采用的手段相当复杂：虚构公司章程和账目，以及多家公司之间的资金往来活动①。法律对这种洗钱证明的要求并不算特别严格。只要证明从犯罪中获利之人试图以欺诈手段掩盖财产和收入的合法来源即可，而不必证明这种财产或收入必然来自犯罪。

第二种形式的洗钱，是协助犯罪直接或间接收益的销售、隐瞒或转化。在这种情况下，非法活动应当与犯罪收益有关。该活动包括将犯罪所得整合到合法的财务往来之中，或者抹去其不当来源的痕迹，如参与滥用公司财物罪的犯罪所得物的销售活动②。

有观点认为，这种形式的洗钱罪与前一种形式的洗钱罪一样，仅旨在处罚某人为销售他人犯罪所得物的活动提供帮助的行为。但这不是最高司法法院采用的解决方案。该院认为，第 324－1 条第 2 款适用于“本人所实施的犯罪所得的洗钱行为人”③。该解决方案得到认可④。我们说的是“自洗钱”。此处涉及合宪性优先审查问题，即该判例是否符合宪法原则。对此，最高司法法院宣布不予受理，因为该判例符合司法解释自由原则⑤。因此，该院刑事法庭维持了对“自洗钱”适用洗钱罪的态度⑥。

148 (2)故意要素

洗钱罪处罚的是故意犯罪。第一种形式的洗钱罪，“故意”要求犯罪人知道其帮助虚假证明收入之人实施了使其获益的犯罪。第二种形式的洗钱罪，“故意”要求犯罪人知道洗钱活动针对的是犯罪所得款项。该证据主要针对事

---

① Crim. 7 oct. 2009, *Dr. pénal* 2010. Comm. 22; *RSC* 2010. 631, obs. H. Matsopoulou; *D.* 2010. Pan. 1663, obs. C. Mascala.

② Crim. 17 déc. 2014, *Rev. sociétés* 2015. 386, note B. Bouloc.

③ Crim. 14 janv. 2004, *Bull. crim.* n° 12; *Dr. pénal* 2004. Comm. 48; *JCP* 2004. Ⅱ. 10081, note H. Matsopoulou; *Gaz. Pal.* 2004. 1171, note O. Raynaud.

④ Crim. 20 févr. 2008, *Dr. pénal* 2008. Comm. 67; *JCP* 2008. Ⅱ. 10103, note Lasserre Capdeville; *D.* 2008. 1577, note C. Mascala; *Gaz. Pal.* 2008. 1898, note G. Huchet.

⑤ Crim. 16 sept. 2015, *Dr. pénal* 2015. Comm. 136, note Ph. Conte.

⑥ Crim. 28 oct. 2015, *Dr. pénal* 2016. Comm. 3, note Ph. Conte：洗钱罪适用于对贩毒犯罪所得进行自我洗钱的情形。

实要素,如洗钱人与贩毒人具有的亲密的家庭和商业关系①。但是,最高司法法院要求主要犯罪的构成要素必须予以精确证明,即该犯罪产生直接或间接收益,然后对该收益进行合法化、销售或隐瞒②。与许多其他犯罪一样,该院对以所谓的在现实中以无知为借口的专业人士表现出一定的严厉性。因此,某银行不可能忽视其所管理账户的非法性,对于“这些账户的异常活动”的情况,该银行不可能不知道③。

3. 处罚

(1)自然人 149

原则上,上述两种形式的洗钱罪,应处以5年监禁和37.5万欧元罚金(第324-1条)。下列情形,处以10年监禁和75万欧元罚金:惯犯、利用职业活动(银行家、公证员、金融机构等)之便利,比如,律师将犯罪所得款项存入律师公会专门账户(CARPA)而协助资助④或者实施有组织犯罪(第324-2条)。如果洗钱活动涉及的财产和收入的原始犯罪,能被处以超过这两项法律规定期限的自由刑,那么,对洗钱罪处以与犯罪人所明知犯罪的相同刑罚;如果该犯罪具有加重情节,那么应处以犯罪人明知情节的加重刑罚(第324-4条)。比如,为转售被盗物品出具虚假销售证明和虚假发票的专业制造商,就是这种情况⑤。

在某些情况下,洗钱可能会受到重罪处罚,但是犯罪人应当知道洗钱的上游犯罪的重罪性质。因此,立法者于1996年将洗钱罪的处罚调整为与已经实施的隐瞒犯罪所得罪相同的处罚(见第138段)。在所有情况下,罚金都可以增加至洗钱活动所涉的财产或资金价值的一半(第324-3条);犯罪人还将处以第324-7条规定的12种全部或部分附加刑。另外,若犯罪人是外国人,还应处以禁止进入法国领土(第324-8条)。2001年5月15日《新经济规制法》在第324-7条中增加了第12种附加刑:没收犯罪人的全部或部分财产,无论

① Ass. plén. 4 oct. 2002, *Bull. crim.* n° 1.

② Crim. 25 juin 2003, *Dr. pénal* 2003. Comm. 142.

③ Crim. 8 avr. 2010:在本案中,协助贩毒所得资金进行投资。

④ Crim. 4 mai 2011, *Bull. crim.* n° 90; *Dr. pénal* 2011. Comm. 101.

⑤ Crim. 26 janv. 2011, *Dr. pénal* 2011. Comm. 44; *RSC* 2011. 840, obs. H. Matsopoulou.

其性质(动产或不动产、可分割或不可分割)如何。

150 (2)法人

法人能够因上述两种形式的洗钱罪而承担刑事责任。对于法人,处自然人罚金的5倍,并处第131-39条规定的所有附加刑,包括解散、禁止从事职业活动、关闭营业场所(第324-9条)。

最后,应当指出的是,洗钱罪的未遂是可罚的(第324-6条);并且,关于累犯,洗钱罪可以并入洗钱活动时实施的犯罪行为(第324-5条)。但是,就追诉时效而言,洗钱罪与上游犯罪无关。当上游犯罪已经超过诉讼时效时,洗钱罪并不一定也超过诉讼时效①。

二、关于贩毒罪的洗钱罪的特殊规定

151 1996年5月13日《打击洗钱和贩毒以及组织扣押和没收犯罪所得国际合作法》并未废除《刑法典》第222-38条的规定。该条已经对贩毒领域中的两种形式的洗钱行为进行定罪处罚:为第222-34条至第222-37条所规定犯罪的犯罪人的财产或收入提供虚假证明,以及帮助投资、隐瞒或转换前述犯罪的犯罪人的犯罪所得②。最高司法法院认为,这种特殊类型的犯罪与普通的洗钱犯罪一样,已经进行了明确清晰的定义,因此,没有必要将第222-38条是否符合宪法原则的合宪性优先审查问题移交宪法委员会③。

该条规定,对贩毒罪的洗钱罪的处罚应与普通刑法中的洗钱罪的处罚保持一致。原则上,犯罪人应处10年监禁和75万欧元罚金,罚金数额可增加至洗钱活动所涉的财产或资金价值的一半。但是,如果这些财产或收入源自一项重罪,那么,该犯罪人应处其所明知的重罪之刑罚(第222-38条)。法人能够因上述犯罪而承担刑事责任。法人处以自然人的5倍罚金,并处第131-39条规定的全部附加刑(第222-42条)。

立法者之所以保留了贩毒所得的洗钱罪的特别规定,是因为这些条款符

---

① Crim. 31 mai 2012, *Dr. pénal* 2012. Comm. 117.

② Crim. 7 déc. 1995, *Bull. crim.* n° 375; *Dr. pénal* 1996. Comm. 139; *RSC* 1996. 666, obs. Delmas-Saint-Hilaire:公证人实施的帮助行为;23 oct. 1997, *Bull. crim.* n° 350; *Dr. pénal* 1998. Comm. 31:将资金转入在国外设立的账户。

③ Crim. 12 sept. 2012, n° 12-80.374 QPC.

合《刑事诉讼法典》第 706－26 条至第 706－33 条规定的特别程序规则；而且，《刑事诉讼法典》已对其条款进行了多次修改，以有效打击严重犯罪。这些规定特别涉及如下内容：具有属地管辖权的司法机关之确定确认犯罪性质（第 706－27 条）。免于适用普通刑法中检查、搜查或扣押的规则（第 706－28 条）。对于重罪，追诉时效期限延长至 30 年；对于轻罪，追诉时效期限延长至 20 年：无论是提起公诉还是宣告刑罚的时效都是如此（第 706－31 条）。

三、洗钱罪的警惕和预防：可疑交易报告

《货币和金融法典》第六篇的规定，要求越来越多的人员承担越来越多的 152
打击洗钱活动的义务。这些相当严格的义务主要包括报告义务、信息检索义务。这些义务要求相关人员在从事职业活动时保持警惕，从而对洗钱活动的上游采取行动并预防其发展。《货币和金融法典》的条款已经过多次修订和补充，尤其是为了确保将欧盟指令转化为国内法律。最后，有必要提及 2013 年 7 月 26 日《银行业分离和监管法》的内容。该法对第 L. 561－2 条（《货币和金融法典》第 L. 561－15 条）和 2009 年 1 月 30 日第 2009－104 号法令（该法令后全部被归入《货币和金融法典》第六篇）中所提及的人员施加了大量的报告义务。本书中，我们仅对该法典第六篇第一章“反洗钱和反资助恐怖主义活动”的内容进行简单介绍①。

1. 报告犯罪的义务

《货币和金融法典》第 L. 561－1 条要求，从事资本流动交易的实施、监管 153
或咨询的人员，如果在从事职业活动时，认识到其所知晓或进行的交易所涉的金额“来自”第 L. 561－15 条中规定的某种犯罪，那么，这些人员应当向共和国检察官报告。根据 2009 年 1 月 30 日法令的规定，此处所指的犯罪，可处以 1 年监禁以上的自由刑，或处以与其资助恐怖主义款项等额的罚金刑。对于第 L. 562－1 条规定的负有其他义务的人员，则应免于上述处罚。

该条规定，善意实施上述报告的人员将受益于第 L. 561－22 条的规定，也就是说，他们不会成为诽谤罪、侵犯职业秘密罪以及《刑法典》第 226－10 条、第

---

① 见 comm. G. Notté, *D.* 2009. Act. 61 et C. Cutajar, *D.* 2009. Act. 70.

226－13 条和第 226－14 条所规定的犯罪的起诉对象。但是,如果上述人员将其已向检察官报告的情况,告知这些款项的所有人或洗钱活动的行为人,或者为他们提供其持有的后续信息,则上述人员应处第 L. 574－1 条规定的处罚,即 22 500 欧元罚金。

2. 可疑活动的报告义务

154 可疑活动的报告义务,是指第 L. 561－2 条所列的自然人或法人(该名单不停扩大)就第 L. 561－15 条中的款项或活动向第 L. 561－23 条所列的主管机关的报告义务。这涉及账簿或交易中涉及的款项。对于这些款项,他们“怀疑或有充分理由怀疑”这些款项来自可被处以 1 年监禁以上自由刑的犯罪活动。因此,在报告之前,他们应当避免实施他们怀疑与洗钱或资助恐怖主义活动有关的任何交易(第 561－16 条)。报告之后,只有符合第 L. 561－25 条第 4 款规定的所有条件,才能进行交易,即服务无异议;或者,在规定期限内,巴黎大审法院院长未对报告中的犯罪人作出任何裁决。

3. 与律师相关的特殊规定

155 律师被列入负有可疑活动报告义务的人员名单(第 L. 561－2 条第 13 项)。但是,律师对此表示强烈反对;尽管如此,《货币和金融法典》还是引入了关于律师的专门规定。首先,第 L. 561－3－Ⅰ条将律师报告义务限制为“以其名义并代表客户参加其职业活动过程中,以及他们协助客户准备或实施本条所述交易过程中,发生的任何金融或财产交易中出现的款项”。其次,第 L. 561－3－Ⅱ条规定,在律师活动已进入司法程序或仅仅只是进行法律咨询的情形下,除非律师掌握的信息只能是洗钱或资助恐怖活动之目的,或者律师知道客户是出于此类目的而要求他们如此行事,否则,律师不需要承担该报告义务。尤其值得一提的是,律师不负有直接向隶属法国经济财政部的反洗钱机构(TRACFIN)报告的义务。对于该义务豁免,第 L. 561－17 条另外规定,律师必须向其所注册的律师公会的会长报告,由会长负责,在核查后将其递交给上述反洗钱机构。

第二编

商业公司领域中的经济犯罪

正在进行中的非刑事化:《商法典》第四卷第二篇“刑事条款”,以及《货币和金融法典》中的某些条款,长期以来构成了事实上的公司刑法。在根据2000年9月18日法令对1966年7月24日法律中的刑事条款进行法典化编纂之时,这些条款得到了保留。另外,有些犯罪规定仍然散落在其他外部条款之中。原则上,编纂应当是“恒定化立法”,也就是说,不修改现有法律。这种意图并没有持续下去,与之相反,很快地,立法者就进入了他们一直以来所期望的非刑事化道路。自2001年5月15日起,《新经济规制法》就对上述规定整体进行了相当重大的修改,使得某些犯罪行为消失。的确,这些犯罪极少受到起诉[1]。随后,2003年8月1日的两项法律,即《金融安全法》[2]和《经济促进法》都继续保持该路径,废除那些被认为过时的或无用的犯罪规定。 156

因此,2003年7月2日法进一步延展了非刑事化的步伐。该法第26条授权政府通过法令进行法律简化,其中就包括对刑事条款的简化。2004年3月25日第2004-274号《企业程序法律简化法令》和2004年6月24日第2004-604号《商业公司发行证券制度改革法令》的立法目的就是如此。它们为非刑事化提供了很大的空间[3]。

2008年2月20日,在库隆(Jear-Marie Coulon)委员会报告提交给司法部之后,该非刑事化得以继续进行。2012年3月22日《简化法律和行政程序法》采纳该报告的提议,删除了一些犯罪规定。

不过,在目前的法律规定中,在公司成立、运营和解散期间,可能触犯的罪名 157

---

① 见 comm. B. Bouloc, *Rev. sociétés* 2001.645 s.。

② 见 comm. A. Couret, *JCP* 2003. I. 163.

③ 关于该问题的整体讨论,见 J.-H. Robert,«Tableau récapitulatif des dépénalisations opérées depuis 2003 dans le droit des sociétés par actions», *Dr. pénal* 2005. Étude n° 3。

的数量仍然很庞大。但是,对于这种判断,我们必须发表两个缓和性的意见。

其一,很明显,刑法并不会对所有类型的公司具有同样的影响。涉及所有公司类型的罪名非常少见。刑法对有限责任公司的规定已经更加一致,但是,立法者对股份公司的刑事处罚进行了特殊规定,如果这些公司公开吸收公众存款或者其证券在证券交易所上市,此处的股份公司已经囊括股份两合公司(第 L. 243 - 1 条)和简易股份公司(第 L. 244 - 1 条)。应当指出的是,2009 年 1 月 22 日第 2009 - 80 号《关于公开吸收公众存款的法令》已经用"向公众提供金融证券"代替《商法典》和《货币和金融法典》所有条款中的"公开吸收公众存款"。

此外,刑法规定已经至少部分地扩展到商业公司的新型组织形式。比如,1985 年 7 月 11 日法创立的一人有限责任公司(EURL)和 1994 年 1 月 3 日法创立的简易股份有限公司(SAS),该法增加了专门的法律条款(第 L. 244 - 1 条至第 L. 244 - 4 条)①。

其二,对判例法的研究表明,刑事诉讼仍然集中于少数主要犯罪,而其他犯罪几乎从未作为主犯被起诉过,我们只是将它们视为重大犯罪的"附属犯罪"。正是上述结论使得许多犯罪被废除,并在可能的情况下,以禁止令程序(如有必要,处以罚款)和民事处罚(对因公司负责人未履行特定法律义务造成的损害进行赔偿)替代刑事程序。

在整体总结时,应该指出,仅适用于商业公司的刑事处罚已逐渐扩展到其他法人,比如,民事公司、经济利益联合体,甚至参与经济生活的某些协会。鉴于本书内容有限,我们无法全部进行分析②。我们只能按照公司存续各个阶段的时间顺序,研究一些与商业公司有关的犯罪。卷次如下:

第一卷　公司设立过程中的犯罪

第二卷　公司经营过程中的犯罪

第三卷　公司解散清算中的犯罪

备注:在第二编中,所有未注明出处的条款均来自《商法典》中的相应法律规定(L.)或根据 2007 年 3 月 25 日第 2007 - 431 号法令编纂的相应条例规定(R.)。

---

① 关于该问题,见拙作 *Dr. pénal* 1994. Chron. 17。

② A. Vitu, *Droit pénal spécial*, Cujas, n° 644 s.; W. Jeandidier, *Droit pénal des affaires*, 6e éd., Précis Dalloz, 2005, n° 324 s.; A. Lepage, P. Maistre du Chambon et R. Salomon, *Droit pénal des affaires*, Litec, 2009.

第一卷　公司设立过程中的犯罪

与公司设立有关的业务活动可以分为两个方面：寻找公司资本和资金（第一章）与完成组织程序（第二章）。对这两个方面的活动，立法者强制要求履行特定细致义务，若有违反，则处以刑事处罚。其中，特别关键的是，禁止或规范正在设立过程中的公司的储户、股东或未来债权人的行为。我们将审查在经历非刑事化浪潮之后，依旧存在的刑事条款（见第156段）。 158

第一章　寻找公司资本和资金

如果创始人和初始股东在公司设立之初没有资金，而他们认为这对于公司的运营是必要的，那么他们必然会向储户和公众寻求资金。在寻求过程中有时会采取不正当手段（第一节），特别是在股份公司发行证券过程中（第二节）。此外，为确保股东之间的平等并保护债权人，立法者对实物出资的虚高估价进行处罚（第三节）。 159

第一节　非法或受限的手段和方法

寻求资金、发行或配售证券行为本身，无法证明其使用手段的合理性。但是，在该领域中，使用公开手段已明显地非刑事化（一），立法者只对违反有关银行和金融推销规定的行为处以刑事处罚（二）。 160

一、公开手段的非刑事化

关于公开手段的法规，包括关于公开招股说明书的一般规定和关于向公众发行金融证券的专门规定。“向公众发行金融证券”，是指 2009 年 1 月 20 日第 2009 – 80 号《关 161

于公开吸收公众存款法令》中对原“公开吸收公众存款”的最新定义。从此以后,在所有提及“公开吸收公众存款”的法律条款中,都用“向公众发行金融证券”的全新定义替代。

1. 招股说明书中的公开

162 该领域中的非刑事化,是通过多项持续法律废除全部的具体犯罪规定逐渐完成的。经过多次废除之后,该领域中的犯罪规定只存在于普通刑法条款之中,比如,诈骗罪的法律规定。在这方面,应注意的是《刑法典》第 313 - 2 条第 3 项规定:在向公众发行证券过程中实施诈骗的,处加重刑罚,即 7 年监禁和 75 万欧元罚金。

还应注意的是,《刑法典》第 433 - 18 条规定:为企业利益在公开事项中载明或放任他人载明条款列举的事项(现任或原任的公职人员、奖章等)之一的,处 6 个月监禁和 7500 欧元罚金。该犯罪主要涉及提议成立公司或管理公司的法律上或事实上的管理人,以及利用该公开事项的银行家或证券推销员。

2. 向公众发行金融证券

163 2009 年 1 月 22 日第 2009 - 80 号法令(见 2009 年 1 月 23 日政府公报)规定,2008 年 8 月 4 日《经济现代化法》的具体适用,使“向公众发行金融证券”领域(代替“向非法吸收公众存款”之术语)中适用的法国法规定与国际投资者熟知的欧洲标准相一致。这表明向公众提供的是证券,而不再是金融工具,从而促进公司在资本市场上的融资。

《货币和金融法典》第 L. 411 - 2 条已经修改,允许所有公司只要获得授权,就能够向公众提供要约,故而全部享有不再准备招股书的豁免权。第 L. 412 - 1 条规定,此后,招股说明书摘要中不再需要载明只属于专业人员的金融市场中的私募交易。

二、银行金融业务的推销

164 先前的立法主要是 1972 年 1 月 3 日《货币和金融法典》中的相关规定,现在这些规定已由 2003 年 8 月 1 日《金融安全法》全部代替。新的法律规定希望通过提高该领域经营活动的道德化，以恢复储户的信心[1]。2003 年 8 月 1 日《金融安全法》将各种不同的法律条款合并成单一规定，这些法律条款分别涉及银行、证券以及期货交易的活动。因此，该法在非常相似的领域中统一了定义和处罚。

1. 兜售：禁止或限制

在 2003 年 8 月 1 日《金融安全法》出台之前，《货币和金融法典》第 L. 342－1 165
条的规定明确指出："禁止兜售（le colportage）证券"。尽管现有条款不再禁止兜售证券，但它仍将"兜售"定义为，到个人住所提供送货上门和即刻付款的行为。现在禁止兜售的规定仅限于黄金、外币和货币化黄金交易，"禁止兜售证券"的专门规定不再存在。

但是，该活动需要遵守关于推销（démarchage）的相关规定。实际上，第 L. 341－1 条将其定义为"以任何方式进行未经请求的联系"，因此，该术语可适用于到被请求者住所的情形。

《货币和金融法典》第 L. 341－1 条将银行或金融兜售行为定义为"任何形式的未经请求的联系"。该条似乎是将非法"采取联系"的活动之人视为犯罪人。但是，判例法似乎并没有那么严格。最高司法法院尽管承认这些推销员是被起诉犯罪的主犯，但因为他们没有欺诈故意而将其释放。不过，该院却判决推销员们的雇主应当承担刑事责任，因为是雇主派他们去兜售，并且雇主不是教唆犯，而是主犯[2]。正因如此，刑事法庭维持了此前的判例[3]。就该类案件而言，将教唆犯视为主犯予以定罪处罚。

2. 推销：限制规范

关于推销的规定一直分散在《货币和金融法典》及其他法律条款之中，直 166
至 2003 年 8 月 1 日《金融安全法》将其整合，并进行统一规定[4]。立法者将推销行业和推销活动的限制规定补充完整，该限制与适用于金融投资顾问的限

---

① 见 comm. S. Piedelièvre, *Gaz. Pal.* 2003. 2705。

② Crim. 28 mars 1996, *Dr. pénal* 1996. Comm. 223, note J. -H. Robert.

③ Crim. 11 févr. 1985, *Bull. crim.* n° 67; *RSC* 1986. 629, obs. M. Massé.

④ 见 comm. Fr. -J. Pansier et C. Charbonneau, *Gaz. Pal.* 27－28 août 2003. 2 s. 。

制特别类似。对该限制规定的研究,将与股票市场运作有关的犯罪一起进行(见第454段)。

(1)定义

167 《货币和金融法典》第L.341-1条定义了两种类型的推销。第一,银行或金融机构“以任何方式未经请求而与自然人或法人联系,以期就机构的交易活动或提供服务而与之达成协议的行为”,都构成推销。在这种情况下,我们说的是非物质化的推销。第二,“无论推销发起人是谁,只要到他人的住所、工作场所或非金融工具和服务、产品的经营场所,为实现推销之目的”的行为,都构成推销。在这种情况下,我们说的是物质化的推销。比如,保险公司的雇员请求他的一些客户投资集体投资计划,就是这种情况①。

《货币和金融法典》第L.341-2条经过多次修改或补充,列明了相当冗长的不受推销规则限制的行为和交易清单。它们或者是在某些专业人士或合格投资者的所在地点的简单“联系”,或者是在法人的营业场所中根据法人的要求以及目标对象已经是与其联系之人的客户,并且是此次联系之前通常进行的交易。为了避免证券投资活动完全陷入瘫痪,上述对第L.341-1条中规定的严格原则进行例外规定,看来是必不可少的。

(2)法规

168 ①关于行为人。《货币和金融法典》第L.341-3条至第L.341-9条非常精确地规定了有权进行推销并从该领域某些垄断中受益的自然人或法人的身份。此后,法令在某些方面对这些法律规则进行了补充。应当指出的是,法人可以授权自然人代表自身进行推销活动,但是该授权必须是列明式的有限授权,严格限定在授权的时间之内,并严格限制授权所包含的产品和服务的性质(第L.341-4条)。此外,这些法人还会因其推销员的行为而承担民事责任。

推销员必须满足若干条件,并持有由其被代理人所发行的推销卡。同一个自然人可能会同时受到几个法人、机构或单位的委托。任何被授权从事推销活动的人员必须能够随时出示其所签订的保险合同,以使其免予承担民事

---

① Crim. 31 mai 2012, n° 11-83.790.

责任的惩罚金后果。

为使行业道德化并使储户放心，第 L. 341－9 条规定，任何人 10 年内曾因第 L. 500－1 条规定中的任何一项罪名被判刑（即使该判决由外国法院作出）、曾被免除公职或曾因最终的个人破产而被判禁止令，不得直接或间接地以其本人或他人的名义从事推销活动。

②关于活动。《货币和金融法典》第 L. 341－1 条列明了构成推销行为的 169
交易，以及应当受到法规监管的交易。该法律条款由第 L. 341－10 条补充完整，该条列明不得进行推销的产品清单。比如，认购时无法知道其最大风险的产品，以及未获准在法国领土销售的产品。

为了实现立法者设定的目标并使储户放心，值得注意的是，2003 年 8 月 1 日《金融安全法》已经将《货币和金融法典》中规定的推销员和被推销人之间的“良好行为守则”整合为统一规定（第 L. 341－11 条至第 L. 341－16 条）。这些条款是关于推销活动之后具体合同的形成，包括要约（l’offre）和承诺（l’acceptation）的规定。应当指出，从本质上讲，推销员必须“以清晰的、可理解的方式”（第 L. 341－11 条），以书面形式与被推销人交流，并提供对其作出决定有用的信息。

3. 处罚

处罚包括两个方面。一方面，《货币和金融法典》第 L. 341－17 条规定，凡 170
未履行适用于推销的法律、法规和专业义务的，将根据第 L. 613－21 条规定的条件，受到银行委员会的纪律处分，并将根据《货币和金融法典》第 L. 621－15 条和第 L. 621－17 条的规定，受到金融市场管理局（AMF）的纪律处分。另一方面，《货币和金融法典》第 L. 353－1 条至第 L. 353－5 条对违反大多数有关推销的规定的刑事处罚作出规定。

（1）自然人 171

首先，第 L. 353－1 条规定，推销员不遵守良好行为守则，处 6 个月监禁和 7500 欧元罚金，比如，无推销证、未进行信息和文件交流、未遵守撤回期限、在法定期限届满之前接受订单或资金①。

---

① Crim. 15 oct. 1998, *JCP E.* 1999. 37. 1436, note Daigre; *Bull. Joly Bourse* 1999. 67, note Noémie：管理公司的前雇员在未持有工作证的情况下进行推销。

其次，对于如下行为，第 L. 353－2 条规定处以《刑法典》第 313－1 条规定的诈骗犯罪的处罚（5 年监禁和 37.5 万欧元罚金）：推荐禁止推销的产品或者超出授权范围的产品或服务；尽管其因重罪或轻罪而被判禁止令，或者已被解雇或丧失资格，却从事或试图从事推销活动；从被推销人处接受现金、流通票据证券或支票，或通过其他方式向其个人付款。比如，有人想要在冷静期收取付款①。

因上述犯罪而获刑的自然人还应处《货币和金融法典》第 L. 353－3 条规定的附加刑：剥夺公民、民事和家庭权利，禁止从事与实施犯罪活动相关的职业活动，张贴或公布判决。

172 （2）法人

法人能够因上述全部犯罪，而承担刑事责任（《货币和金融法典》第 L. 353－4 条）。法人，处自然人的 5 倍罚金，并处第 131－39 条规定的全部附加刑。因此，法人可能被禁止从事职业活动、关闭营业场所；如果法人是为实施犯罪而设立或转让的，甚至能予以解散。

第二节 关于发行证券的犯罪

一、禁止的发行行为

173 根据《民法典》第 1841 条的规定，禁止未经法律授权的公司公开吸收公众存款或发行有价证券，否则，合同或发行的证券无效。此外，立法者还对不遵守该禁令之人规定了刑事处罚。

因此，《商法典》第 L. 241－2 条规定，有限责任公司的管理人直接或通过中间人，为公司利益而发行任何有价证券的，处 6 个月监禁和 9000 欧元罚金。2004 年 3 月 25 日法令部分解除了这一禁令。此后，该条款规定了一个例外，即允许有限责任公司根据第 L. 223－11 条规定的条件发行债券。这些债券是

---

① Crim. 10 janv. 2012, *D.* 2012, Act. 492.

记名债券,由有限责任公司通过任命审计员非公开发行,并且该公司最近3年的账目每年都已获得股东大会的批准。该债券的发行同时应当符合关于该领域中股份公司债券发行规定的要求(见第189段)。

在该项保留之下,仅允许股份公司发行代表其合伙人权利或其长期债权人权利的有价证券。因此,对与发行证券有关的犯罪的处罚只涉及股份公司内实施的违规行为,同时,这些处罚也适用于简化股份公司(第L.244-1条)。

关于该类行为,《商法典》中曾规定了许多犯罪,其中有些罪名很少受到起诉,因此,2001年5月15日《新经济规制法》将其废除。特别是,废除第L.242-2条第2项所规定的犯罪,该条规定处罚的是接受认购或付款、公开事实上不存在或有虚假的认购或付款。如有必要,我们可以通过适用欺诈性手段而诉诸普通刑法中的诈骗罪对其予以处罚;不过,诈骗罪的刑罚比已废除的具体犯罪的刑罚要重得多。

二、违规发行股票

第L.242-1条(由2012年3月22日法修订)处罚如下公司发行股票的行为:尽管该公司的形式通常是获得授权发行股票的,但公司的设立存在违规行为。 174

因此,我们首先研究,该犯罪存在的先决条件,即违规行为的发生;然后研究犯罪的构成要素;最后再研究犯罪的处罚。

1. 设立中的违规行为

第L.242-1条规定了妨碍发行股票的情况。该条规定,如果公司在工商登记处登记注册之前,在认股时货币股款未缴足至少一半的股款或者用实物出资股份(les actions d'apport)尚未全部交付,则禁止发行或买卖股票。 175

实际上,只有后面一种情况会带来一些困难,因为公司的注册形式并不相同,这取决于公司是否向公众公开发行金融证券。

其一,向公众公开发行金融证券。根据2009年1月22日法令对《货币和金融法典》的修订,第L.411-1条明确规定向公众公开发行金融证券的定义。它是指,通过任何方式与任何人进行的任何形式的交流,并且提供具有关于要约条件和要约证券的充分信息,以使投资者能够决定购买或认购金融证券,或 176

由金融中介机构进行的金融证券投资。

如果某公司要向公众提出这样的要约,那么它必须符合第 L. 225 – 2 条至第 L. 225 – 11 条中规定得非常严格的公司注册手续。在这种情况下,根据第 L. 224 – 2 条的规定,公司资本必须超过 37 000 欧元。认购期间必须全部认购资本,并且货币出资股份(les actions en numéraire)必须支付 1/4 以上的股款(第 L. 225 – 3 条)。

最后,创始人必须遵守旨在说明公司未来情况的各种手续:在商事法院书记室交存公司章程草案、发布招股说明书(第 L. 225 – 2 条)、通知认购人、指定实物出资评估员(commissaires aux apports)并向法院书记室交存报告(第 L. 225 – 8 条)。

177 其二,不向公众公开发行金融证券。这种手续相对不那么烦琐,主要包括有关合伙人数量和资本金的要求(根据第 L. 224 – 2 条的规定,资本金最低为 37 000 欧元),以及第 L. 225 – 12 条至第 L. 225 – 16 条的具体规定。这些规定主要涉及章程,其中必须包括指定首任董事、首任审计师、实物出资的估价。另外,章程必须由全体股东签署。

应当指出,第 L. 227 – 2 条原则上禁止简易股份有限公司向公众公开发行金融证券。第 L. 244 – 3 条规定,简易股份有限公司的管理人向公众公开发行金融证券的,处 18 000 欧元罚金。但是,2009 年 1 月 22 日法令对第 L. 227 – 2 条进行了修订,允许上述公司按照《货币和金融法典》第 411 – 2 条第 1 款与第 2 款第 2 项和第 3 项的要求发行证券。根据第 L. 411 – 1 条的规定,该行为不被视为向公众公开发行。

2. 犯罪的构成要素

178 (1)事实要素:发行行为

必须明确两点:发行行为是什么意思?犯罪行为人是谁?

179 ①发行行为。自 1981 年 12 月 30 日法律实施证券非物质化以来,发行行为的定义就不能再是"制造实体证券并交给认购人"。必须通过创设法律概念予以替代。此后,发行必须是由所有权人以所有权人的名义,由发行人或授权的中介人在其拥有的账户中进行注册而最终分配股份(《货币和金融法典》第

L. 211-4 条）。因此，《货币和金融法典》第 R. 211-1 条规定，经过 2009 年 3 月 16 日第 2009-15 号法令的修订，以适用 2009 年 1 月 8 日第 2009-15 号《关于金融工具的法令》，宣布发行的认定原则，即“金融证券通过在其所有权人的账户中登记来实现”。最高司法法院已经预料到上述原则的法定化，裁定该登记具有证明价值，违规使用或拒不归还登记文件，构成背信罪中的挪用行为①。

②犯罪人。第 L. 242-1 条处罚的是“创始人、总裁、董事或总经理”，即公 180
司的法定代表人。但是，我们必须另外增加事实上的管理人，亦即根据第 L. 246-2 条的规定，“任何直接或间接地以公司法定代表人的名义或代替公司法定代表人事实上对公司进行领导、经营、管理的人员”。第 L. 243-1 条则规定了股份有限合伙公司管理人的责任。

（2）故意要素 181

尽管根据《刑法典》第 121-3 条的原则规定“无故意则无犯罪”，但是如今第 L. 242-1 条处罚的究竟是故意犯罪还是简单过失犯罪（未能审核公司设立活动的合法性）是值得探讨的。的确，鉴于被告人的身份，他很难证明其具有善意，并对涉案活动不明知。与其他许多犯罪一样，被告人会面临恶意推定，而这种推定很难被推翻。

3. 刑罚

根据 2012 年 3 月 22 日法的规定，原则上，该罪的罚金数额已增加至 15 万 182
欧元；若股票或股份是向公众公开发行，则该罚金数额加倍。该法律废除了之前可判处有期徒刑的加重情节。

三、股票交易中的犯罪

1. 事实要素

鉴于购买人难以审核特定证券的合法性，为了保护购买人，立法者曾经简 183
单粗暴地禁止多种形式的股票交易，并对其处以刑事处罚。后续的多项法律已经废除了许多条款，其中最近的是 2012 年 3 月 22 日法。此后，仅保留现行

---

① Crim. 30 mai 1996, *Bull. crim.* n° 224; *RSC* 1997. 129, obs. J. Riffault-Treca.

第 L. 242-3 条。该条规定，货币股尚未缴纳半数股款，其持有人及对其进行交易的，处 15 万欧元罚金。该法律废除了现金股进行股票交易的犯罪，因为现金股只有在股款全部支付时，才能以记名形式存续。

2. 故意要素

184 根据《刑法典》第 121-3 条规定的一般原则，第 L. 242-3 条规定的犯罪显然是故意犯罪。若股票明显存在非法之处，或者被告人担任公司董事或专业中介人等职务，可以毫不费力地证明被告人存在犯罪故意。相较而言，股票持有人或股东自身的股票交易是非法的，那么要证明被告人存在犯罪故意就较为困难。

3. 刑罚

185 对第 L. 242-3 条规定的犯罪处以 15 万欧元罚金，此前规定的 1 年监禁已被废除。该犯罪的未遂不可罚。

四、特殊规定

186 除了我们研究的一般犯罪，股份有限公司发行证券和寻找资金的过程中可能还包括其他一些犯罪。在非刑事化浪潮中，有不少犯罪已经被废除。我们将通过研究某些类型股票的法律规定，以及其他形式证券的法律规定，来说明当前的立法情况。

（一）特别计划股票

1. 强制性登记股票

187 《商法典》第 L. 225-109 条规定，行使董事、监事会成员或理事会成员的职责的公司的领导人和法人的常任代表，有义务（该义务延伸至上述人员的未分居配偶）将属于其本人的或其未解除亲权的未成年子女持有的，由本公司，本公司的子公司、母公司或母公司的其他子公司发行的，准许进入规范市场交易的股票，转为记名股或者予以托管。第 R. 225-110 条至第 R. 225-112 条规定了履行该项义务的具体方式。

第 L. 247-4 条曾规定，对未履行第 L. 225-109 条规定义务的人员，处 9000 欧元罚金。但该第 247-4 条已被 2012 年 3 月 22 日法废除。第 L. 225-109 条第 3 款的规定是现有的唯一处罚条款。该条规定，未履行本条规定义务的任何人,暂停行使表决权与分配股息的权利,直至其状况经过纠正符合规定为止。暂停期间,该人行使的任何表决或股息支付均为无效。

2. 优先股

第 L. 228－11 条规定,在公司成立时期或存续期间,可以创建“具有任何性 188
质的特别权利”的有表决权或无表决权的优先股。在这些特别权利(必须由章程规定)中,根据 2008 年 8 月 4 日法律的修订,该条第 3 款规定明确了在清算时,参与股息、储备金和资产分割的权利。第 L. 228－35－4 条具体规定了分配这些股票的条件。受益人有权在任何分配财政年度可分配利润安排之前优先取得股息,且金额不得低于第 L. 232－35－7 条所述的优先股息(premier dividende),亦不得低于无表决权优先股股息所代表的已缴纳资本额的 7.5%。

第 L. 245－3 条第 1 款曾规定,股份有限公司的董事长、董事、总经理,理事会、监事会成员,以及股份两合公司的经理违反该领域法律规定的,处 6 个月监禁和 6000 欧元罚金。该犯罪已被 2004 年 6 月 24 日法令废除,并代之以新的应受刑事处罚的犯罪。它们涉及资本摊销(见第 345 段)和资本减少(见第 348 段)。

第 L. 245－4 条规定,股份有限公司和股份两合公司的管理人员,直接或间接地——通过其同居的配偶或未解除亲权的未成年子女(第 L. 228－35－8 条)——持有其管理的公司的无表决权优先股的,处 15 万欧元罚金。

但是,这种股份对其持有人而言也存在风险,因为这些股份的发行可能是在股东大会中无表决权的,也可能是有受限表决权(un droit de vote aménagé)的,也就是说,在特定时期内,该表决权会被暂停(第 L. 228－12 条第 3 款),这些规定使持有人丧失了公司经营过程中的控制权。因此,第 L. 245－3 条包含了重要的刑法保护机制。但是,2004 年 6 月 24 日法令废除了上述刑事规定。

(二)其他形式的证券

1. 发行债券

根据《货币和金融法典》,债券是有价证券。在同一次发行中,债券代表相 189
同面值的相同债权(第 L. 213－5 条)。它们必须遵守《商法典》中严格的发行条件,具体而言:股份有限公司适用第 L. 228－39 条及其随后规定,股份有限责任公司适用第 L. 223 – 11 条和第 R. 223 – 7 条至第 223 – 10 条规定。《货币和金融法典》第 L. 231 – 1 条规定，由《商法典》第 L. 245 – 9 条规定违反这些条件的犯罪行为及其处罚。后续多项法律通过废除若干法条，已经对该领域进行了大范围的非刑事化，最终只留下剩余刑罚（une pénalisation résiduelle）。

190 （1）大范围的非刑事化

首先，2001 年 5 月 15 日《新经济规制法》特别废除了第 L. 245 – 7 条，该条处罚的是除股份公司以外的任何个人或公司的经理发行有价债券的行为；该法同时废除了第 L. 245 – 8 条规定，该条处罚的是在股份公司成立尚未满 2 年且这 2 年的资产负债尚未得到股东大会批准之时，即发行有价债券的行为。该法还废除了第 L. 245 – 1 条，该条处罚的是公司资本尚未全部缴足之时，发行有价债券的行为。

其次，2003 年 8 月 1 日《金融安全法》第 134 条废除了《货币和金融法典》第 L. 245 – 10 条，该条规定了在未经授权的情况下发行债券的刑事处罚。尽管《货币和金融法典》第 L. 213 – 6 条依旧规定，此类债券的发行必须得到法律授权，但是，2003 年 8 月 1 日《金融安全法》对该条款进行了补充规定，违反该条款而发行的债券，得因检察机关或利害关系人的申请而作废，同时能够对公司管理人员提起损害赔偿诉讼。

最后，2004 年 3 月 25 日《企业法律和手续简化法》法废除了第 L. 241 – 2 条规定的对股份有限责任公司发行证券行为的刑事处罚，只要其发行行为符合第 L. 223 – 11 条所规定的条件即可。如今，该条款允许发行记名债券，由有限责任公司指定审计员非公开发行，并且该公司最近 3 年的账目均已得到股东大会的正式批准。必须指出，上述发行及其计划应当符合适用于股份有限公司发行债券的法律规定。

191 （2）剩余刑罚

关于股份有限公司，第 L. 245 – 9 条规定，公司的董事长、管理人员、总经理或经理，为公司利益，发行相同面值但债权不同的有价债券的，处 9000 欧元罚金。

关于有限责任公司，今后它们有权发行债券，其发行方式由 2006 年

12 月 11 日法令具体规定,这些规定如今已成为《商法典》第 R. 223 - 7 条至第 R. 223 - 10 条。

2. 发行现金制附息债券

发行现金制附息债券(bons de caisse)应当符合《货币和金融法典》第 L. 223 - 1 条的规定。个人、未完成第三个营业年度资产负债表的公司(第 L. 223 - 3 条第 1 款)禁止发行现金制附息债券。另外,自 2013 年 6 月 27 日起,融资公司亦不得发行现金制附息债券。此外,第 L. 223 - 1 条第 2 款规定,该现金制附息债券的认购期限不得超过 5 年。如果不遵守这些规定,则应按照《货币和金融法典》第 L. 232 条的规定处 2 年监禁和 3750 欧元罚金;若 5 年内再犯,则处 5 年监禁。 192

发行人制作不实的资产负债表和虚假的事实证明,应根据《货币和金融法典》第 L. 232 - 1 条的规定处《刑法典》第 313 - 1 条、第 313 - 7 条和第 313 - 8 条规定诈骗罪的刑罚。

《货币和金融法典》第 L. 223 - 4 条规定,信贷机构和某些公司(其贷款必须符合专门的法律法规的规定,或者其贷款由国家、部委、市政当局或公共机构担保)不适用上述法律条款。

3. 发起人股

发起人股(parts de fondateurs)或利益股(parts bénéficiaires des titres)是为公司的持有人提供利益的证券,以回馈其自公司成立以来提供的服务。《商法典》第 L. 228 - 4 条规定,禁止将来再发行发起人股,否则以"发行无效"论处。2004 年 6 月 24 日法令在该条文中增加了上述处罚,从而弥补了 2001 年 5 月 15 日法废除第 L. 245 - 6 条规定的刑事处罚后留下的法律空白。 193

第三节　虚报出资罪

一、问题所在:实物出资评估员

根据《民法典》第 1843 - 3 条的规定,"每个股东以其承诺的实物、金钱或技 194

术对公司出资，并对公司承担责任”。出资是设立公司的基本活动，但并不一定是金钱。它可以包括向公司提供某些具有经济价值的物品：不动产、营业资产（fonds de commerce）、专利。为了确定出资人的权利以及应当向其分配公司股份的数量，应当评估该出资人所提供物品的价值。

尽可能准确地评估无疑是非常困难的，但是必不可少的。毫无疑问，应当以合伙人地位平等的名义，既保护实物出资人的权益，防止实物价值被低估，又应当保护现金出资人的权益，防止实物价值被高估。但是，更应当保护公司的债权人，因为公司资本决定其外部偿付能力。

因此，立法者规定，实物出资的价值审核应当由独立人士（实物出资评估员）进行，以防实物出资的价值仅取决于合伙人之间的协议。对于有限责任公司，第 L. 223 – 9 条明确规定，承担实物出资估值任务的评估员应当由未来股东在章程中一致任命或者由最勤勉的未来股东申请司法裁决确定。实物出资评估员具体负责出具评估报告。

对于股份有限公司，第 L. 225 – 8 条第 1 款经过 2012 年 3 月 22 日法修订之后，明确规定，实物出资评估员应当由创始人一致任命，否则，根据创始人的申请由法院裁定，并应符合第 L. 822 – 11 条中不得兼任的规定。第 L. 242 – 5 条规定，违反不得兼任或法律的禁止规定而接受或担任实物出资评估员的，处 6 个月监禁和 9000 欧元罚金。

同样，报告中载明的实物出资估值高于其实际价值，立法同样予以定罪处罚，下面，我们将具体分析该罪的构成要素（二）和处罚（三）。

二、构成要素

195 无论是包括一人有限责任公司（第 L. 241 – 3 条第 1 项）、股份有限公司（第 L. 242 – 2 条第 2 项、第 4 项）还是包括简易股份有限公司（第 L. 244 – 1 条）的股份两合公司（第 L. 243 – 1 条），《商法典》都同样规定了实物出资虚假估值罪。它们主要包括犯罪人、事实要素和故意要素。

1. 确定犯罪人

196 从最广义上讲，上述法律规定，“任何人”只要有助于出具超出实物出资实际价值的报告都是犯罪人，包括出资人、创始人、公司的管理人员或经理、实物出资评估员、事实上的负责人。因此,任何人只要能够影响实物出资的批准程序,都能够构成该罪,但这并不排除根据普通刑法其能构成共犯的可能。

2. 实质内容:高估

上述条款现有规定的措辞给解释留出了很大的空间。实际上,上述条款没有具体规定构成犯罪的高估的方法或数额,也没有具体规定实物出资实际价值的可参考的计算方法。上述条款关注的是结果:存在高估,即“超过其实际价值的估值”。 197

因此,无论是书面报告还是口头干预,都要求被告人采取积极行动,“使得”估值高于实际价值,而不仅仅是保持沉默或缄默“放任”该高估值。但是,自从1966年7月24日第66-537号法废除此前对于欺诈“手段”的要求之后,法院似乎处罚所有欺诈程序,其中包括隐瞒有助于降低实物出资表面价值的固有要素①。

至于高估的程度,刑事司法似乎不认为它与出资财物的客观标准有关,即所出资财物的市场价值,而是与更为主观的概念有关,即财物对公司的效用②。无论如何,它只要求是一个真正过度的高估。在上述案例中,它涉及的是隐瞒财物价值严重下降的实物评估要素。

3. 故意要素

该罪为故意犯罪。实际上,这些法律条款惩罚的是那些“欺诈性地”高估了实物出资的人员,也就是说,他们明知“确实”高估了实物出资。正是因为这一点,实践中经常将该罪称为欺诈性高估实物出资罪。 198

欺诈的证据通常取决于犯罪人使用手段的性质,尤其是伪造文件。如果被告人是出资人本人,那么这种对故意要素的认定是非常令人满意的;但是,如果是针对实物出资评估员,情况就比较微妙,因为他们可能只是认可其高于实物出资实际价值的评估而已。法院对“明知”的行为人的认定是非常严苛

① Crim. 22 janv. 1990, *Bull. crim.* n° 35; *Rev. sociétés* 1990. 456, note B. Bouloc: 忽视商业资产实物出资的担保权益。

② Crim. 12 avr. 1976, *JCP* 1977. Ⅱ. 18523, note Guyon: 的确,这是一次特别微妙的评估,即对股票实物出资的评估。

的,也就是说,只要是主观上认识到高估即可。在 1976 年 4 月 12 日的判决中,最高司法法院批准了对实物出资评估员的有罪判决,因为该审计员"主动"隐瞒了评估要素。1990 年 1 月 22 日的判决也是如此①。

三、处罚

1. 刑罚

199 无论公司是何种类型,犯罪的自然人都处 5 年监禁。但是,对于有限责任公司,应处 37 500 欧元罚金(第 241 – 3 条第 1 项);对于股份有限公司,应处 9000 欧元罚金(第 242 – 2 条第 4 项)。这种规定是不合逻辑的,因为 1977 年 12 月 29 日法在提高罚金最高数额时存在立法错误或遗漏。更加遗憾的是,该错误或疏漏还被纳入新的《商法典》,因为当时要求法典编纂坚持"恒定化立法"。

2. 特殊规定

200 法律惩罚的是那些"使得"评估估值高于实际价值的人员。法律要求已经产生结果,因此,高估未遂的不可罚。

---

① *Rev. sociétés* 1990. 456, note B. Bouloc et 18 juin 1990, *Rev. sociétés* 1990. 637, note B. Bouloc.

第二章　完成组织程序

在法国法中,公司的组织文件不一定都是公证文件,不受法官或主管机关的事前管制。公司的组织程序由管理人负责。长期以来,关于组织程序的责任只在刑事领域予以认定。但是,在该领域,我们目睹了非常大范围的非刑事化(第一节);我们将提到现在仍然存在的少量犯罪(第二节)。 201

第一节　非刑事化的范围

一、合规声明

1966 年法第 6 条要求创始人向商事法庭登记处提交“合规声明”。若存在不合规之处,则应处第 480 条规定的刑罚。1994 年 2 月 11 日第 94 - 126 号法(又称“马德林法”,Loi Madelin)第 18 条废除了该项义务,但立法者却忘记相应地废除第 480 条规定的刑事处罚,因此,该条款曾一度变成“无主之罚”。这一疏漏在立法修订过程中得到了改正,2000 年《商法典》不再保留第 480 条的规定。 202

二、保存人证书

203 2001 年 5 月 15 日《新经济规制法》废除了《商法典》第 L. 242 – 2 条的规定,该条对如下行为进行定罪处罚:明知股份有限公司设立时存在虚假认购之情形,却在保存人证书中确认其真实可信;故意公布实际不存在的认购人或股东姓名,以促使他人认购或付款。废除《商法典》中的特殊犯罪,并不一定意味着在该领域中将绝不再考虑刑事处罚。原条款中规定的其他欺诈性手段,可能构成《刑法典》中诈骗罪的加重处罚情节,并根据第 313 – 2 条第 3 项的规定,处 7 年监禁和 75 万欧元罚金。

第二节 保留的刑事处罚

一、关于有限责任公司的犯罪

204 2003 年 8 月 1 日《经济促进法》修改了第 L. 223 – 2 条。此后,该条仅规定,有限责任公司的资本额应由章程确定,并应分为相等的份额。就股份有限责任公司本身而言,经 2001 年 5 月 15 日《新经济规制法》修订的第 L. 223 – 7 条要求,公司的所有股份必须由股份全额认购;实物出资的股份应当全部缴清;货币出资的股份至少应当缴纳其数额的 1/5;第 R. 223 – 3 条规定,股款资金应当自收到时起 8 日之内,通过公证人或信托机构交存法国存托银行(la Caisse des dépôts et consignations)。

2012 年 3 月 22 日《简化法律和行政程序法》废除了第 L. 241 – 1 条,该条规定有限责任公司的股东在公司文书(l'acte de société)中漏报全体股东之间持股份额的分配、股款缴纳或资金交存情况的,处 6 个月监禁和 9000 欧元罚金。该条款并未延续先前的做法,即股东在公司文书中对全体股东的持股份额的分配、股款缴纳情况以及资金交存情况[1]进行虚假声明的,予以定罪处罚,

---

① Crim. 8 juin 1995, *Dr. pénal* 1995. Comm. 235, obs. J. -H. Robert.

而只处罚虚假申报的人员①。但是,非刑事化只是表面现象。从此,声明中的虚假陈述将根据普通刑法进行处罚,即构成《刑法典》第 441－1 条的伪造罪,并处以比第 L. 241－1 条规定严重得多的刑罚(3 年监禁和 45 000 欧元罚金)。在这种情况下,也不排除继续适用以前的判例,即全体股东均对其他股东所做声明的真实性②,包括增资情况,承担责任③。有判例认为,尽管已由一名股东全部缴清股款,但章程却明确载明存在多名股东,此时,该章程也不构成欺诈④。无论如何,如果将有限责任公司资本金定为 1 欧元,我们难以想象会采取上述处罚,因为新法第 L. 223－2 条规定已经废除了最低资本要求。

二、关于公司登记和业务登记的犯罪

事实上,在工商登记处(registre du commerce et des sociétés)的注册并不只 205
是一项公开措施,因为它能赋予公司法人资格。另外,该程序通过公开每个公司的相关资料来向第三方、现在和将来的股东提供信息。关于公司注册的规定主要包括《商法典》第 L. 123－1 条至第 L. 123－10 条、第 123－31 条及随后规定。这些条款中包含一些处罚未进行注册、提供不准确或不完整信息的刑事处罚规定。

第 L. 123－1 条列明应当申请进行注册登记的自然人、公司和其他法人。第 R. 123－35 条规定法人应当提交注册申请的期限及其内容。这同样适用于修改或注销申请。第 L. 123－5－1 条规定,根据任何利益相关方或检察院的申请,法院院长能够采取紧急审理程序,责令任何法人的管理人提交法律法规规定应当提交的材料与文书,否则,“逾期罚款”。关于其应受惩罚,应当区分两种情况。

其一,任何负责在工商登记处进行登记注册、补充声明或者注销之人,没有正当理由且在期限内没有进行上述手续的,将不再受到刑事处罚。2012 年 3 月 22 日《简化法律和行政程序法》废除了第 L. 123－4 条规定的罚金刑。从此,

---

① Crim. 27 mars 1957, Bull. crim. n° 299; 23 janv. 1978, Bull. crim. n° 24.

② Crim. 12 mars 1957, *JCP* 1958. Ⅱ. 10405, note D. B..

③ Crim. 22 oct. 1970, *Rev. sociétés* 1971. 399, note B. Bouloc.

④ Crim. 2 juill. 1998, *Dr. pénal* 1999. Comm. 6, obs. J. -H. Robert.

上述行为可能会被责令登记注册，否则，“逾期罚款”（第 L. 123 – 3 条第 1 款）。

其二，恶意向工商登记处提供不准确或不完整的信息，以进行注册、补充、变更或注销登记的，处 6 个月监禁和 4500 欧元罚金（第 L. 123 – 5 条第 1 款）。此外，根据 2012 年 3 月 22 日《简化法律和行政程序法》，管辖法院可以剥夺当事方关于商事法院、工商协会和劳动仲裁法院的投票权和选举权，最长期限不得超过 5 年。例如，指定“傀儡”担任法律经理的职位，并隐瞒真正公司经理的身份，就是这种情况[①]。但是，对于法人未进行注册、未取得法人资格的情况，上述条款并未规定任何惩罚，因为第 L. 210 – 6 条所规定的股东民事连带责任规定就已足够。

三、第三方信息：公司文件公开领域中的非刑事化

206 法律法规条款以多种方式确保公司提供与第三方交易所必不可少的信息。不提供上述信息将受到刑事处罚，特别是针对股份有限责任公司的第 L. 241 – 7 条，针对简易股份有限公司的第 L. 244 – 2 条以及针对股份有限公司的第 L. 246 – 1 条。2003 年 8 月 1 日《经济促进法》废除了所有上述条款。刑事处罚已被第 L. 238 – 3 条所规定的禁令程序替代。

从此，检察院和任何利益相关方，都可请求法院院长按照紧急审理程序责令有限责任公司、简易股份有限公司、股份有限公司和股份两合公司的法定代表人，在公司文书和文件中写明“有限责任公司或缩写 SARL、股份有限公司或缩写 SA、简易股份有限公司或缩写 SAS 以及股份两合公司，以及公司资本声明”，否则，“逾期罚款”。

---

① Versailles 11 sept. 2003, *RJDA* 2004. 206.

第二卷　公司经营过程中的犯罪

207 法律规定，可以对管理人实施的公司经营活动进行监管以核查其行为（第一章），并对滥用管理权的行为进行定罪处罚（第二章）。法律还包含详细规定，以确保与公司会计和公司资本有关的交易的合法性（第三章）。

第一章　公司管理的监管

立法者希望由公司的内部机构、股东、债券持有人、员工代表（第一节）或者由外部机构、审计员（第二节）对公司的经营进行监管。违反法律义务将系统性地受到刑事处罚。在该领域，最近的立法也开始了一定程度的非刑事化，以民事处罚取代刑事处罚，特别是确定违反法律规定的决议无效（第 L. 235－2－1 条和第 L. 225－149－3 条）。当然，这种民事处罚可能比以前很少判决的刑事处罚更为严厉。因此，下面我们研究仍然存在的处罚最严重行为的犯罪规定。 208

第一节　内部监管

要实施有效的监管，首先必须了解公司的真实情况。因此，法律确保公司向所有利益相关方提供信息。其次，必须能够集体决定批准或审查公司的管理。法律对股东大会的召开及参加会议的组织程序进行规定。最后，必须保护小股东免受大股东滥用权力的损害。 209

违反这些保护规范的行为几乎都会系统性地受到刑事处罚。表面看来,适用上述处罚,似乎有点过分。2001 年 5 月 15 日《新经济规制法》、2003 年 8 月 1 日《经济促进法》以及 2004 年 3 月 25 日《企业法律和手续简化法令》废除一些刑事处罚的条款,具体实现了非刑事化的立法意图。现在,若不提供信息行为给某些股东造成一定的损害,则应当适用强制执行令取代刑事处罚,并追究公司管理人的民事责任。

我们将分别讨论股东(一)、债券持有人(二)和员工代表(三)所实施的犯罪。

一、股东

210 涉及股份有限公司的规范是最为完整的,适用于其他类型公司股东的规范则较为简洁。此外,有必要研究所有类型的公司中享有特殊保护的少数股东的情况。

(一)股东

211 股东大会是股份有限公司的主权机构,决定公司总体政策、批准账目、任命或解聘管理层。关于股东的信息应当是广泛公开的,法律会惩罚所有妨害获取股东信息的行为。同样,股东大会的召开也必须遵守非常严格的手续。2003 年 8 月 1 日《经济促进法》中的条款规定,通过发送给股东大会的报告来完善股东信息,特别是董事会或监事会的工作模式。

1. 股东信息

212 这些法律条款将股东信息区分为:必须明确告知股东的信息、应申请告知的信息和只提供给股东的信息。这些条款惩罚不作为犯,包括针对未分割股份的股东共同所有人的犯罪①。

213 (1)必须明确告知的信息

①股东大会的日期和议程。第 R. 225 – 62 条规定,原则上,公司章程规定召开股东大会的规则,但必须符合第 R. 225 – 16 条至第 R. 225 – 70 条的规定。这些条款详细列出了会议通知的内容,包括日期、地点、特殊股东大会或常规

---

① Crim. 11 avr. 1996, *Bull. crim.* n° 161; *Dr. pénal* 1996. Comm. 247, obs. J. -H. Robert; *Rev. sociétés* 1997. 136, note B. Bouloc.

股东大会、议程。这些信息旨在使股东能够申请将议题或计划列入议程。对于“全部股票均为记名股”的公司的任何股东申请将议题或计划列入议程的情况,《商法典》进行了单独规定(第 R. 225－72 条)。若公司股票准许进入规范市场(un marché réglementé)或者并非所有股票都是记名股,则要遵循第 R. 225－73 条规定的程序;此外,该条还规定,至少应在股东大会召开 35 日之前在法定公报(Bulletin des annonces légales obligatoires, BALO)上公布会议通知。

2004 年 3 月 25 日法令废除了第 L. 242－12 条,该条规定,未履行上述任何一项义务都应处以罚金。从此,利益相关方将能够根据第 L. 238－1 条规定的禁令程序获取这些文件。根据该程序,公司应当呈交这些文件,否则,“逾期罚款”。批准申请之后,由被告公司的管理人承担罚款和诉讼费用。

②建立合并结算账目。第 L. 233－16 条规定,所有商事公司,除第 L. 233－17 条的例外规定之外,每年均应由董事会负责建立并公布合并结算账目。第 L. 247－1 条第 2 款规定,在法定期限内,董事会成员未建立并向股东发送上述账目,应处 9000 欧元罚金。另外,法院还可以判令在一份或多份报纸上公开判决书,并由被定罪人承担相关费用。

③依股东申请应告知的信息。第 L. 242－13 条列明应告知提出申请的所 214
有股东的文件或信息清单:符合法规规定的根据第 L. 225－106 条规定的条件出席大会的授权书、董事名单、列入议程的计划文本、董事会和审计员提交大会的报告、年度账目。不满足股东申请的,处以罚金。该条款已于 2004 年 3 月 25 日废除。从此,没有获得所需文件的股东必须使用禁令程序,以实施第 L. 238－1 条所规定的“逾期罚款”处罚。

(2)提供给股东的信息 215

①年度会计报告。第 L. 242－14 条规定,在股东大会召开前 15 日内或者在年度任何时刻(某些文件),不在公司注册地向股东提供全套文件、年度账目、报告、财产清册(inventaire)等,处以罚金。此条款已被 2001 年 5 月 15 日《新经济规制法》废除。确实,实践中,股东很少查阅这些文件。

2001 年 5 月 15 日《新经济规制法》第 122 条以禁令程序替代刑事处罚,并将之引入《商法典》第 L. 238－1 条。利益相关的股东未能及时获取法条规定的文件，可以请求法院院长根据紧急程序，命令管理人员呈交上述文件，否则，“逾期罚款”；或者指定代理人负责文件传递。

②董事会会议纪要。实际上，有关公司行政管理的最重要决定是由董事会作出的。为了保留记录并便于了解，法律要求董事会主席或会议主席在会议纪要中载明董事会决议，并在公司注册地设专门的登记簿(第 R. 225－22 条)。

第 L. 242－7 条曾规定，未制定上述会议纪要，应处 3750 欧元罚金。但是，该规定已被 2004 年 3 月 25 日《企业法律和手续简化法令》废除(第 20 条)。从此，根据第 L. 235－14 条的规定，已采取但未记录的决定可能被认定为无效；任何管理层、董事会成员、监事会成员都有权依据第 L. 235－4 条和第 L. 235－5 条规定的条件提起诉讼。但是，任何利益相关方都可以请求法院院长以紧急程序，命令公司总裁将上述会议纪要抄录在公司注册地的专门登记簿中，否则，“逾期罚款”。非刑事化显然仅仅针对不作为或未履行义务。会议纪要的内容如果有不合规或伪造之处，可以伪造商业文件罪提起诉讼[①]。

2. 股东大会

216 尽管经过不断修订，上述条款始终确保股东大会的召开、组成、参加和进行受到严格规范。最后，2006 年 12 月 11 日法令对商事公司股东大会的组织和内容的实施方式进行了大规模修改。最初，违反上述规定，几乎总是受到刑事处罚。2001 年 5 月 15 日《新经济规制法》、2003 年 8 月 1 日《经济促进法》以及 2004 年 3 月 25 日《企业法律和手续简化法令》同样在该领域引入了一定程度的非刑事化。我们将按照股东大会的时间顺序来逐一研究仍然存在的犯罪行为。

217 (1) 召开时的犯罪

①召开日期。在这方面，第 L. 225－100 条规定了双重义务。一方面，日常股东大会必须至少每年在财政年度结束后的 6 个月内举行一次，除非通过法院命令延长该期限。另一方面，审计员必须提交一份报告，证明年度账目合规、真实，并与公司运营成果相一致，以及会计年度结束时个人或公司的资产状况

---

① Crim. 16 mars 1970, *JCP* 1971. Ⅱ. 16813, note Bouloc; 29 oct. 1979, *D.* 1980. IR 443.

(第 L. 823-9 条)。2003 年 8 月 1 日《经济促进法》对该条款进行了补充,以具体明确:审计员必须提交账目报告的附随报告,并对账目报告进行评估。

第 L. 242-10 条规定两项犯罪,均得处以 6 个月监禁和 9000 欧元罚金。2012 年 3 月 22 日法废除了第一项犯罪,取消如下规定:股份公司的总裁或管理层未在财政年度结束后 6 个月内或者在法院判决确定的延长期内召开股东大会的,构成犯罪。不过,该法保留了第二项犯罪,即不提交第 L. 232-1 条规定的年度账目和管理报告供股东大会批准的,构成犯罪。根据该条款,犯罪人包括总裁、行政主管以及股份有限公司的董事会或监事会成员的管理层(第 L. 242-30 条)和事实上的管理人(第 L. 246-2 条)。

根据《刑法典》第 121-3 条规定的基本原则,该条款不处罚简单过失(simple négligence),只处罚故意犯罪。但是,正如我们在其他犯罪已经看到的那样,判例法倾向于基于被告人的身份对其进行有罪推定和故意不作为推定,而这些推定难以推翻。

②召集股东。原则上,召集股东大会的通知应登载于公司注册地所在省内有资格刊登法律公告的报刊;如果公司股票准许进入规范市场或者股票是不记名的,召集股东大会的通知则应登载于《法定公报》(第 R. 225-67 条)。此外,在通知刊载之日起 1 个月内,应当通过平信或附回执的挂号信(由股东申请并承担费用)的方式召集记名股股东。自 2006 年 12 月 11 日法令生效起,第 R. 225-68 条规定,在该领域中,允许适用以电子通信手段进行视频会议、使用电子通信方式或邮政通信方式进行投票的规定(第 R. 225-61 条等)。

关于刊载会议召集通知、寄出信件、通过电子通信方式通知会议召开的日期与股东大会召开的日期之间的期限,若是首次召集会议,必须为 15 日以上;若是后续召集会议,必须为 6 日以上;如果股票在规范市场交易,则上述公开的期限分别缩短为 6 日和 4 日(第 R. 225-69 条)。

与上文已经研究过的诸多其他义务一样,对于未遵守上述规定的行为,不再处以刑事处罚而代之以裁定决议无效[除非所有股东均出席或有代表出席(第 225-104 条第 2 款)],或者通过禁令程序处以"逾期罚款"。

③与出席会议有关的犯罪。第 L. 242-9 条包括两项犯罪,均处以 2 年监 218

禁和9000欧元罚金。其中,第一项罪名得以保留,第二项罪名则随着2003年8月1日《金融安全法》的生效而消失,该法律废除了第L. 242－9条第2项规定。

其一,妨碍股东参加股东大会。第L. 242－9条第1款规定,“妨碍股东参加股东大会的行为应当受到处罚”。无论股东大会是否作出决定,妨碍股东参加股东大会的行为都应当定罪处罚,因为犯罪人的动机常常是阻止股东大会达到所需的法定人数。

法条中没有具体规定可用于阻止参加股东大会的手段(无论是法律上的手段还是事实上的手段),也没有具体规定犯罪人的身份。这与前文中的犯罪不同,该罪的犯罪人不一定必须是公司的管理人。有时,该犯罪的实施过程很简单但有效。比如,公司总裁在预定时间之前开始会议,并利用对所表决决议持反对意见的股东缺席的便利,就是这种情况①。

另外,该犯罪要求存在故意,只处罚明知并积极做出妨碍行为之人,因此,8月法定假期期间、在《法定公报》中刊载召集通知的,不构成犯罪②。这种“积极”妨碍不包括只是未通知股东参加会议的行为,也不包括只是未寄送年度账目的行为。

其二,通过欺诈手段参加会议。如今已被废除的第L. 242－9条第2项(2003年8月1日法第L. 134条)规定了与妨碍参加股东大会相反的情形,即有人谎称自己持有公司股票或折价股票(coupures d'action),并直接或通过代理人参与股东大会的投票。但是,我们可以考虑其使用股东虚假身份的情况,以诈骗罪对其提起诉讼。此外,我们还能以该行为违反股东表决权规定(第L. 235－2－1条)来宣布其无效,并要求会议主席和主席团成员承担民事责任。

219　④与出席和会议记录相关的犯罪。这些犯罪目前均已全部非刑事化。关于签到簿和会议记录的规定已由2012年3月22日法进行修订。一方面,第

---

① Crim. 17 nov. 1992, inédit, n° 92－81. 132. V. aussi Crim. 3 oct. 1975, *Rev. sociétés* 1976. 518, note B. Bouloc:妨碍未分割股份共同所有人的代理人参加会议,以及 Crim. 26 mai 1994, *Bull. crim.* n° 207; *RJDA* 1994. 816:法人股东代表的案件。

② Crim. 15 nov. 1989, *Rev. sociétés* 1989. 492, note B. Bouloc; *Bull. crim.* n° 121; 26 mars 1998, préc. ss 214.

L. 225-114 条要求每次会议都必须保存一份签到簿,其详细内容由法国最高行政法院(Conseil d'État)法令(第 R. 225-95 条)决定,同时必须保存附录,载明每名代理人的权限。另一方面,大会决议必须在会议记录中载明,其详细内容由最高行政法院法令(第 R. 225-106 条)规定。但是,该法废除了第 L. 242-15 条的规定。根据该条规定,对签到簿和会议记录的不合规行为,应当进行定罪处罚。从此,第 L. 225-114 条的末尾仅规定,如果不遵守上述规定,会议决议应被撤销。

(2)与行使表决权有关的犯罪 220

①贿赂股东。第 L. 242-9 条第 3 项规定,对经常投票之人滥用表决权的行为应当惩罚。像所有贿赂一样,贿赂股东以出于特定目的使用非法手段为前提。这些非法手段包括给予、保证或承诺"好处",该条款并未明确"好处"的性质,这意味着任何物质利益或金钱利益。就目的而言,它试图使收受贿赂的股东以某种方式投票或放弃投票。此外,对利益的承诺、保证或支付必须在其试图获取报偿的投票或放弃投票行为发生之前进行。

第 L. 242-9 条第 3 项规定,主动给予、保证或承诺给予上述好处的行贿人,以及被动接受给予、保证或承诺上述好处的受贿人,均处以 2 年监禁和 9000 欧元罚金。犯罪以故意为前提,故意的证据必须来自为制造虚假投票结果所使用的物质手段。

②滥用表决权。第 L. 242-16 条以非常宽泛的用语规定,会议主席和会议主席团成员不遵守股东大会中有关股票附带表决权的规定,应处以第 L. 242-15 条所规定的罚金(3750 欧元)。2003 年 8 月 1 日法废除了该条款。从此,违反有关股票附带表决权规定的惩罚是大会决议无效(第 L. 235-2-1 条)。但是,其他法律条款更加具体地对其他行为进行定罪处罚。

因此,第 L. 242-6 条第 4 项旨在惩罚大会主席不当使用空白授权书行为。实际上,根据第 L. 225-106 条的规定,当股东由代表出席大会时,可能出现两种情况。股东或者选择按其指示投票的代理人,或者向公司发送未指示任何授权内容的委托书。在第二种情况下,第 L. 225-106 条规定,股东大会主席代为就董事会提出或同意的决议案投赞成票,对所有其他决议案投反对票的犯罪。

该罪是故意犯罪,因为该条规定处罚的是犯罪人“恶意”滥用发言权实施其明知违背公司利益的行为。滥用空白授权的真实风险,使立法者对该罪规定了非常严厉的刑罚:5 年监禁和 37.5 万欧元罚金。

为了限制投票权的数量以及便于股东在大会中投票,立法者已规定股东能够以信函方式行使投票权。该条款已被纳入第 R. 225-73-1 条,并允许使用“电子”方式投票。最后,2010 年 6 月 23 日第 2010-684 号《上市公司股东权利法令》于 2010 年 10 月 1 日生效。该法令明确规定在股东大会召开前应当向股东提供的信息,以使其了解情况并决定如何投票。

(二)其他类型公司

1. 有限责任公司

221 《商法典》关于有限责任公司向股东提供的信息和大会内容的规定,与股份有限公司非常类似。与股份有限公司一样,2001 年 5 月 15 日《新经济规制法》和 2003 年 8 月 1 日《经济促进法》也废除了关于有限责任公司中相应的定罪处罚条款。这些条款规定的犯罪很少真正被起诉,这有助于实现该领域的非刑事化。

222 (1)股东信息权

2001 年 5 月 15 日《新经济规制法》废除了第 L. 241-4 条第 2 项和第 3 项的规定,这些规定原来处罚的是公司经理未将某些文件告知股东或交给股东的行为。从此,股东可以根据第 L. 238-1 条规定的程序,申请由商事法院院长签发禁令,命令公司经理向股东提供第 L. 223-26 条规定的文件,否则,“逾期罚款”。

但是,第 L. 241-4 条第 1 项规定的犯罪得以保留。该条规定,公司经理未在财政年度结束时,提供财产清册、年度账目和管理报告,处以 9000 欧元罚金。

223 (2)股东大会

①未在法定期限内召集。第 L. 241-5 条规定,公司经理在财政年度结束后 6 个月内或者在法院决定规定的延长期限内未举办会议的,应当予以处罚。本条规定的会议是指第 L. 223-26 条规定的股东大会。但是,即使是法官认可

的延期申请,也不能使既不举办会议又不在6个月内提交报告的被告人无罪①。

原则上,该罪是故意犯罪。但是,如同许多其他犯罪一样,最高司法法院认为,犯罪故意只要求证明“明知”违反法定期限即可,该法定期限是指第L.223-26条规定的会议的召开期限②。

②未能批准文件。经理必须提交第L.241-4条第1款规定的文件(财产清册、年度账目和管理报告)供股东大会批准。会议召开的证据,只能是会议决议的原始记录③。

法律上的管理人或事实上的管理人(第L.241-9条)违反上述任何规定,应根据第L.241-5条,处以9000欧元罚金。

2.共同名义公司和简易两合公司

(1)告知股东的信息。年度账目、管理报告、拟议的决议文本以及审计员 224
关于年度账目和合并账目的报告(如若适用),必须至少在第L.221-7条规定的股东大会召开前15日发送给股东(第R.221-7条)。

(2)由股东处置的信息。法律规定,股东有权在公司注册地对如下文件进 225
行复印:一是在会议开始前的15日复印财产清册(第R.221-7条);二是商业簿和账簿、合同、发票、信件、会议记录以及公司制作或收到的任何文件(第R.221-8条)。

1967年3月23日法令第16条规定,违反上述规定的犯罪行为,处第5级违警罪的罚金。2006年12月11日法令,才废止该条款。实际上,2001年5月15日《新经济规制法》已将第L.221-7条规定的文件纳入可通过第L.238条规定的禁令程序获得的文件之中。因此,应当废除未能提供上述文件的刑事处罚。

3.对少数股权股东的保护:少数股权鉴定

少数股权股东的处境往往十分艰难,因为他必须屈服多数人的决定。常 226

---

① Crim. 4 juill. 1995, *Bull. crim.* n° 247; *Dr. pénal* 1995. Comm. 287, note J.-H. Robert. 因未举办会议而追究事实上的管理人刑事责任的案例:Crim. 6 oct. 1980, *Rev. sociétés* 1981. 351, 1re esp., note B. Bouloc; 9 oct. 1989, *Rev. sociétés* 1990. 285, note B. Bouloc。

② Crim. 8 nov. 2006, *Dr. sociétés* 2007. 59, note R. Salomon.

③ Crim. 4 juill. 1995, préc., 该案拒绝认可复印件的证明效力。

常令人担心的是，他的作用仅限于为多数人的绝对利益筹集资金，却又不能出售无人感兴趣的股票。

因此，立法者进行干预，通常是赋予其对公司管理的特定审查权，当然一般是通过代理人来行使。在股份有限公司中，持股5%以上的股东以及根据第L.225-120条规定的条件成立的股东协会，有权申请法院指定代理人来负责股东大会的召开（第L.225-103条）、有权以书面形式要求将决议草案列入议程（第L.225-105条）、有权以书面形式向管理人提出在股东大会中给予回答的问题（第L.225-108条）、有权请求法院撤销（第L.225-230条）或解雇审计员（第L.225-233条）。

但是，最有意义的规定是，允许"在有限责任公司中持股10%以上（第L.223-37条）以及在股份有限公司中持股5%以上（经2001年5月15日法修订的第225-231条）的一名或多名股东，独自或是以任何形式组成团体，请求法院指定一名或多名专家负责在股东大会上出示关于一项或多项管理活动的报告"。

另外，《商法典》规定，公司管理人以及任何为公司服务的人员故意妨碍上述管理专家审核或监管，或者拒绝当场提供其履行职务所必需的材料的，处以5年监禁和75 000欧元罚金①。妨碍行为可能是正式的拒绝传递，也可能是无理由的推迟、沉默或拖延。对于有限责任公司，这些规定曾经包含在第L.241-8条之中；对于股份有限公司，这些规定曾经包含在第L.242-28条之中。这些条款已被2001年5月15日《新经济规制法》废除；但是，其中的刑事条款已被并入第L.820-4条第2项之中，该条处罚的是妨碍审计员和专家履行职务的行为。

二、债券持有人

227 债券持有人有权获取有关公司运行的信息。债券持有人也有自己的利益，因此，他们会在股东大会上形成利益集团。对此，《商法典》规定许多犯罪，这些犯罪与保护股东所规定的罪名非常类似。2001年5月15日《新经济规制

---

① Crim. 11 mai 1981, *D.* 1981. IR 486, *Bull. crim.* n° 152; Rennes 30 sept. 1974, *Rev. sociétés* 1976. 521 note Mabilat.

法》开始非刑事化,并由2003年8月1日《经济促进法》予以进一步扩展,其中自然涉及关于债券持有人的规定。

(一)信息

根据第L.228-69条的规定,所有债券持有人均有权在法令规定(现在的第R.228-76条)的条件下取得特定文件。与股东不同,任何上述文件都不是必须强制性向债券持有人告知的;这些文件只是供债券持有人或者由其指定代其参加股东大会的代理人查阅或者复印。 228

一方面,在其所属的全体股东大会召开前15日内,在债务公司注册地、行政管理所在地或者大会召集通知确定的任何其他地点(若有必要),债券持有人都有权亲自或委托代理人查阅或者复印拟议的决议文本以及将在大会出示的报告。

另一方面,任何时候,债券持有人都有权在股东大会选择的存放地点,查阅或者复印会议记录及其所属的股东大会签到簿。

1967年3月23日法令第242条规定,未履行上述规定的义务,应处以第5级违警罪的罚金刑。但是,第L.238-1条规定的禁令程序也适用于命令传递第L.228-69条所规定的文件,否则,"逾期罚款"。毫无疑问,继续保持这种双重处罚是非常不合理的。但是,直至2006年12月11日法令,才废除该刑事处罚。

(二)债券持有人大会

立法者已对债券持有人大会的召集、参加和进行作出了非常严格的规范,违反其中任何规范的行为都将受到刑事处罚。我们将按照大会的时间顺序来逐一研究这些犯罪规定。 229

1.召集债券持有人

关于股份公司,召集同期债券持有人的形式条件和期限与召集股东大会相同(第L.228-59条),具体操作方式由第R.228-66条和第R.228-67条规定,特别是第R.228-66条。该条规定了应当在会议的召集通知上列明的所有信息,其中主要内容是说明大会所召集的同期债券持有人所认购的债券借贷情形。而第R.228-67条规定,召集会议的通知应当刊载于公司注册地所在省 230

中有资格刊载法律公告的报刊上；此外，如果公司债券被许可在规范市场中进行交易或者全部债券都是记名债券，那么，召集会议的通知应当刊载于《法定公报》。1967 年法令第 242 条规定，违反上述规定的犯罪行为，处以第 5 级违警罪的罚金刑。但是，该条款已被 2006 年 12 月 11 日法令废除。

关于有限责任公司，2006 年 12 月 11 日法令已通过特别条款规定或适用股东大会关于信息和内容的相关规定的方式，将上述关于债券持有人大会的规范归入第 R. 228-70 条之中。

2. 参加会议

231 立法者既确保能够合法主张权利的人员参加会议，又排除某些特定类别的人员参加会议。

232 (1) 妨碍参加会议。第 L. 245-11 条第 1 款规定，妨碍债券持有人参加债券持有人大会的，予以定罪处罚。这与第 L. 242-9 条第 1 项妨碍股东参加会议的措辞完全相同，刑罚也完全相同，即 2 年监禁和 9000 欧元罚金（见第 218 段）。

233 (2) 不得参加会议的人员。第 L. 245-12 条列出了一系列不得参加会议的人员名单，既包括不得以个人名义参加的人员，也包括不得以债券持有人代表人名义参加的人员；违反该条规定，处以 6000 欧元罚金。2004 年 6 月 24 日法令（第 50 条第 4 款）废除了其中绝大多数不得参加会议的人员的规定，即该条中的第 2 项、第 3 项、第 4 项和第 5 项。仅保留两类禁止参加会议的人员，如有违反，仍受该条规定的处罚。

第 L. 245-12 条第 1 款规定，债务公司或债务公司的担保公司的总裁、董事、总经理、经理、审计员，以及其直系尊卑亲属或配偶代表同期债券持有人出席大会或接受成为同期债券持有人代表的，予以定罪处罚。

根据第 L. 245-12 条第 2 项（原第 6 项）的规定，持有发行债券公司 10% 以上资本的公司的总裁、董事长或管理人以持有这些公司的债券为由，参加债券持有人大会的，予以定罪处罚。

违反第 L. 245-12 条规定的任何禁止规定，处以 6000 欧元罚金。但是，若采取欺诈性手段实施上述犯罪行为，已剥夺债券持有人或其中某些人预期债券相关的部分权利，则罚金可提高至18 000欧元，同时应当处以5年监禁(第L.245-15条)。

(3)行使表决权： 234

①贿赂债券持有人。第L.245-11条第2项和第3项，只是简单重复了第L.242-9条第2项和第3项关于股东在股东大会上行使表决权的规定。2003年8月1日《金融安全法》废除第L.242-9条第2项所规定的通过欺诈手段参加股东大会的犯罪，但是，该法仍然保留通过欺诈手段参加债券持有人大会的犯罪(第L.242-11条第2项)。不过，最终，该犯罪已被2004年6月24日法令废除(第50条第4款)。从此，第L.245-11条第2项仅仅针对贿赂债券持有人的情形。贿赂债券持有人罪，是指接受他人给予、保证或承诺特定利益，以进行特定投票或不参加投票的行为，以及给予、保证或承诺上述特定利益的行为。因此，该条款同时对行贿和受贿行为进行定罪处罚。该犯罪，判处2年监禁和9000欧元罚金。

②债券持有人代表的报酬。为防止贿赂债券持有人代表以引导其投票，第L.245-14条规定，公司总裁或董事向同期债券持有人代表提供或支付超出债券持有人大会决定或司法裁决金额报酬的，以及任何同期债券持有人代表接受上述报酬的，处18 000欧元罚金。2003年8月1日《金融安全法》已废除了该条款(第134条)。从此，刑事处罚由第L.228-56条规定替代，即"给予同期债券持有人代表不当报酬所作的任何决定均无效，且不影响针对公司代理人或债券持有人代表的法律责任提起的诉讼"。

(4)会议决议的确认。第L.245-13条规定，任何债券持有人大会的决议都应当对会议记录进行确认，该记录应当包括本条规定的所有内容：会议的日期和地点、召集方式、日程、主席团人员组成、参加表决的债券持有人人数和法定人数、提交会议的文件和报告、辩论摘要、付诸表决的决议文本和表决结果。债券持有人大会主席未进行确认程序的，构成犯罪。未履行该手续的，处以4500欧元罚金。第L.245-15条规定的加重情节也适用于该犯罪。 235

三、员工代表

(一)妨碍罪

《劳动法典》要求企业负责人咨询员工代表机构，特别是企业委员会(le 236

comité d'entreprise),并在某些情况下征求其意见。另外,该法还要求企业负责人向企业委员会提交越来越多包含企业运行及其结果的信息的文件。

任何未咨询员工代表或未向其提供信息的行为,均是对其履行职务的妨碍行为,根据《劳动法典》第 L. 2316 – 1 条和第 L. 2439 – 1 条(关于员工代表)、第 L. 2328 – 1 条(关于企业委员会)以及第 L. 2335 – 1 条(关于劳资联合委员会),处以 1 年监禁和 3750 欧元罚金。若是累犯,则处以 2 年监禁和 7500 欧元罚金。

尽管改革之前的《刑法典》对上述内容没有任何条款规定,但是,最高司法法院始终认可,阻碍罪是故意犯①。但是,对判例法的研究表明,该院对妨碍罪的故意要素要求并不太高。该院经常毫不犹豫地指出,只要确认存在事实要素(未提供信息或未咨询),只要该不作为是自愿的,即可满足该罪的全部要素要求②。

企业委员会和工会都能对企业负责人提起公诉或附带民事诉讼,这又强化了上述对企业负责人的严厉态度③。但是,针对企业委员会成员个人实施行为的诉讼则是不可受理的④。此外,根据《劳动法典》第 L. 2435 – 1 条的规定,若无视本法典中行政授权程序的规定,则解聘董事会或监事会中的雇员代表;若构成累犯,则处以 1 年监禁和 3750 欧元罚金。

(二)主要适用

237 在本书的研究中,详尽无遗地介绍《劳动法典》中赋予企业负责人的各种义务是不现实的,而且上述关于强制义务的法律条款规定由于不断增加而显得越来越烦琐。我们将仅提供最受关注的示例规定,这些规定能使企业委员会知晓进而监管公司的运营,而其他规定可能并不属于我们的研究领域。

238 1. 会计和财务文件

在《劳动法典》列举的冗长规定中,我们应当注意如下两组规定:

---

① Crim. 16 mars 1978, *Bull. crim.* n° 102.

② Crim. 21 nov. 1978, *Bull. crim.* n° 845.

③ Crim. 7 oct. 1959, *D.* 1960. 295; 22 nov. 1977, *Bull. crim.* n° 918.

④ Crim. 28 oct. 1980, *Bull. crim.* n° 716.

一是在企业委员会选举结束后的 1 个月内,企业负责人必须向其提供经济和财务文件,其中必须说明企业的法律组织形式、经济前景、在集团中的地位、持有 10% 以上公司资本的股东间的资本分配(第 L. 2323 – 7 条)。

二是企业负责人必须在股东大会之前向企业委员会递交每年必须向股东大会出示的全部报告以及审计员报告。企业委员会可以召集审计员,要求他们作出解释并形成意见,该意见必须送交股东大会。一般而言,企业委员会有权与股东在相同期限内获得相同的文件和副本(第 L. 2323 – 8 条)。

2. 合并或转让计划 239

《劳动法典》第 L. 2323 – 6 条规定,企业的经济结构或法律结构的变动必须"告知并咨询"企业委员会,特别是在企业合并、企业转让以及收购或转让子公司之时。最高司法法院反复判决确认,这项义务不能仅局限于提供信息,而是要提供详细的信息并就所提出的计划展开讨论[①],另外,作出决策之前,必须进行咨询[②]。

鉴于提供给企业委员会成员的信息的重要性及其不当泄露的风险,根据具体情况,上述信息将被视为职业秘密,适用对保密性信息行使自由裁量权的简单义务规定(《劳动法典》第 L. 2143 – 21 条)。比如,适用《劳动法典》第 L. 2323 – 6 条规定予以提供的信息就是如此,泄露上述信息的行为将根据《刑法典》第 226 – 13 条规定处以刑罚。

第二节　审计员

审计员是负责检查公司账目、验证公司是否根据法律规定运营的专家。 240
经过一些备受媒体关注的案件之后,借鉴美国法经验,2003 年 8 月 1 日《金融安全法》对审计员职业进行了重大改革,并在《商法典》中引入一项名为"审计现代化"的强制性机制。该项法律由 2003 年 11 月 25 日第 2003 – 1121 号《关

---

① Crim. 3 mars et 23 avr. 1981, *D.* 1982. IR 77, obs. Pélissier.

② Crim. 29 mai 1990, *Bull. crim.* n° 218 et *RSC* 1991. 106, obs. A. Lyon-Caen.

于审计员的职业组织和职业地位法令》予以补充完成。因此,新法第 L. 821 - 1 条建立了隶属于司法部的最高审计委员会(Haut Conseil du com-missariat aux comptes);其后,2005 年 9 月 8 日法令授予其独立行政机构资格;从 2007 年 12 月 24 日《金融安全法》开始,该委员会成为“公共”机构。最后,2008 年 12 月 8 日法令已将关于审计员的欧洲指令转化成国内法,并对原来的法律条款进行了修订。

所有这些条款共同精确规定了审计员的组织、职业监管及其地位。特别值得注意的是,关于审计员纪律和纪律处分的最新重要规定(第 L. 822 - 6 条)。但是,2003 年 8 月 1 日《金融安全法》的立法创新并未涉及刑事处罚。先前的刑法规定源于 2001 年 5 月 15 日《新经济规制法》,在经过小幅修改之后,保留在“原则规定”的序言章节中。

尤其是第 L. 820 - 4 条至第 L. 820 - 7 条,这些条款对许多违反现行规范的行为规定了处罚,无论是审计员自身实施的行为(他们是这些犯罪的犯罪人),还是公司管理人实施的阻碍审计员履行职务的行为(他们是这些犯罪的受害人)。这些刑事处罚适用于所有已任命一名或多名审计员的公司,包括简易股份有限公司(第 L. 244 - 1 条)。

将账目和公司运营的监管委托给专业人士的作用是无可争辩的,因为股东通常不具备自行监管所必备的技能。同样,现在的趋势是审计员的职能大大扩展,已超越了传统的任务。比如,举报程序在预防和解决企业困难中发挥着积极作用。

我们先研究与任命审计员有关的犯罪(一),然后再研究与履行审计员职务有关的犯罪(二)。

一、任命审计员

241 关于任命,《商法典》规定有两项犯罪:未任命审计员和无视禁止执业规定而接受任命。此外,该法典还包括对其身份和职务的刑事保护规定。

(一)未任命审计员

242 1. 强制任命

任何股份有限公司均必须任命 1 名以上审计员(第 L. 225 - 218 条);若该

公司有义务发表合并账目,则必须任命2名以上审计员。虽然并不是所有简易股份有限公司在任何情况下都需要任命审计员,但是根据2008年8月4日《经济现代化法》第L.227-9-1条的规定,允许股东根据第L.227-9条规定的条件(符合公司章程规定)任命审计员。但是,第L.227-9-1条规定,如果简易股份有限公司超过法令规定的其中两项标准(资产负债总额、税后营业额或财政年度内的雇工人数),那么应当至少任命1名审计员。这些标准由2009年2月25日第2009-234号法令规定,该法令在《商法典》中引入第R.227-1条。当资产负债总额超出100万欧元、税后营业额超出200万欧元、财政年度内雇工人数超出20人时,应当适用该条款。但是,如果公司在审计员任期届满之前两个财政年度内未超出上述三个标准中两个标准的数额,那么该公司不必再任命审计员。

同样,原则上,有限责任公司并不需要任命审计员,而只有符合第L.223-29条规定的条件(第L.223-35条第1款规定的股东大会投票决定),才需要任命1名或多名审计员。大型有限责任公司(第L.223-35条)有义务任命审计员,即公司的资产负债总额、税后营业额或雇工人数中的两项超过第R.221-5条规定的标准。此外,即使没有达到这些标准,持有公司资本10%以上的一名或多名股东可以请求法院任命审计员。

该规定同样适用于普通合伙公司(第L.221-9条)。第R.221-5条规定的现有标准是:资产负债总额155万欧元、税后营业额310万欧元、雇工人数50人。2003年8月1日《金融安全法》将任命审计员的义务扩展到许多公共机构(第135条)以及接受一项或多项总额超过15.3万欧元补助金的协会(《商法典》第L.612-4条)。

2. 未任命审计员 243

第820-4条第1项(经2005年9月9日法令修订)规定,任何应当任命审计员法人或实体的管理人未任命审计员,均处以2年监禁和30 000欧元罚金。

该条规定并不要求故意要素,该条处罚的是企业管理人对其义务的疏忽或者拒不履行其义务。企业管理人必须“推进”审计员的任命,而任命决定应由股东大会作出(第L.225-228条)。

(二)禁止执业

244 2003年8月1日《金融安全法》对《商法典》中有关审计员的道德规范和独立性的规定进行了扩展,以限制利益冲突。这些条款主要是几项关于担任公开吸收公众存款法人的审计员,在履行职务的特定期限内禁止执业的规定。这些强制性条款整体已经并入新的第L.822-9条至第L.822-16条,从而废除了某些旧的法律条款。

第L.820-6条措辞宽泛,以避免立法改革的固有困难,该条规定,任何人,无论是以自己的名义还是以公司股东的名义,只要"无视法定执业禁止规定",接受、行使或保留审计员职务的,处以6个月监禁,并处7500欧元罚金。这些规定也适用于有限责任公司和共同名义公司任命的审计员(第L.820-1条)。因此,无论其违反的关于执业禁止的具体法律规定内容如何,都处以相同的刑事处罚①。

该罪是故意犯罪,对犯罪人明知审计员职务与其职务②属于执业禁止但仍予以兼任的行为,进行处罚。执业禁止的概念并非总是易于定义和具体适用的,这促使最高司法法院介入,进而为"法律上"的概念规定提供"判例上"的细节补充③。

(三)保护审计员的身份和职务

245 第L.820-5条规定,任何人实施以下两项犯罪,均处以1年监禁和15 000欧元罚金。第一项犯罪是使用审计员的名义或任何其他名义,旨在造成相似或混淆,未在执业名单中登记注册并宣誓就职。第二项犯罪是非法或违反禁止执业或暂停执业的规定,从事审计员职务。

二、行使职权

246 为使审计员在充分了解事实的情况下行使职权,法律通过授予其某些权

① 关于执业禁止的解释,见 Crim. 16 juin 2010, *Rev. sociétés* 2011.49, note H. Matsopoulou。

② 比如,被监管公司的注册会计师:Crim. 3 janv. 1983, *Rev. sociétés* 1984.114, note B. Bouloc; *JCP* 1983. Ⅱ. 20070, note Viandier; 24 janv. 1994, inédit, n° 93-80.832;或者被监管公司的法律顾问:TGI Paris 11e ch. 23 oct. 1978, *Rev. sociétés* 1979.352。

③ Crim. 16 juin 2010, *D.* 2010. Act. 1866, obs. Lienhard; *Rev. sociétés* 2011.49, note H. Matsopoulou.

利对其进行保护。与之对应,法律也赋予其某些义务;未能履行其义务,则对其作出刑事处罚。

(一)权利:作为犯罪被害人的审计员

审计员的权利包括获取信息的权利和参加股东大会的权利。 247

1. 妨碍行使职权

(1)事实要素 248

第 L. 820 - 4 条第 2 项(2005 年 9 月 8 日法令规定)处罚两种形式的妨碍审计员行使职权的行为。首先,该条款宽泛地规定对"审查或监管的妨碍"的定罪处罚。该条款的适用范围非常广,涉及法律赋予审计员的广泛的审查和监管任务。这些任务是他们在"每年中的任何时候"都执行的"常规任务"(第 L. 823 - 13 条和第 L. 823 - 14 条)。使用何种手段妨碍执行任务并不重要,它们可以纯粹是物理性的,如阻止审计员进入某些场所。

其次,该条更具体地处罚"拒绝当场提供用于行使职权的文件的行为",这些文件包括合同、账簿、会计凭证和会议记录汇编。对于判例法而言,无论使用何种手段(消极抵触或出示部分文件)均足以构成犯罪①。拒绝向审计员提供其所要求的文件也是如此。但是,第 L. 820 - 4 条第 2 项明确规定的只是"当场提供"②。另外,审计员应当具体指明其所要求的文件,因为无法拒绝"并未要求提供的文件",而且这些文件应当确实是用于行使法律条款中规定的审查和监管的职务。

(2)故意要素 249

第 L. 820 - 4 条第 2 项规定,对"实施"妨碍职务的行为或拒绝提供文件的行为定罪处罚。因此,该规定排除了简单的遗忘或疏忽,以便只处罚故意(或至少是明知)之人自愿实施的妨碍审查和监管的拒绝行为。行为人出于故意,可能会提供部分所要求的文件。犯罪人不得以与审计员私人关系恶劣为由,证明其行为具有正当性③。

---

① Rennes 30 sept. 1974, *Rev. sociétés* 1976. 521, note Mabilat.

② Crim. 11 mai 1981, *D.* 1982. 653, note B. Bouloc.

③ Paris 25 mars 1991, *Gaz. Pal.* 1991. 1. 367, note J. -P. Marchi.

250 (3)犯罪人

第 L. 820 – 4 条第 2 项不仅处罚法人的管理人,而且处罚“任何服务于‘需要有审计员的个人或实体’的个人或实体”,也就是说,那些持有信息和文件并有意拒绝提供的人员。但是,基层雇员遵照其直属上级的指示而拒绝提供的,不予处罚。但是,履行公司秘书长职责的雇员,在其停职处分被撤销后,阻碍审计员进入特定场所的,应当对其定罪处罚①。最高司法法院认为,尽管会计师事务所与公司管理人之间具有“重大分歧”,但是后者彻底拒绝提供所要求的文件不具有正当性。因此,该院判决,有限责任公司的经理构成主犯,公司注册会计师构成从犯②,处 5 年监禁和 75 000 欧元罚金。

2. 未召开大会

251 尽管第 L. 823 – 17 条规定,为批准上一财政年度的财务报表而召开的董事会会议和所有股东大会,均应当召请审计员参加。第 L. 820 – 4 条第 1 项,只对未召请审计员参加股东大会的行为进行处罚。

为使他们有足够的时间准备,第 R. 823 – 9 条规定,“最迟在召集股东自身之时”以附回执的挂号信方式召请审计员。

未召请审计员参加股东大会的犯罪是故意犯。这很容易接受,因为被告人由于其身份“必然”知道该领域应当如何行事。因此,对疏于履行其法定义务的公司管理人,处 2 年监禁和 30 000 欧元罚金。

(二)义务:作为犯罪行为人的审计员

252 在履行职责时,审计员可能会因普通犯罪作为主犯或共犯而受到起诉,比如,诈骗罪、伪造文件罪、隐瞒犯罪所得罪或滥用公司财物罪。审计员的身份不会影响犯罪构成要素,也不会影响其处罚。因此,我们只需参考本书关于上述犯罪的相关研究内容即可。另外,法律还包含一些特殊犯罪,只能由审计员在履行职责时实施③。

---

① Crim. 8 juin 1993, *Bull. crim.* n° 204; *Rev. sociétés* 1993. 860, note B. Bouloc.

② Crim. 12 sept. 2001, *Rev. sociétés* 2001. 859, note B. Bouloc.

③ 见 N. Stolowy, «La responsabilité pénale des commissaires aux comptes», *Rev. sociétés* 1998. 521。

1. 虚假信息罪

第 L. 820－7 条规定，任何履行审计员职责的个人提供或认可关于法人情况的虚假信息，应予处罚。关于股份有限公司的审计员的法律条款，同样适用于有限责任公司和普通合伙公司的审计员（第 L. 820－1 条）。 253

（1）事实要素 254

提供或认可关于公司情况的信息，是审计员的固有职责。许多法律条款都确认了这一点。某些条款的适用范围较为广泛，比如第 L. 823－9 条，要求审计员证明“公司年度账目合规、真实，并与公司经营成果相一致，以及会计年度结束时个人或公司的资产状况”。某些条款涉及一次性交易和限制性交易，例如，第 L. 225－26 条关于董事担保的股票的规定。

提供给审计员的信息必须真实准确，第 L. 820－7 条对虚假信息进行处罚。它包括两种情况：一是审计员在其制作的文件中“提供”此类信息；二是审计员“认可”公司提供的信息，例如，在其报告中批准不准确的资产负债表[①]。虚假信息的接收人并不重要。这些虚假信息最常误导的是股东、公司的合伙人或债权人。但是，法条的措辞非常笼统，也能对呈交共和国检察官的报告中虚假信息的放任行为定罪处罚[②]。没有任何法律条文将检察官排除在此类信息的接收人之外。

从形式上讲，提供或确认虚假信息所使用的手段并不重要。在大多数情况下，它涉及报告中的书面意见；但是，不能排除通过口头干预来认可董事会或股东大会中提供的信息。不过，该犯罪是否能够通过不作为来实施，是一个更加微妙的问题。第 L. 820－7 条处罚的似乎是作为犯。从表面上看，将其扩展至审计员对公司管理人在股东大会上提供虚假信息不予干预的行为，是有问题的。但是，反过来说，难道我们不能坚持认为，那些对虚假信息不予否认之人其实是通过沉默来认可这些信息吗？无论如何，如果信息中包含对违法行

---

① Crim. 12 janv. 1981, *Rev. sociétés* 1981. 612, note B. Bouloc; *D.* 1981. 348, note Cosson.

② Crim. 2 févr. 2000, *Bull. crim.* n° 56; *Dr. pénal* 2000. Comm. 91, obs. J.-H. Robert; *Rev. sociétés* 2000. 743, note B. Bouloc.

为的陈述,则审计员不能保持沉默(见第 258 段),并应当向共和国检察官举报[①]。

因此,能够以这些法条中规定的定罪处罚程序对审计员进行起诉,他们将以独立的特殊犯罪的主犯被定罪处罚。但是,我们发现,审计员往往作为诈骗罪的共犯受到起诉,诈骗罪的主犯是公司管理人,该公司的账目被虚假地和有意地证明是真实准确的(见第 52 段中引用的判例)。

255　(2)故意要素

第 L. 820－7 条只处罚审计员提供或确认在公司任职过程中所明知的虚假信息的行为。实际上,对该明知的证明几乎没有什么困难,因为它直接来自已被确认的事实:证明资产负债表合规、真实,尽管明知其虚假性,仍然参与编制[②]。对此,最高司法法院认可事实审法官非常广泛的自由裁量权[③]。无论如何,审计员很难证明其对此不明知(善意),因为他必须承认无法发现自己完成核查任务而应当发现的内容,他的调查没有成功,因此不得不以其专业低能来为自己开脱。

256　(3)处罚

第 L. 820－7 条规定,该罪处以 5 年监禁和 75 000 欧元罚金。如果犯罪行为给公司造成损害,那么公司有权对审计员提起附带民事诉讼[④]。同样,因执行计划而对审计员提起附带民事诉讼,也是可以受理的[⑤]。另外,违约公司的债权人也可以对审计员提起附带民事诉讼,只要该公司的不实账目得到其虚假证明,并且根据相关情节能够判断原告人所受损害与犯罪行为之间具有联系[⑥]。

该罪的诉讼时效是从犯罪行为实施之日起 3 年,从向股东发布或提供年度账目中的虚假文件之日起计算。因为,从该日起,他们就能够发现犯罪行为[⑦]。

---

① Crim. 8 avr. 1991, *Bull. crim.* n° 166.

② Crim. 2 mars 1983, *D.* 1983. IR 476.

③ Crim. 14 janv. 1980, *Bull. crim.* n° 21.

④ Crim. 14 janv. 1980, préc..

⑤ Crim. 27 nov. 1997, *Bull. crim.* n° 405; *Rev. sociétés* 1998. 596, note-critique-de B. Bouloc.

⑥ Crim. 3 avr. 1995, *Dr. pénal* 1995. Comm. 286; 13 févr. 1997, *Bull. crim.* n° 61; 6 sept. 2000, *Dr. pénal* 2001. Comm. 19, obs. J. -H. Robert.

⑦ Crim. 2 févr. 1997, *Rev. sociétés* 1997. 572, obs. B. Bouloc.

2. 未披露犯罪行为

第 L. 820 – 7 条规定,对审计员就其在履行职责过程中获知的犯罪行为未向检察官披露的,处以与上述相同的刑罚(5 年监禁和 75 000 欧元罚金)。该条规定赋予审计员特定的披露义务,若不履行该义务,则处以刑事处罚。但是,适用该规定带来了诸多难题。 257

(1)未披露和职业秘密。由于其所接触文件的秘密性,第 L. 820 – 5 条末尾规定,审计员必须根据第 226 – 13 条和第 226 – 14 条规定的条件,严格遵守职业秘密。但是,职业秘密不是绝对的,在多数情况下,它似乎是“相对的”。因此,第 L. 823 – 12 条第 1 款规定,审计员应当在下届股东大会中指出其履行职务过程中发现的不合规和不准确之处;第 2 款规定,审计员向共和国检察官披露其所知的犯罪行为的,不因其披露而承担任何责任。在这两种情况下,他们保持沉默的义务必须服从于法律对其赋予的说明义务。此外,第 L. 821 – 12 条规定,在接受检查和监督时,审计员应当提交其被要求提交的信息和文件,“不得以职业秘密进行对抗”。因此,披露违法行为的义务和遵守职业秘密的义务之间的和谐往往是难以实现的①。 258

但是,该披露义务并不适用于公司的注册会计师。他们如果向检察官披露违规之处(就算披露的是真实情况),也可能因违反职业秘密而受到处罚②。该披露义务只针对审计员,只由他们来判断是否需要披露。该判决因其他原因被驳回,但是,最高司法法院刑事法庭明确采纳巴黎大审法院的适用原则③。

(2)认识到犯罪行为。未披露犯罪的先决条件是确实存在审计员认识到的犯罪行为,在确定未披露犯罪之前,必须明确该违法犯罪行为的具体情况。 259

①存在犯罪行为。因为这涉及犯罪构成要素的确定,所以必须严格适用

---

① 关于该问题的整体讨论,见 J. Lasserre Capdeville, «Le délit de violation du secret professionnel des commissaires aux comptes: une infraction aux contours imprécis», *Lamy Dr. pén. affaires* mai 2012. 117。

② Paris 9e ch. B 29 mars 1990, *Gaz. Pal.* 1990. 2. 511, note J. -P. Marchi.

③ Crim. 17 juin 1991, *Dr. Pénal* 1991. Comm. 316 et *Gaz. Pal.* 1992. 2. 660, note J. -P. Marchi: 该案因对犯罪的事实要素和故意要素缺乏充分说明而被驳回。

法律的规定。审计员仅有义务披露可能构成刑事犯罪的行为，即直接影响公司的账目和资产状况的行为，而无论是普通犯罪（伪造文件罪、诈骗罪）或者更常见的公司法中的特殊犯罪（滥用公司财物、信用、权力或虚假股息等），还是关于公司组织和管理的犯罪。

②知道犯罪行为。当然，审计员仅应披露其在履行职责时认识到的犯罪行为。与前文相似，存在两个难题。

首先，认识到事实行为。在该领域，判例法对审计员职业要求非常严格，他们不能满足于公司管理人使其获知的内容。法律要求他们主动进行审查和监察，寻找向其隐瞒的内容，并要求递交所有文件；拒绝出示文件的行为本身，将根据第 L. 820-4 条第 2 项的规定，处以妨碍行使职权罪（见第 248 段）。

因此，他们很难以不知道公司内部实施的犯罪行为为由而逃脱追诉。法院通常会以被告人作为知识渊博或经验丰富专业人士和公司法专家的身份，来说明其有罪判决的理由[①]。

其次，构成犯罪行为。虽然某些行为毫无疑问构成犯罪，而某些行为似乎并非必然应当受到刑事处罚，现实中许多公司活动都属于这个充满疑问和不确定性的中间状态。当然，审计员不能仅凭其简单的印象就进行披露。但是，在这个领域，判例法同样也因公司法专业人员身份而处罚他们没有披露其知道或应该知道的构成犯罪的行为，尽管是否构成犯罪也无法具体确定[②]。而且，只要该行为无可置疑地是违法的，即使对该行为能否确切构成犯罪存在疑虑，也不能成为未对该行为进行披露的审计员无罪的理由。若检察官决定对其提起公诉，则应当由刑事审判机关确定该行为是否构成犯罪。

260 （3）未披露。界定不作为犯的事实要素一直是个难题，对此，法律也没有具体明确的规定。判例法显示，审计员有义务在得知犯罪行为后立即披露，迟延披露并不能使其免受起诉。具体情况则由事实审法官自主判断。比如，在信息公开后才向检察官披露，就属于迟延[③]。因此，在审计员认识到犯罪行为为

---

① Crim. 8 févr. 1968, *Bull. crim.* n° 42; T. corr. Paris 14 janv. 1981, *Gaz. Pal.* 1981. 1. 190.

② Crim. 15 sept. 1999, *Bull. crim.* n° 187; *Rev. sociétés* 2000. 353, note B. Bouloc.

③ Crim. 8 févr. 1968, préc..

之日却不予披露,则构成该罪。原则上讲,他是该罪的主犯。但是,他有时会因公司管理人实施的犯罪而作为共犯受到起诉,比如,尽管知道风险准备金不足,仍然出具账目审核证明[1]。

(4)故意要素。毫无疑问,该犯罪要求具有犯罪故意,在判例法上即为恶 261
意。法律不处罚轻忽,该条处罚的是审计员真正拒绝披露其所知道某些具有犯罪性质的行为。判例法在这方面显示出一定的严厉性。最高司法法院毫不犹豫地对事实审法官不处罚被告人的裁决进行审查,只要该院认为,法院已经查明被告人在其职务范围内“必然”认识到可能构成刑事犯罪的违规行为[2]。

披露义务是强制性的,审计员不必预先判断披露的后果,也不必判断披露的时机[3]。如果出现法律认识错误,即该行为是否构成刑事犯罪,通常不会追究,因为这与被告人的能力和知识不符。

(5)处罚。第 L.820-7 条规定,该犯罪处以 5 年监禁和 75 000 欧元罚金。 262
如果审计员故意参与犯罪行为,则他可能同时因该犯罪行为的共犯和未披露该犯罪行为而被起诉并定罪[4]。

股东原则上不能因直接的个人损害,对审计员提出附带民事诉讼[5],也不能因其披露而要求其承担责任。如果没有因犯罪行为而遭受损害,那么股东也不能成为附带民事诉讼的当事人[6]。但是,如果公司的债权人因向其出具的不实账目和未披露犯罪行为而遭受直接的个人损害,那么,他们可以成为附带民事诉讼的当事人[7]。

(6)追诉时效。审计员应当在知道犯罪行为后立刻进行披露,因此知道犯 263

---

① Crim. 8 mars 2006, *Rev. sociétés* 2006. 885, note B. Bouloc.

② Crim. 25 févr. 2009, *Dr. pénal* 2009. Comm. 69, note J. -H. Robert.

③ Paris 19 nov. 1981, *Rev. sociétés* 1982. 532, note du Pontavice et Crim. 6 déc. 1982, *Rev. sociétés* 1984. 530.

④ Crim. 9 févr. 2005, *Bull. crim.* n° 45; *Rev. sociétés*, 2005. 673, note B. Bouloc:本案中,构成滥用公司财物罪的共犯。

⑤ Crim. 24 janv. 1978, *Bull. crim.* n° 28.

⑥ Crim. 29 janv. 1960, *JCP* 1961. Ⅱ. 12136, note Bouzat.

⑦ Crim. 8 mars 2006, préc..

罪行为之日就是诉讼时效的起算点①。如果存在隐瞒行为,那么审计员认识犯罪行为的日期可能延迟,但是必须由审计员举证证明。否则,起算点最迟应当从审计员出具账目证明之日起计算②。

3. 其他犯罪

264 在上述两项主要犯罪之外,还有若干条款规定其他补充犯罪,这些条款要求审计员承担某些义务,违反这些义务则处以刑事处罚。这些条款有些规定于《商法典》之中,有些则规定在该法典之外的其他法律之中,绝大多数条款处罚的也是虚假信息或不作为。本部分,我们将研究一些重要的示例规定,而不是事无巨细地列明每个条款。

265 (1)虚假信息

①取消优先认购权。为了保护老股东,第 L. 225 – 132 条授予他们增资发行的现金股份,根据其股份比例,享有优先认购权。但是,股东会议可以在董事会报告和审计员报告中决定取消该优先认购权(第 L. 225 – 135 条),审计员的报告应当证明董事会关于取消该优先认购权提案的报告内容“准确、真实”(第 R. 225 – 114 条)。

第 L. 242 – 20 条规定,公司总裁、董事或审计员在股东大会上出示的“决定取消股东优先认购权”的报告中提供或认可不准确信息的,处 2 年监禁和 18 000 欧元罚金。与第 L. 820 – 7 条规定的普通犯罪一样,该条款的措辞也提出了一个疑问,即审计员对某些信息的不作为是否可以等同于提供不准确的信息——沉默和认可一样具有欺骗性。但是,最高司法法院倾向于持否定态度③。

②接受司法监督。1983 年 1 月 3 日《投资发展和储蓄保护法》的相关条款已被纳入《货币和金融法典》,具体规定为,若公开吸收公众存款的公司提议第三方购买人寿年金或获得动产和不动产,则应接受司法监督。尤其是,《商法

① Crim. 10 avr. 2013, n° 12 – 82. 351.

② Crim. 9 mars 1999, *Bull. crim.* n° 32; *Rev. sociétés* 1999. 650, obs. B. Bouloc; *RSC* 2000. 416, obs. J. -F. Renucci; 24 mars 1999, *Bull. crim.* n° 53.

③ Crim. 27 févr. 1978, *Rev. sociétés* 1978. 496, note B. Bouloc; *Bull. crim.* n° 76.

典》第 L. 550–4 条要求公司管理人在每个会计年度结束时，制定“由审计员确认其真实性和合规性”的资产负债表和损益表。《货币和金融法典》第 L. 573–8 条规定，任何人（包括条文中明确规定的审计员）违反第 L. 550–4 条规定的义务，处以 5 年监禁和 18 000 欧元罚金。

（2）不作为 266

①接受司法监督。《货币和金融法典》第 L. 550–5 条要求审计员向检察官披露其在履行职务时认识的犯罪行为，他们不会因披露而承担法律责任。若未披露，则依据《商法典》第 L. 573–8 条的规定予以处罚。

②超出重要股份的标准。《商法典》第 L. 233–6 条确定重要股份的标准（1/20、1/10、1/5、1/3 或 1/2），若任何自然人或法人在某公司的持股超出该标准，则有权获知特定数量的通知或信息（关于该问题的整体性讨论，见第 3 卷“与上市公司有关的犯罪”第 516 段）。

此外，若超出该标准，则对审计员赋予特定义务，未履行该义务则应当受到刑事处罚。首先，第 L. 247–1 条第 3 款规定，审计员未在其提交给股东的年度报告中说明上述事项，则处以 2 年监禁和 9000 欧元罚金。另外，第 L. 233–13 条要求审计员在其报告中，说明持有上述股份的自然人身份、控股公司的名称及其所持有公司的资本份额。第 L. 247–2 条规定，审计员未在报告中作出上述陈述的，处以 18 000 欧元罚金。

第二章　滥用公司财物罪

267 1935年8月8日法令规定了滥用公司财物、信用或权力罪。该规定旨在弥补当时刑事处罚规范的不足,因为若干政治—金融丑闻事件已经表明这一不足之处的严重性。因为没有特殊罪名规定,所以必须诉诸背信罪,该罪的事实要素是挪用或挥霍行为,但是该罪规定无法囊括公司管理人实施的损害公司利益的多种形式的滥用行为。的确,《刑法典》改革时对背信罪定义的修改已经大大改变了该问题的背景,以致有些论者怀疑滥用公司财物罪的具体罪名规定如今已经成为"无用之罪"①。

无论如何,滥用公司财物罪是公司刑法中最常见的罪名。近年来,在不断出现的各类热点的政治—金融"事件"中,它一直备受关注。关于该犯罪,已经有非常丰富的判例法。在不断的争议中,该犯罪的构成要素得到充分讨论,进而明确了法律条款的适用范围。另外,定罪处罚条款使用了特别模糊和灵活的概念,例如,企业"利益"或个

---

① 关于该问题,见第70段;A. Médina,*Abus de biens sociaux*,Dalloz Référence,2001;Crim. 24 févr. 2010,*D.* 2010. 710;*Rev. sociétés* 2010. 598,note B. Bouloc。

人“目的”,而没有使用“企业目标(objet social)”这个更为严格并由章程明确规定的概念。

对于某些人而言,该判例只是显示出法官解释法律并使其适应时代需求的能力。就此而言,非常明显的是,如今商业公司的运营环境已经与1935年时的经济、政治和社会环境完全不同。因此,现代的判例只是反映出犯罪范围的合理演变。

对于其他人而言,这种采取广义解释的判例法违反了刑法的严格解释原则(《刑法典》第111-4条)。他们批评道,这是以滥用的方式对滥用公司财物罪进行的“妨碍”或“偏移”。然而,库隆先生主持的工作组提交的《经济领域非刑事化》报告,并不认为该现象会消失。

所以,是简单的适应,还是真正的偏移?下文,我们通过分别研究犯罪的构成要素(第一节)及其处罚(第二节)进行探讨。

第一节　滥用公司财物罪的构成要素

滥用公司财物罪的刑事起诉具有自主性。滥用公司财物罪通常出现在向 268
商业法院提起的诉讼程序过程中。刑事法庭从未停止重申:刑事法官享有对犯罪事实及其是否构罪进行解释的自主权。商事法院的判决,对刑事诉讼程序不具有影响力。刑事法庭毫不犹豫地驳回“仅仅依据商事法庭的判决内容[①]或以涉案问题属于商事法官的专属管辖权为由”所作出的无罪判决[②]。

对于有限责任公司(第L.241-3条第40项和第50项)和股份有限公司(第L.242-6条第30项和第40项),立法者对该罪的定罪处罚条款规定相同。从这些法律条款来看,该罪应当同时包括4个要素:使用财物、信用或权力的行为(一)、违背公司利益的行为(二)、为了个人利益而实施的行为(三)、基于恶意而实施的行为(四)。

---

① Crim. 5 mai 2014, n° 13-81.275; *Juris-Data* n° 2015-003823.

② Crim. 5 mars 2014, n° 13-80.350; *Juris-Data* n° 2015-003822.

一、使用公司财物、信用或权力的行为

1. 使用的概念

269 当然,立法机关想要惩罚那些直接挪用公司财物的行为以及将公司财物作个人之用的行为。但是,使用的概念并不一定意味着占为己有(appropriation),也不一定意味着将公司财产转移给不诚信的公司管理人①。使用,是指利用(se servir),即使是打算归还的暂时使用。它是指使用公司的贷款、预付款、车辆、住房并从中获益,以及为个人利益而予以不当使用。

原则上,使用似乎表示实施违背公司利益的积极作为。但是,很明显,不作为或者疏忽也能给公司的利益造成损害。所以,是否可以将不作为纳入使用的概念之中呢?对判例法的研究表明,它并没有给出确定的答案,而是根据滥用行为与公司的财物、信用或公司管理人的权力的关系,予以区分②。但是,无论如何,滥用行为在决策之日起即实施完毕,哪怕其执行或安排事后受到干预,也不影响犯罪的成立③。比如,提供礼物或旅行就是如此,因为这些只有在受益人使用之后才会确定价格。④

2. 使用的内容

270 (1)使用财物

公司财物包括构成公司资产的所有动产和不动产:设备、家具、无形资产、债权、租金、专利等。无论公司是这些财物的所有人,还是承租人或保管人,都不重要。在这方面,法律条款没有规定任何限制或保留。因此,企业管理人将公司建筑设备或维修设备用于个人住宅,则构成滥用公司财物罪。公司支付报酬的雇员将上述设备作个人之用,则构成另一种形式的滥用公司财物罪。

---

① Crim. 8 mars 1967, *D.* 1967. 586, note Dalsace.

② Crim. 28 janv. 2004, *Rev. sociétés* 2004. 722, note B. Bouloc; *Bull. Joly* 2004. 861, note J. -F. Barbieri; D. Rebut, «L'abus de biens sociaux par abstention», *D.* 2005. Chron. 1290.

③ Crim. 6 févr. 1997, *Bull. crim.* n° 48; *Dr. pénal* 1997. Comm. 61, 63 et 70; *D.* 1997. 334, note J. -F. Renucci; *JCP* 1997. Ⅱ. 22823, note M. Pralus; *Rev. sociétés* 1997. 146, note B. Bouloc.

④ 关于该问题的整体介绍,见 Crim. 16 mai 2012, D. 2012. 1698, obs. C. Mascala; Dr. pénal 2012. Comm. 104, obs. J. -H. Robert; RTD Com. 2012. 565, obs. H. Matsopoulou; RTD Com. 2012. 631, obs. B. Bouloc。

使用上述财物必然意味着做出积极行为,例如,将子公司中尚未付款且未支付利息的卖方信用证券转让给另一家公司①,或将公司财物捐赠给家人并使公司破产②。不作为或疏忽,即使违背公司利益,也不构成使用③。

(2)使用信用 271

公司的信用是公司的财务地位、借款能力、担保能力和保证能力。它也是公司的信誉以及人们对公司的信任。违背公司利益使用公司信用,就是要公司承担其不应承担的风险④,比如,公司管理人在与公司活动不相关的票据(un effet)上签名⑤或者公司管理人签名为个人债务提供担保,进而使公司承担责任⑥。

违背公司利益使用公司信用的特征是,公司管理人使公司承担非常规风险,以及公司管理人实施由公司承担后果的非常规行为。因此,尽管该风险最终没有发生,或者该操作最终使公司获益,该行为都构成犯罪。同样,哪怕管理行为由股东事先授权或事后批准,都不能否定该行为构成犯罪⑦。

(3)使用权力 272

这里的权力是指法律或公司章程赋予公司管理人的权力。我们不应当将此处的权力与公司股东赋予公司管理人的空白代理"权"相混淆,当然,对该权力的滥用也由第 L. 242-6 条第 4 项进行定罪处罚(参见第 220 段)。

因此,使用这些权力是向公司雇员下达命令,以为其个人利益完成相关工作,这些雇员是公司管理人的下属,因此必须服从其命令。在大多数情况下,使用权力同时涉及使用公司财物,因此该违法行为会对公司造成损害。例如,

---

① Crim. 24 févr. 2010, *Rev. sociétés* 2010. 598, note B. Bouloc.

② Crim. 5 déc. 2012, *LPA* 5 avr. 2013, n° 69, p. 17, note M.-E. Boursier.

③ Crim. 24 avr. 1984, *D.* 1984. 508:在该案中,不作为是指在合同协议取消后,未向对方公司追索其不当获利的行为。

④ Crim. 16 janv. 1964, *JCP* 1964. Ⅱ. 13612, note J.-R.; 8 déc. 1971, *Rev. sociétés* 1972. 514, note B. Bouloc.

⑤ Crim. 10 nov. 1964, *D.* 1965. 43; 16 déc. 1970, *JCP* 1971. Ⅱ. 16813, note B. Bouloc.

⑥ Crim. 10 mai 1955, *D.* 1967. 586, note Dalsace.

⑦ Crim. 8 mars 1967, *D.* 1967. 586, note Dalsace.

使公司直接与其个人控制的公司订立合同，而未与其他公司竞争①。但是，某些滥用权力行为可能不会对公司造成直接损害。② 股份有限公司的首席执行官进行“不公平的损害性的兼并”，未给公司带来任何经济利益，但有利于其本人以及与其利益相关的其他公司，这也构成了权力滥用③。例如，某公司的首席执行官罢免反对取消首席执行官薪酬上限的薪酬委员会成员，并另行组织遵从其意愿（增加薪酬、遣散费和股票期权的分配）的委员会④。

与滥用财物必然涉及实施积极行为不同，滥用权力可能源于不作为。正如最高司法法院所言，公司管理人拒不使用其应当使用的权力也是滥用。例如，公司总裁未向其利益相关公司追索其任职公司到期的货款⑤或为个人利益放弃公司应当获得的补偿金⑥。

二、违背公司利益的行为

273 只有符合第 L. 241－3 条和第 L. 242－6 条要求的违背公司利益，使用公司财物、信用或使用公司管理人的权力才应受到惩罚。因此，适用上述条款的前提是对公司利益进行定义。但是，根据涉案公司是独立公司或公司集团，公司利益可能并不完全相同。

（一）关于独立公司

1. 原则

274 在这方面，法条规定得非常清楚：滥用公司财物罪处罚的只是违背公司利益的行为。刑法应当进行严格解释（《刑法典》第 111－4 条），因此，刑事法官只有审理查明被起诉的被告人“明知违背其所管理的公司的利益，仍然实施使

---

① Crim. 23 janv. 1963, *JCP* 1963. Ⅱ. 13312.

② Crim. 19 nov. 1979, D. 1980. IR 378, note Vasseur.

③ Crim. 10 juill. 1995, *Bull. crim.* n° 253; *JCP* 1966. Ⅱ. 22572, note J. Paillusseau.

④ Crim. 16 mai 2012, *Dr. pénal* 2012. Comm. 104, note J.-H. Robert; *D.* 2012. 1698, obs. C. Mascala; *RTD com.* 2012. 631, obs. B. Bouloc; *RSC* 2012. 565, obs. H. Matsopoulou.

⑤ Crim. 15 mars 1972, *Rev. sociétés* 1973. 357, note Bouloc.

⑥ Crim. 28 janv. 2004, *Rev. sociétés* 2004. 722, note B. Bouloc. 整体性介绍，见 D. Rebut, «L'abus de biens sociaux par abstention», *D.* 2005. Chron. 1290 et Crim. 31 mai 2012, *Rev. sociétés* 2013. 47, note H. Matsopoulou。

用行为”,才能对其处以滥用公司财物罪。最高司法法院会定期重申该原则①。在该案中,该院认为行为人仅仅为另一公司利益而使用公司抬头信笺,并不违背该公司的利益。当有限责任公司的经理在往来账户中提取款项时,也是这种情况,只要其往来账户中的借款金额等于提取金额即可②。

但是,该原则的适用引起一个问题。对于该问题,近年来,最高司法法院的辩论和判例正在不断变化发展之中。该问题就是:所实施的违法行为是否必须使公司面临刑事诉讼或税务诉讼(poursuite fiscale)才能算是违背公司利益呢?

经过几番犹豫之后,最高司法法院的判例似乎采纳了肯定回答。该院认为,以犯罪为目的而使用公司资金,无论其带来的是何种短期利益,都是违背公司利益的,“因为该行为将法人暴露于针对法人自身及其管理人的刑事处罚或税务处罚的非常规风险之中,并损害法人的信用和声誉”。将公司暴露于刑事或税务风险之中难道不是实施非法目的的行为吗?这是最新判决的明确解决方案③。最新的判决考察的是,尽管没有刑事诉讼,也有可能损害公司声誉的行为。简言之,公司的短期利益无法弥补长期性的严重的或非常规的风险,因此,整体而言,该操作必须被视为违背公司利益④。

2. 实施

在法律没有明确定义公司利益的情况下,应由刑事法官(并仅由刑事法官)评估案情,并确定诉讼所涉及的行为是否违背公司利益。的确,我们不能仅仅局限于评估公司管理人本身应当做出的行为,因为这恰恰是提交给刑事法官争论的重点。至于公司股东对公司管理人的事前批准或事后批准,都不 275

---

① Crim. 24 sept. 2008, *Rev. sociétés* 2009. 648, note B. Bouloc.

② Crim. 14 nov. 2013, *Rev. sociétés* 2014. 325, note B. Bouloc.

③ Crim. 14 mai 2003, *Bull. crim.* n° 97; *Dr. pénal* 2003. Comm. 99, note J. -H. Robert; *Gaz. Pal.* 2004. 2873, obs. M. -C.; 22 sept. 2004, *Dr. pénal* 2004. Comm. 178, note J. -H. Robert; *RSC* 2005. 315, note D. Rebut.

④ Crim. 22 oct. 2008, *Rev. sociétés* 2009. 405, note B. Bouloc; 8 avr. 2010, *Dr. pénal* 2010. Comm. 82, note J. -H. Robert: 支付佣金回扣。

会对公司管理人的行为产生任何正当化效果①。但是,通过区分争议行为是否属于公司章程中规定的公司目标,来对公司利益的概念进行分析很有意义,前提是要进行一些调整。

276 (1)关于不属于公司章程的行为

原则上,这种行为是非常可疑的。如果该行为给公司造成不当负担,则很容易被视为违背公司利益。与公司目标完全无关的行为无疑是应受处罚的,因为这些行为就是直接提取公司资金、使公司承担管理人个人支出或为其个人债务担保等真正意义上挪用公司财物的行为②。比如,一人有限责任公司(EURL)管理人雇用一名私家侦探来监视其配偶,并通过以公司名义开立的银行账户支付报酬,就是这种情况③。

但是,这种解决办法不能推而广之。因为这意味着将上述行为推定为违背公司利益的行为,而这种推定是非常难以推翻的。因此,如果股份有限公司的首席执行官通过公司购买两套公寓并出租给自己及其母亲,该行为显然不符合"花边和刺绣贸易公司"的公司目标。但是,如果发现租金确实为公平价格,且该公司收到对价,那么该行为不违背公司利益。此外,只要发现涉案行为违背公司利益的动机不足,最高司法法院就极大可能撤销"该行为构成滥用公司财物罪"的判决④。

相反,有限责任公司的经理以并不过高的价格向该公司出租其所拥有的房屋,则构成滥用公司财物罪,因为该租赁给公司造成高额成本,加剧了该公司本已沉重的财务负担。因此,这是"不必要"的租赁⑤。

277 (2)关于属于公司目标的行为

原则上,该类行为不应受到怀疑,也不应视为违背公司利益。但是,在这

---

① Crim. 8 mars 1967, D. 1967. 586, note Dalsace; 19 mars 1979, Bull. crim. n° 112; 30 sept. 1991, Rev. sociétés 1992. 356, note B. Bouloc.

② Crim. 10 mai 1955, *Bull. crim.* n° 234.

③ Crim. 20 févr. 2002, *Bull. crim.* n° 37; *Rev. sociétés* 2002. 546, note B. Bouloc.

④ Crim. 24 oct. 1996, *Dr. pénal* 1997. Comm. 41, note J. -H. Robert; *Rev. sociétés* 1997. 373, note B. Bouloc; *JCP E* 1998. 266, obs. J. -F. Renucci.

⑤ Crim. 12 sept. 2001, *Dr. pénal* 2002. Comm. 6, note J. -H. Robert.

方面，判例法也没有将该规则视为绝对原则。判例法认为，某些行为属于公司目标，但是，如果会给公司带来不利影响或使公司遭受不必要或过度的风险，那么就是违背公司利益的。因此，尽管根据第 L. 225－43 条授权信贷机构按照常规条件向其管理人发放贷款，也可能构成违背公司利益的行为①。该判例法的实施带来许多困难。我们应该考查简单的管理风险，还是仅考察已经造成的损失？我们应当何时开始评估犯罪行为的非常规性或不合理性？

如果我们承认公司的管理和经济活动几乎总是包含一定程度的风险，那么，回答这些问题就显得不那么容易了。判例法仅仅局限于相当客观的标准，以便具体评估各种情形：涉案公司的对价和实际可能性。因此，在关于“威洛（Willot）案”的一项裁决中，巴黎轻罪法庭认为，“对公司而言风险太大无足够对价，与其实际可能性不成比例”②。

刑事法庭则再次重申，使用权力行为的滥用性，必须参照所实施行为的非常规性和对公司造成的风险来分析。例如，使公司面临与市场固有常规风险不同的风险之中③。因判决被驳回，上诉法院最终改判公司管理人无罪，该院认为他没有违背公司利益使用权力，因为他没有使公司承担“非常规风险”④。这种非常规风险的标准既可以适用于判断使用权力的情形，也可以适用于使用公司财物或信用的情形。比如，某公司的收购方通过开具该公司的支票来支付转让价格，就是这种情况⑤。

因此，最高司法法院对“不公平的、损害性的对公司没有任何经济利益的兼并行为”进行处罚⑥。但是，偿还公司债务，即使是遭遇财务困境的公司，都

---

① D. Re but, *Gaz. Pal.* 2001. Doctr. 1298.

② T. corr. Paris 16 mai 1974, *Gaz. Pal.* 1974. 2. 756; *D.* 1975. 371.

③ Crim. 16 janv. 1989, *D.* 1989. 495, note Cosson; Cass. 24 févr. 1987, *Gaz. Pal.* 1987. 1. 252, note Marchi; *Gaz. Pal.* 1989. Somm. 283, obs. Doucet.

④ Versailles 11 oct. 1989, *Gaz. Pal.* 1991. 1. 367, note Marchi.

⑤ Crim. 8 nov. 2006, *Rev. sociétés* 2007. 374, note B. Bouloc.

⑥ Crim. 10 juill. 1995, *Bull. crim.* n° 253; *JCP* 1996. Ⅱ. 22572, note J. Paillusseau.

不构成滥用公司财物罪①。公司经理向往来账户付款,也是这种情况②。最后,需要分析的重要问题是举证责任承担。应当由检察官证明被告人的行为违背公司利益,还是由被告人提供证据证明其行为符合公司利益?在涉案行为性质存疑时,最高司法法院似乎要求被告人承担证明使用公司支付的资金的正当理由,并指明该笔款项的确切用途③。

(二)关于公司集团

278 1935年立法性法令(décret-loi)*规定的犯罪是为各自独立的公司设立的。但是,从20世纪60年代开始,我们倾向于高度集中化,最终形成了基于经济利益和财务利益而建立的公司集团。这种运动是不可抗拒的,无论是在国内层面还是在国际层面都已发生,这促使我们对公司利益概念重新进行思考。

第L. 233-1条定义了一家公司的“子公司”的概念,而《商法典》中并未定义“公司集团”的概念。因为它似乎很难定义,所以只能适用《劳动法典》第L. 2335-1条,该条参照《商法典》第L. 233-1条和第L. 233-3条的规定确定了成立“集团委员会”的条件。最高司法法院认为,这个问题应当由事实审法官自主评判④。但是,每个人都同意:尽管没有具体的法律框架,它确实是一项经济现实、社会现实和财务现实。集团中的每个公司都保持其法律独立性,但都遵循一个经济决策。而使用一家已经停止所有活动的公司的资金组成一个不具有法人资格的协会,显然并不是这种情况⑤。

但是,如果是在毫无争议地属于同一集团的几家公司之间进行交易,那么应当就各个相关公司的利益还是公司集团的总体利益来评估合法性呢?事实

---

① Crim. 14 juin 1993, *Rev. sociétés* 1994. 90, note B. Bouloc:本案中,是一人有限责任公司。

② Crim. 8 sept. 2010, *Dr. sociétés* 2011. Comm. R. Salomon; *Lamy Dr. pén. affaires* avr. 2011. 63, obs. J. Lasserre Capdeville.

③ Crim. 28 nov. 1994, *D.* 1995. 506, note J.-F. Renucci; *Rev. sociétés* 1996. 105, note B. Bouloc; *Dr. pénal* 1995. Comm. 70 note J.-H. Robert:非常高额的任务费和接待费但无受益者的证明。Crim. 11 janv. 1996, préc.:由公司账户支付的秘密款项。

* 立法性法令指具有法律效力的政府法令,此处即1935年10月30日立法性法令。——译者注

④ Crim. 16 janv. 2013, *Rev. Sociétés* 2013. 710, note M.-E. Boursier.

⑤ Crim. 19 oct. 2005, *Bull. crim.* n° 261; *Rev. sociétés* 2006. 155, note B. Bouloc.

审法官采纳了第二种解决方案，随后最高司法法院在里程碑意义的1985年2月4日判决中也采纳了该种解决方案①。

最高司法法院的论述如下：为了避免出现第L. 241－3条第4项和第L. 242－6条第3项规定中的情形，公司管理人给同一集团的另一家公司作出的财务贡献，“必须由共同的经济、公司或财务利益来决定，应当根据整个集团制定的政策进行评估，不得要求相关公司承担无对价责任，不得破坏相关公司各自责任之间的平衡，不得超出相关公司的财务状况要求其承担费用”。最高司法法院不断重申上述观点②。

因此，最高司法法院认为，同一集团内公司之间的合法经营活动应当符合如下三个条件：它们确实存在于一个集团之中；该行为确实符合集团利益；该行为不会使集团中的某家公司牺牲过大，避免危及其未来发展。事实审法官迅速采纳最高司法法院的论述，承认在具有共同的商业利益和金融利益的情况下，向其他公司预支现金的合法性③。

最高司法法院对事实审法官的判决和理由实行严格监管，将集团利益的概念限制在旨在防止滥用的狭窄范围之中。因此，当公司仅通过“文字游戏”（jeux d'écriture）相互关联，公司之间的竞争仅通过专门用于现金转移的“虚拟合同”来实现，却没有真正的集团政策，就不存在公司集团④。当公司之间是为了制造账目混乱而“根据情况”进行交易时，也是如此⑤。因此，在审理查明涉案的交易不符合集团利益，并且使某家公司承担超出其财务可能性的费用负担之后，该院判决构成滥用公司财物罪⑥。

这项判例承认公司集团和集团利益的存在，允许一家蓬勃发展的公司帮

---

① *Gaz. Pal.* 1985. 1. 377, note Marchi; *D.* 1985. 478, note Ohl; *JCP* 1985. 11. 14613, note W. Jeandidier; *Rev. sociétés* 1985. 649; note B. Bouloc.

② Crim. 4 sept 1996, *Bull. crim.* n° 314; *Rev. sociétés* 1997. 365, note B. Bouloc; Crim. 30 mars 2007, *Bull. crim.* n° 86.

③ Crim. 16 janv. 2013, n° 12－80. 107.

④ Crim. 23 avr. 1991, *Bull. crim.* n° 193; *Dr. pénal* 1991. 327, obs. J. -H. Robert.

⑤ Crim. 9 déc. 1991, *Dr. pénal* 1992. Comm. 101, obs. J. -H. Robert; *Rev. sociétés* 1992. 358, note B. Bouloc.

⑥ Crim. 16 janv. 2013, n° 11－88. 852.

助同一集团中遭遇财务困难的另一家公司。最高司法法院确立的条件,禁止通过以“榨干血”的方式向某些公司转移资金,而不考虑对价或者超出责任人的承受能力。因此,该院禁止以“同一管理人的另一公司的唯一利益”为借口,将某公司的资产单方面无对价向其转移,因为实施该交易的董事和审计师进行隐瞒且未获授权①,禁止将某企业火灾保险赔偿金挪用转移至同一集团的另一企业,因为该操作“没有偿还条款,没有利益诉求,并使受灾公司无法重建其生产工具”②。

对于杠杆交易或杠杆收购(LBO),最高司法法院也适用这些规则。如果存在对价,能证明所要求的经济牺牲是合理的,那么该院就不会判处滥用公司财物罪。但是,如果该操作由于无法偿还预付款或贷款,无正当理由地成为真正意义上的“金融吸血鬼”,那么就应当判处滥用公司财物罪③。

三、为个人利益实施的行为

279 该罪并不仅仅要求犯罪行为违背公司利益。另外,法条要求犯罪人“为个人目的或为其具有直接或间接利益关系的另一家公司或企业”而使用公司的财物、信用或其拥有的权力。这种要求限制了犯罪的范围,其理由是向法官提供一项供其评估的补充要素:如果一项行为尽管被证明对公司不利,但行为人未寻求从中获利,则该行为不被定罪处罚。寻求个人利益表明犯罪人的动机,有助于构建犯罪的故意要素。

法条的这项要求引起了一个相当微妙的问题。滥用公司财物罪是否必然意味着犯罪人必须是“仅出于个人目的”行事呢?如果犯罪行为毫无争论地是追求个人利益,但同时符合公司利益,那么此时该如何裁决呢?最高司法法院的答复似乎很犹豫。有时,该院认为,即使犯罪人不是“仅出于个人目的”行事,也能构成滥用公司财物罪④。在该案中,行为人安排向某些公司收取服务费但未向其提供任何有用服务,而是为集团中的某一公司提供利益,而该公司

---

① Crim. 5 sept. 2007, n° 06 – 84. 360.

② Crim. 3 oct. 2007, n° 06 – 87. 276.

③ Crim. 5 mai 1997, *RSC* 1998. 339, obs. J. -F. Renucci; *Dr. et patr.* 1998. 78, note J. -P. Bertrel.

④ Crim. 25 oct. 2006, *Dr. pénal* 2006. Comm. 160, note J. -H. Robert.

的唯一受让人是行为人本人。该院认为,如果无法证明涉案行为符合公司整体利益,那么就构成滥用公司财物罪。因此,如果管理人秘密转移公司财物,那么就是为管理人的个人利益①。最高司法法院在判决中指出,只要使用公司财物并非完全出于公司利益,那么就“必然是”为了公司管理人的利益。

即便如此,最高司法法院似乎想要对利益的概念和所滥用财物的真正受益人进行较为宽泛的解释,学界论者对此则持不同意见。在 J. -P. Brouillaud 教授②和 H. Matsopoulou 教授③的观点之间,我们可以看到这种分歧。

1. 利益的概念

通过一系列相同判决,最高司法法院始终认为,所寻求的利益既可以是物质利益,也可以是精神利益④。 280

(1)物质利益的例子不胜枚举。我们可以将其归纳为两个主要内容:一是犯罪人自己从公司获取不当款项,损害公司利益,使自己变得富有;二是犯罪人通过让公司为其支付个人支出,使自己免于陷入贫困。如果无法查明犯罪人实施寻求物质利益的行为,那么法官就绝不会作出有罪判决⑤。 281

第一种情形是指支付过多或超高的款项,而构成滥用公司财物罪⑥。该款项甚至不对应任何实际活动⑦或没有任何对价⑧。经理销售公司商品并将货款占为己有⑨;公司总裁转让公司承担研发费用的专利权并收取特许权使用费⑩;被告人挪用公司 6 辆车,并向其持有资本的公司购买没有任何价值的备件库

---

① Crim. 14 sept. 2008, *Dr. pénal* 2009. Comm. 10, note J. -H. Robert; *D.* 2009. 12724, Ⅱ, A, obs. C. Mascala.

② «Ne faut-il pas supprimer la notion d'intérêt personnel dans la définition de l'abus de biens sociaux», *D.* 2008. 375.

③ «Un retour en grâce de l'intérêt personnel dans l'abus de biens sociaux», *D.* 2005. 2075.

④ Crim. 9 mai 1973, *D.* 1974. 271, note B. Bouloc; 15 sept. 1999, *D.* 2000. 319, note A. Médina.

⑤ Crim. 14 nov. 2013, *Rev. Sociétés* 2014. 325, note B. Bouloc.

⑥ Crim. 26 juin 1978, *Bull. crim.* n° 212; 6 oct. 1980, *Rev. sociétés* 1981. 133, note B. Bouloc; *D.* 1981. IR 144, obs. G. Roujou de Boubée.

⑦ Crim. 28 mars 1996, *Bull. crim.* n° 142; *Rev. sociétés* 1997. 141, note B. Bouloc.

⑧ Crim. 24 févr. 2010, *Rev. sociétés* 2010. 598, note B. Bouloc; *D.* 2010. 740.

⑨ Crim. 28 nov. 1977, *Bull. crim.* n° 372.

⑩ Crim. 14 nov. 1973, *Rev. sociétés* 1974. 550, note B. Bouloc.

存[1],都是这种情况。同样,在不属于公司经营活动的商事票据上出具公司签名,构成滥用公司信用[2];银行管理人仅为公司客户利益开展银行业务,构成滥用权力[3]。在某种程度上,滥用公司财物可以表现为个人财富增加,而这可能来自行为人的不作为,比如,管理人明知款项存在异常但予以保留[4]。

第二种情形包括让公司支付个人差旅费[5]、与公司无关的任务费和接待费[6]。同样,公司为其管理人支付律师费[7],或者为其管理人支付个人罚款,都构成犯罪[8]。最近的判决显示出判例解释的严格性,甚至严苛性。该案中,一家运输公司为其首席执行官违反《道路交通法》的犯罪行为支付罚金,尽管该犯罪发生于公司正常经营活动之中,也对其进行处罚。不过,该解决方案已被更新[9]。

282 (2)精神利益的例子非常多样,既包括维护家庭声誉[10],也包括被诉公司管理人的选举利益[11]。显然,关于一些广为关注的政治—金融案件的判例法,为个人利益的概念赋予了特定的范围。

对此,许多判决使用相似的论述,将个人利益定义为寻求政治声望或名望[12],与有影响力的人保持良好关系的愿望[13],想要"获得支持或关系"[14],为与

---

① Crim. 26 févr. 1998, *Rev. sociétés* 1998. 604, note B. Bouloc.

② Crim. 16 déc. 1970, *Rev. sociétés* 1970. 480, note B. Bouloc; *Bull. crim.* n° 107.

③ Crim. 19 nov. 1979, *D.* 1980. IR 378, note Vasseur, *Bull. crim.* n° 325.

④ Crim. 28 janv. 2004: *Rev. sociétés* 2004. 722, note B. Bouloc.

⑤ Crim. 6 nov. 1979, *D.* 1980. IR 144.

⑥ Crim. 28 nov. 1994, *D.* 1995. 506, note J. -F. Renucci; *Dr. pénal* 1995. Comm. 70, note J. -H. Robert.

⑦ Amiens 11 juill. 1962, *Gaz. Pal.* 1963. 1. 438; *Rev. sociétés* 1964. 148.

⑧ Crim. 3 févr. 1992, *Bull. crim.* n° 49; *Gaz. Pal.* 1992. 2. 687, note J. -P. Doucet; *Dr. pénal* 1992. Comm. 209, obs. J. -H. Robert.

⑨ Crim. 6 sept. 2000, Dr. pénal 2000. Comm. 138, obs. J. -H. Robert.

⑩ Crim. 3 mai 1967, *Bull. crim.* n° 148.

⑪ Crim. 16 févr. 1971, *JCP* 1971. Ⅱ. 16836, note Sousi.

⑫ Crim. 20 mars 1997; *Rev. sociétés* 1997. 581, note B. Bouloc; *Dr. pénal* 1997. Comm. 131, obs. J. -H. Robert; *D.* 1999. 28, note D. Boccara.

⑬ Crim. 27 oct. 1997, préc. .

⑭ Paris 19 mai 1998, *Dr. pénal* 1998. Comm. 129, obs. J. -H. Robert; *Rev. sociétés* 1998. 810, note B. Bouloc; Crim. 14 nov. 2007, *Rev. sociétés* 2008. 159, note B. Bouloc.

国家警察局局长和共和国总统顾问保持良好关系,尽管他们未实际工作仍向其支付报酬①。显然,以上论述并不涵盖任何特定的动机,并且,无论被告人追求的目标如何,该论述始终可以用来说明寻求个人利益。寻求个人利益仍然是犯罪的基本构成要素吗?对此,我们表示怀疑。法条也已经进行修改,旨在将该犯罪重新聚焦于“滥用公司财物”这一事实层面。

2. 使用行为的受益人

在大多数情况下,尤其是在所有上述案例中,犯罪行为是为了公司管理人 283
的个人利益而实施的。

但是,为了他的亲戚、家人,甚至情妇(第三人的利益)而实施的行为也应受到处罚②。例如,有限责任公司经理的女儿没有实际参加工作,但向其支付报酬③。另外,如果犯罪行为的直接受益人知道自己所收款项的来源,则可能因隐瞒滥用公司财物罪的犯罪所得罪受到起诉。

此外,第 L. 241 – 3 条和第 L. 242 – 6 条对为与管理人具有直接或间接关联的另一公司的利益实施使用行为,进行定罪处罚。这种关联的形态并不重要:被告人可以是该公司的管理人或雇员,也可以只是与该公司有业务关系。例如,某公司因其总裁的虚假证明,向该总裁创立的有限责任公司支付不当佣金④;某公司与由其管理人控制的公司签订对后者有利的分包合同⑤。事实证明,这一定罪处罚规定是非常必要的,因为直接为相关公司管理人的利益而实施的行为是非常隐蔽的,他们会借助“空壳公司”通过非常复杂的“操作”掩盖其非法行为,不直接表现为犯罪行为的受益人。对此,刑事法官有时需要进行非常精细的研究,才能揭示出隐藏在模糊表象下的现实⑥。

同样,没有为公司提供任何有用服务,公司管理人却安排公司支付律师

---

① Crim. 14 nov. 2007, *Rev. sociétés* 2008. 159, note B. Bouloc.

② Crim. 13 mars 1975, *Bull. crim.* n° 78.

③ Paris 15 mars 1991.

④ Crim. 14 févr. 1974, *Bull. crim.* n° 68.

⑤ Paris 24 févr. 1987, *Gaz. Pal.* 1987. 1. 252, note Marchi et Crim. 16 janv. 1989, *D.* 1989. 495, note Cosson.

⑥ Crim. 10 juill. 1995, *Bull. crim.* n° 253; *JCP* 1996. Ⅱ. 22572, note J. Paillusseau.

费,而该支出是为了集团中由该管理人独占的另一公司的利益,也构成滥用公司财物罪[①]。

四、恶意实施的行为

284 第 L. 241-3 条和第 L. 242-6 条处罚的是故意犯罪。这些条款要求犯罪人"恶意"行事,同时要求犯罪人"知道"使用财物、信用或权力的行为违背公司利益。这一双重要求是事实审法官作出有罪判决必须查明的犯罪构成要素[②];对法律条款的严格解释,有助于限制滥用公司财物罪的适用范围。

最高司法法院的判决似乎意在于此,该判决驳回上诉法院对"公司总裁知道并掩盖其知道的不当行为"作出的有罪判决。查明该事实,并不足以将个人没有参与被起诉行为的情形界定为《刑法典》第 121-1 条所规定的个人责任[③]。实际上,审查更多是针对缺乏犯罪的事实要素,而不是故意要素。但是,没有对犯罪行为进行隐瞒,并不影响该行为构成犯罪[④]。

实际上,这没有太大意义,因为最高司法法院认为,故意要素仅限于知道(甚至明知)犯罪行为损害了公司利益,法律规定没有要求损害故意,所以也不必以圣人的要求反推恶意[⑤]。与背信罪一样,该院认为,恶意只要隐含地但必然来自诉讼中的事实要素即可。因此,如果被告人的涉案行为特别严重,那么他很难主张其是出于善意。例如,如果公司管理人"秘密地"将公司款项划到黑账户中,那么只能假定这是为了他的个人利益[⑥]。

同样,如果管理人要求公司向自己支付公司无法负担的过高薪酬,那么只要公司不得善终,他就不能仅仅因为已经减少薪酬而证明自己无罪。此时,管

---

① Crim. 8 oct. 2003, *Dr. pénal* 2003. Comm. 147, note J.-H. Robert; 25 oct. 2006, *Dr. pénal* 2006. Comm. 160, note J.-H. Robert.

② Crim. 19 déc. 1973, *Rev. sociétés* 1974. 363, note B. Bouloc; *Bull. crim.* n° 480; 13 mars 1975, *Bull. crim.* n° 75.

③ Crim. 20 mars 1997, 前述第 282 段。

④ Crim. 2 avril 2014, *Rev. sociétés* 2014. 592, note B. Bouloc: 本案中,公司所支付的利益所在的账户都属于同一个合伙人。

⑤ Crim. 3 févr. 1970, *Bull. crim.* n° 47; 16 mars 1970, *JCP* 1971. 11. 16813, note B. Bouloc.

⑥ Crim. 11 janv. 1996, *Bull. crim.* n° 21; *Dr. pénal* 1996. Comm. 108, note J.-H. Robert; 20 juin 1996, *Bull. crim.* n° 271; *D.* 1996. 589, note B. Bouloc.

理人的决策是不够的且迟到的,这种积极悔改的行为不会影响故意要素的成立[①]。当然,即使已经偿还不当提取的资金,也同样不会影响故意要素的成立[②]。最后,应该指出的是,在针对公司管理人提起的诉讼中,应当根据其职能来评估案情及其行为范围。我们可以推定他们应当知道,即使他们因监督和监管不力而不知情,也可以对其追责。因此,对公司管理人,我们确立了恶意推定,而恶意推定是非常难以推翻的。如果被起诉的行为肯定是出于个人利益进行的,那么被告人是无法进行无罪辩护的,即使是股东大会批准管理行为也不足以排除所实施行为的犯罪性质[③]。被诉公司管理人使公司支付个人开支并向债务人账户付款,尽管经过总裁和董事会审核同意,也不影响犯罪成立[④];涉案行为最终没有对公司造成任何损害[⑤],也不影响犯罪成立。

近几十年来,该判例倾向于使"滥用公司财物罪成为真正意义上的行为犯(délit matériel)"。该罪处罚的是承担公司管理人职务的人员,并要求他们有力证明其存在善意。新《刑法典》生效以来,第121-3条确立了"无故意则无犯罪"的基本原则,但这并没有改变上述观点,最高司法法院也没有表示要提高事实审法官采纳犯罪故意要素的要求。关于能使行使职权行为无效的正当化行为,请参见要求相当苛刻的判例[⑥]。

第二节　滥用公司财物罪的处罚

该犯罪,处5年监禁和37.5万欧元罚金(第L.241-3条第4项和第 285
L.242-6条第3项)。2013年12月6日《打击税务欺诈重大经济和金融犯罪

---

① Crim. 13 févr. 1997, *RSC* 1997.847, obs. J.-F. Renucci.

② Crim. 19 mai 1999, RSC 1999.830, obs. J.-F. Renucci.

③ Crim. 19 mars 1979, *Bull crim.* n° 112; 30 sept. 1991, *Rev. sociétés* 1992.356, note B. Bouloc; 22 sept. 2004, *Dr. pénal* 2004. Comm. 177, note J.-H. Robert.

④ Crim. 26 janv. 2011, *Rev. sociétés* 2011.448, note B. Bouloc.

⑤ Crim. 16 mars 1970, *Bull.* n° 107; 6 oct. 1980, *D.* 1981. IR 144.

⑥ Crim. 31 mai 2012, *Dr. pénal* 2013. Comm. 132, note J.-H. Robert; *RTD Com.* 2013.159, note B. Bouloc; *RSC* 2013.351, note H. Matsopoulou.

法》新增加重处罚情节,即“与国外机构或者通过自然人或法人或任何信托机构或国外建立的类似机构作为中介,以开设账户或订立合同的方式实施或促成犯罪的”加重处罚情节,处以7年监禁和50万欧元罚金。此外,为杜绝法律漏洞,2008年8月4日《经济现代化法》在《商法典》中新增了第L.249-1条。该条规定,第四卷“刑事规定”中规定的犯罪,可处以附加刑。附加刑主要包括禁止从事特定职务、禁止从事特定职业、禁止实施犯罪活动所涉的职业活动或公司活动①。

最高司法法院适用该条款采取严格解释。该院毫不犹豫地审查禁止领导或管理“法人”的判决,因为本条规定的只是禁止管理工商企业或商业公司②。同样,该院驳回“判处公开有罪判决附加刑”的裁判,因为法条中并未规定该附加刑③。最后,我们应当注意到,与背信罪一样,该犯罪的未遂是不可罚的④。

适用上述刑罚的前提是确定犯罪的空间效力(一)和时间效力(二)。

一、犯罪规定的空间效力

286　确定犯罪的空间效力需要回答两个问题:犯罪人是谁?被害人是谁?

(一)犯罪人

1.行为人

287　法条规定非常明确。一方面,滥用公司财物、信用或权力罪只能由股份有限责任公司的管理人(第241-3条)实施,包括作为特殊法人的一人有限责任公司的唯一管理人⑤。根据股份有限公司的不同形式,总裁、董事或首席执行官(第L.242-6条)、董事会成员、监事会成员(第L.242-30条)以及股份两合公司的管理人(第L.243-1条),都是该罪的可能行为人。仅仅没有真正行使职权,则不能免除他们的责任⑥;仅仅是没有隐瞒犯罪行为,也不足以证明其存

---

① Crim. 17 déc. 2014, *Rev. sociétés* 2015. 386, note B. Bouloc.

② Crim. 21 sept. 2011, *Rev. sociétés* 2012. Comm. 15, note R. Salomon.

③ Crim. 25 janv. 2012, *Rev. sociétés* 2012. 318, note B. Bouloc.

④ Crim. 7 avr. 1998, *Rev. sociétés* 1998. 624, note B. Bouloc.

⑤ Crim. 20 févr. 2002, Bull. crim. n° 37; Rev. sociétés 2002. 546, note B. Bouloc.

⑥ Crim. 31 mai 2012, *Rev. sociétés* 2013. 47, note H. Matsopoulou.

在善意[1]。但是,采取集体行动挽救集团公司的共同利益的行为,是可以接受的[2]。至于被起诉行为的证据,不能仅仅源于没有律师协助在警察局羁押中所作陈述的内容[3]。

另一方面,在所有这些公司中,这些适用于法律上的管理人的规定也适用于躲在法律上的管理人背后代替他真正行使职权的事实上的管理人,无论其是直接管理,还是通过中间人管理(第 L. 241 - 9 条和第 L. 246 - 2 条)[4]。另外,还必须查明,这名事实上的管理人实际上已经行使公司的管理权。该证据可以是事实上的管理人对大股东通过下达具体指令和协调管理来行使权力的现实予以认可[5],也可以是查明某个公司的支出由另一公司负担[6],还可以是董事会秘书对公司账户运营享有广泛权力,如支付账单或使用有限责任公司的资金[7]或建立举报系统[8]。

在这方面,判例法适用《刑法典》第 121 - 1 条规定的基本原则,即"任何人只对自己的行为承担刑事责任"。因此,构罪的行为必须归责于法条规定中的人员。因为要同时符合上述两个方面的条件,所以,我们不能仅仅因为管理人没有反对另一名管理人的犯罪行为,就要求其承担刑事责任[9]。因此,最高司法法院认为,被告人只对其通过积极和独立的活动干预公司管理的行为承担刑事责任,由此提出"不作为的滥用公司财物罪"的问题[10]。

最高司法法院也对提供帮助的共犯予以处罚。比如,公司经理帮助其合

---

① Crim. 2 avril 2014, *Rev. sociétés* 2014. 592, note B. Bouloc.

② Crim. 27 nov. 2013, *Rev. sociétés* 2014. 186, note B. Bouloc.

③ Crim. 10 sept. 2014, Rev. sociétés. 2015. 327, note B. Bouloc.

④ 见 Crim. 22 janv. 2014, *Rev. Sociétés* 2014. 324, note B. Bouloc。

⑤ Crim. 21 sept. 2011, *Rev. sociétés* 2012. 246, obs. B. Bouloc.

⑥ Crim. 25 janv. 2012, *Rev. sociétés* 2012. 318, note B. Bouloc.

⑦ Crim. 9 mai 2009, *D.* 2010. 1667, obs. C. Mascala-Crim. 17 déc. 2014, *Rev. sociétés* 2015. 386, note B. Bouloc.

⑧ Crim. 22 janv. 2014, *Rev. sociétés* 2014. 452, note B. Bouloc; *RSC* 2014. 563, note H. Matsopoulou.

⑨ Crim. 7 sept. 2005, *RSC* 2006. 331, obs. D. Rebut.

⑩ 见 D. Rebut *D.* 2005, chron. p. 1290 - Crim. 28 janv. 2004, *Rev. sociétés* 2004. 722, note B. Bouloc - 7 sept. 2005, *Rev. sociétés* 2006. 351, note D. Rebut。

伙人(事实上的管理人)汇兑顾客的订货发票并转移订金[①]。

2. 相关公司

288 因此,很明显,犯罪规定旨在保护公司本身以及资本公司和混合经济公司中的股东,因为犯罪必然会导致公司资本损失,最终导致股东利润损失。

基于上述条件,对于最近事实上扩大犯罪适用范围的判决,我们可能会对其正当性表示疑虑,因为它们与立法者规定该犯罪的立法意图不太相符。因此,最高司法法院认为,对有限责任公司的管理人可处以滥用公司财物罪[②]。(注意,最高司法法院在承认上述归责原则之后,又驳回上诉法院的一项判决,该判决认为管理人的争议行为不构成滥用公司财物罪,因为该行为属于偿还公司债务)。但是,该院又重新恢复该解决方案,最终使得另一起案件中的同样行为被定罪[③]。

在具有股份有限公司资格的半国有公司(SEM)和有限责任公司案件中,该院采纳相同的解决方案,尽管该公司的两个合伙人是父子关系[④],该判决表明家庭豁免不适用于该犯罪。该院还认为,一人有限责任公司事实上的管理人、单一股东、被告人的配偶,尽管未提供任何帮助,也构成犯罪[⑤]。

最高司法法院对此不存在任何犹豫。单一合伙人股份有限公司只是股份有限责任公司的一种类型,而半国有公司只是股份有限公司的一种类型。因此,关于上述公司的法律规定都能对其适用,包括滥用公司财物罪的定罪处罚规定。

289 关于外国公司,最高司法法院已经判决过外国公司案件。事实上,法条并没有对该问题进行规定,而判例似乎是不断演变的。起初,该院驳回了上诉法院保留法国法院管辖权的判决,因为涉案犯罪行为发生在公司的“法国银行账

① Crim. 14 nov. 2013, *Rev. sociétés* 2014. 324, note B. Bouloc.

② Crim. 14 juin 1993, *Rev. sociétés* 1994. 90, note B. Bouloc.

③ Crim. 20 févr. 2002, préc. ss 287.

④ Crim. 26 mai 1994, *Bull. crim.* n° 206; *Dr. pénal* 1994. Comm. 218, obs. J. -H. Robert.

⑤ Crim. 8 juin 1995, préc. ss 287. 注意,法官并未采纳涉案公司无效的观点。

户”，而该公司注册地位于泽西岛[1]。但是，在埃尔夫加蓬（ELF-Gabon）公司案中，该公司章程规定的注册地在国外，该院则采纳更为广泛的法国法院管辖权的概念。它认为，该公司必须被视为法国公司，因为其资本由一家法国公司持有，该公司已在工商登记处（RSC）登记，公司总裁居住在巴黎，滥用公司财物罪中被诉的非法决策都是在拉德芳斯的埃尔夫大楼中作出的[2]。同样，该院认为，法国法院对损害在中国香港特别行政区成立的特殊形式公司利益的滥用公司财物罪享有管辖权，因为该公司随后宣布其“有效管理地”在帕皮提[3]。

如果商事登记簿表明公司驻法代表处由外国法人主管，法国法院也享有管辖权[4]。简言之，最高司法法院认为，“公司总部注册地决定公司的适用法律”的规则在此不适用。

3. 共犯

虽然只有相关公司法律上的管理人或事实上的管理人才能作为犯罪的主 290
犯被起诉，但是，没有任何条款禁止根据普通刑法将明知犯罪仍提供帮助的人作为共犯提起诉讼，他们既可以是公司内部人员（如副董事长，但也包括收受盗用款项的公司董事[5]），也可以是公司外部人员（如确保“欺诈手段”实施的法律顾问[6]、注册会计师[7]、审计员[8]）。他们都会因滥用公司财物罪共犯和未披露犯罪行为被起诉，并最终被判有罪。公证人担任某公司（该公司总裁是他的公公）的顾问，同样会被作为共犯处理[9]。

还有一个问题是，共犯是否能由不作为构成。判例法对此不是很明确。

---

① Crim. 3 juin 2004, *Bull.* n° 152; *Dr. pénal* 2004. Comm. 128, note J.-H. Robert; *JCP* 2004. Ⅱ. 10151, note M. Raimon; *D.* 2004. 3212, note D. Caramalli; *RSC* 2004. 892, note D. Rebut.

② Crim. 31 janv. 2007, *Bull. crim.* n° 28; *RSC* 2007. 310, note D. Rebut.

③ Crim. 10 mars 2010, *D.* 2010. 2323, obs. L. d'Avout et S. Bollée; *Rev. sociétés* 2011. 114, note M. Monjucq.

④ Crim. 24 sept. 2014, *Rev. sociétés* 2015. 256, note B. Bouloc.

⑤ Crim. 20 mars 1997, *Dr. pénal* 1997. Comm. 131, obs. J.-H. Robert; *JCP E* 1998. 266, obs. J.-F. Renucci.

⑥ Crim. 4 févr. 1985, *Bull. crim.* n° 54 .

⑦ 9 nov. 1992, *Dr. pénal* 1993. Comm. 138, obs. J.-H. Robert.

⑧ 9 févr. 2005, *Bull. crim.* n° 45; *Rev. sociétés* 2005. 673, note B. Bouloc.

⑨ Crim. 14 janv. 2009, *Rev. sociétés* 2009. 163, note B. Bouloc.

某些判决排除了这种可能性。因此,最高司法法院认为,注册会计师将公司管理人的个人支出保留于公司资产负债表负债项下,并不构成共犯,因为无论是在滥用公司财物罪实施之时还是之后,他都没有实施任何积极作为[①]。有时,该院则表现得十分严厉,对于有意帮助实施滥用公司财物罪的不作为也进行处罚。法院任命的临时管理人应当负责监管公司财物却拒不监管,就是这种情况[②]。

如果被起诉之人并不是涉案公司的管理人,必须确定他不仅是上级命令的执行者,而且必须拥有属于自己的权力,如他是市场"调研员"[③]。

4. 隐瞒犯罪所得人

291 对所有明知财物源自滥用公司财物罪,仍予以持有或从中受益的人员,均能够根据《刑法典》第 321-1 条的规定,诉之以隐瞒犯罪所得罪。比如,从公司管理人处获取各种形式的馈赠(礼品、休闲旅行或其他好处)的人员。以公司资金报销个人房屋的建造和装修费用发票,就是这种情况[④],汇兑虚开发票(facture non causée)也是如此,因为本案中这些发票旨在与可能获取重要市场地位的公司保持良好关系[⑤];回扣款的受益人,也是如此[⑥]。

刑事法庭在 1997 年 2 月 6 日的判决(见第 274 段)中重申,隐瞒犯罪所得罪是与所隐瞒财产的犯罪必然相关的结果犯。因此,隐瞒滥用公司财物所得罪的追诉时效,应当从滥用公司财物罪被发现并被查明符合提起公诉的相关条件之日起计算。因此,判例法倾向于推迟滥用公司财物罪追诉时效的起算点(见第 300 段),也同样倾向于推迟隐瞒滥用公司财物所得罪追诉时效的起算点。

---

① Crim. 6 sept. 2000, *Dr. pénal* 2000. Comm. 138, obs. J.-H. Robert; *D.* 2001. 2350, obs. G. Roujou de Boubée; *RSC* 2001. 395, obs. J.-F. Renucci.

② Crim. 22 sept. 2010, *Dr. pénal* 2010. Comm. 139, note J.-H. Robert; *Rev. sociétés* 2011. 185, note B. Bouloc; *RTD com.* 2011. 186, note B. Bouloc.

③ Crim. 21 sept. 2005.

④ Crim. 29 avr. 1996, *Bull. crim.* n° 174.

⑤ Crim. 16 nov. 2005, *JCP* 2006. Ⅱ. 10110, note Ph. Conte.

⑥ Crim. 8 avr. 2010, Dr. pénal 2010. Comm. 82, note J.-H. Robert. V. aussi Crim. 14 janv. 2009, Rev. sociétés 2009. 163, note B. Bouloc.

（二）被害人

如今，最高司法法院认为，该罪规定旨在专门保护公司。该院排除其他任 292
何类型的申请人作为附带民事诉讼的起诉人。

1. 公司提起的诉讼 293

毫无疑问，这类诉讼是可受理的。公司遭受直接损害，因为根据上述法条的特殊要求，犯罪必须以实施违反公司利益的行为为前提。该诉讼通常由法定代表人或经特别授权的董事提起①，甚至由清算人提起②。但是，根据第L. 225-252条的规定，如果是因为法定代表人使公司受到调查，那么股东能够代表公司提起诉讼，又称之为股东派生诉讼（action ut singuli）③。

最高司法法院赋予该类诉讼非常广泛的适用范围。一方面，该院认为，只要是集团诉讼（action ut universi），即使是股东派生诉讼，也是可予受理的，尽管其以法人名义提起诉讼，但仍不足以保护其利益④。另一方面，只要该诉讼是针对滥用公司财物罪的共犯，派生诉讼就是可受理的。《刑事诉讼法典》第480-1条规定，对于犯罪造成的损害，主犯和共犯应当承担连带赔偿责任⑤。因此，股东以个人名义和涉案公司名义，针对滥用公司财物的共犯和隐瞒犯罪所得的犯罪人要求赔偿公司损失，提起的附带民事诉讼是可予受理的⑥。

最高司法法院曾确认此前的判例⑦。最高司法法院认为，股东只需在初审法院代表涉案公司提起诉讼，因为初审法院足以明确造成损害的可能性⑧。

---

① Crim. 6 mai 1985, *Bull. crim.* n° 170.

② Crim. 5 déc. 2012, *Rev. sociétés* 2013. 305, note B. Bouloc; *Dr. pénal* 2012. Comm. 60, note J.-H. Robert; *Dr. Stés* 2013, note R. Salomon; *RSC* 2013. 358, note H. Matsopoulou.

③ Crim. 19 oct. 1978, *Bull. crim.* n° 282; 12 déc. 2000, *Dr. pénal* 2001. Comm. 48, obs. J.-H. Robert.

④ Crim. 16 déc. 2009, *D.* 2010. 381; *Dr. pénal* 2010. Comm. 37, note J.-H. Robert; *D.* 2010. 1663, obs. C. Mascala; *Dr. sociétés* 2010. Comm. 78, obs. R. Salomon; *Lamy Dr. pén. affaires* avr. 2011. 63, obs. J. Lasserre Capdeville.

⑤ Crim. 28 janv. 2004, *Rev. sociétés* 2004. 405, note B. Bouloc.

⑥ Crim. 14 janv. 2009, *Rev. sociétés* 2009. 163, note B. Bouloc.

⑦ Crim. 2 avr. 2003, *Dr. pénal* 2003. Comm. 98, note J.-H. Robert; *Rev. sociétés* 2003. 568, note B. Bouloc.

⑧ Crim. 3 oct. 2007, *Rev. sociétés* 2008. 414, note B. Bouloc.

294 2. 股东以个人名义提起的诉讼

这类诉讼是不可受理的。根据多次重申的判例法，最高司法法院认为，滥用公司财物罪只会给公司造成直接损失。股东提起附带民事诉讼并不符合"存在不同于法人所受损失的个人损失"的条件，因此是不可受理的[①]。该解决方案也适用于起诉滥用公司财物罪[②]或者滥用公司权力罪的案件[③]。即使是持有涉案公司子公司99.98%股份的大股东提起的附带民事诉讼，也被认定为不可受理[④]。

295 3. 公司债权人提起的诉讼

该类型诉讼，一直被认定为不可受理[⑤]。最高司法法院认为，"犯罪只对公司本身及其股东造成直接损失。债权人只是遭受间接损失，只能在民事法院提起赔偿诉讼"[⑥]。但是，在对滥用公司财物罪的被害公司清算之时，被任命为债权人代表的清算人提起的诉讼是可以受理的[⑦]。

296 4. 员工提起的诉讼

同样，因为犯罪并未对行业集体利益造成损失，哪怕是间接损失，所以工会[⑧]或工会联合会[⑨]提起的附带民事诉讼，也是不可受理的。同样，雇员[⑩]、审

---

① Crim. 20 févr. 2008, *Rev. sociétés* 2008. 423, note B. Bouloc-Crim. 5 juin 2013, n° 12 – 80. 387.

② Crim. 13 déc. 2000, *Bull. crim.* n° 373; *Rev. sociétés* 2001. 399, note B. Bouloc; *Dr. pénal* 2001. Comm. 47, obs. J. -H. Robert.

③ Crim. 13 déc. 2000, *Bull. crim.* n° 378; 11 déc. 2002, *Bull. crim.* n° 224; *Rev. sociétés* 2003. 145, note B. Bouloc Crim. 4 avr. 2001, *Dr. pénal* 2001. Comm. 102, note J. -H. Robert; 5 déc. 2001, *RSC* 2002. 830, obs. D. Rebut. V. aussi, G. Viney, «L'action civile devant le juge pénal», *JCP* 2001. I. 338; E. Dezeuse, «La réparation du préjudice devant la juridiction pénale», *Rev. sociétés* 2003. 261.

④ Crim. 9 mars 2005, *Rev. sociétés* 2005. 886, note B. Bouloc.

⑤ Crim. 24 avr. 1971, *JCP* 1971. Ⅱ. 16890; *Rev. sociétés* 1971. 608, note B. Bouloc.

⑥ Crim 9 nov. 1992, *Bull. crim.* n° 361; *Rev. sociétés* 1993. 433, note B. Bouloc; 27 juin 1995, *Rev. sociétés* 1995. 746, note B. Bouloc; 9 janv. 1996, *Dr. pénal* 1996. Comm. 110, note J. -H. Robert.

⑦ Crim. 12 oct. 1995, *Dr. pénal* 1996. Comm. 46, obs. J. -H. Robert; *Bull. crim.* n° 305.

⑧ Crim. 11 mai 1999, *RSC* 1999. 829, obs. J. -F. Renucci; 27 oct. 1999, *Rev. sociétés* 2000. 364, obs. B. Bouloc.

⑨ Crim. 29 nov. 2000, *Bull. crim.* n° 359.

⑩ Crim. 28 janv. 2004, *Bull. crim.* n° 18; *Dr. pénal* 2004. Comm. 89, note J. -H. Robert; *D.* 2004. 1447, note H. Matsopoulou：滥用公司财物罪减少雇员可分配的公司利润计算数额。

计员①、企业委员会②或公司认购的债券担保人③提起的诉讼,也是不可受理的。

而在"卡拉奇(Karachi)案"中,"雇员提起的诉讼绝对不可受理"的立场明显弱化。当被诉滥用公司财物罪和贿赂罪的行为与其损失之间具有不可分割的联系之时,被害人对犯罪提起的附带民事诉讼,已经被认定为可以受理④。

5. 法国政府提起的诉讼 297

通过列表中最后一类被害人,我们发现该领域中的直接损害概念的限制越来越严格。最高司法法院驳回了法国政府对公司管理人挪用公司援助款的滥用公司财物犯罪造成的损害而提起的诉讼⑤;但是,在原判决被驳回时被告人死亡的,法院仍然有权裁决针对被告人提起的附带民事诉讼⑥。

二、犯罪规定的时间效力

滥用公司财物罪的时间效力,能使它与虚假破产罪明确划分界限,并能确定追诉时效期限。 298

1. 滥用公司财物罪和虚假破产罪

在许多方面,这两种犯罪的事实要素可能都表现为减少公司资产或增加公司负债。因此,涉案行为究竟构成何罪,取决于实施犯罪行为的日期。如果在该日期公司已经处于停止付款状态,那么就只能处以虚假破产罪⑦;如果公司仍有财产(in bonis),那么就构成滥用公司财物罪。这就是为何最高司法法院要求,事实审法官明确被诉挪用行为实施的具体日期。根据上述观点,上诉法院判决,积极挪用公司资产事实上的管理人构成虚假破产罪,"但没有明确挪用行为是否晚于停止付款之日,这使该院所判的虚假破产罪是否适当值得 299

① Crim. 29 nov. 1960, *Bull. crim.* n° 553.

② Crim. 7 juin 1983, *Bull. crim.* n° 172; *Rev. sociétés* 1984. 119, note B. Bouloc.

③ Crim. 25 nov. 1975, *JCP* 1976. Ⅱ. 18476, note M. Delmas-Marty; *Rev. sociétés* 1976. 655, note B. Bouloc.

④ Crim. 4 avr. 2012, *D.* 2012. 1010 et 2118, obs. J. Pradel; *Rev. sociétés* 2012. 445 et 553, note H. Matsopoulou.

⑤ Crim. 28 févr. 2006, *D.* 2006. 2145, note S. Jacopin; *Rev. sociétés* 2006. 389, note B. Bouloc.

⑥ Crim. 25 oct. 2006, *Rev. sociétés* 2007. 146, note B. Bouloc.

⑦ Crim. 30 juin 2004, *Dr. pénal* 2004. Comm. 147, note J. -H. Robert.

商榷,而且该院并没有为其判决提供法律依据”①。

因此,犯罪规定时间效力的适用,应根据犯罪行为与停止付款日期的时间顺序,来区分滥用公司财物罪和虚假破产罪②。若严格适用该原则,则在停止付款日之前,向公司管理人支付高额报酬,构成滥用公司资产罪;在停止付款日之后,积极挪用公司款项,构成虚假破产罪③。

但是,对上述原则的严格适用,最高司法法院刑事法庭表示可以有所放宽。该院认为,公司进入集团诉讼程序时的积极挪用行为应当构成虚假破产罪,而非滥用公司财物罪;尽管该挪用行为发生在停止付款之前,只要该行为直接导致停止付款情形之发生即可④。

2. 滥用公司财物罪的追诉时效

300 最近几十年来,最高司法法院对于该问题作出了大量判例,对于这些判例的评论也很多,其中有些论者对判例表示诸多困惑,“我们不再懂法院究竟是什么意思”⑤,有些论者则认为该判例是“多重反弹”⑥。在这种情况下,因符合时效而被追诉的被告人抓住宪法改革的时机,认为很多判例对法律的解释不符合宪法原则,申请进行合宪性审查。所有这些合宪性审查申请均被最高司法法院驳回,该院认为没有必要移交给宪法委员会,因为这些规则“历史悠久、一以贯之、众所周知并且具有精确和客观的标准”⑦。在本部分中,我们只能向读者介绍部分特别值得注意的评论。

最高司法法院通过驳回、质疑追诉时效判例的合宪性审查申请,确认其适用机制。因此,我们需要指出,该院认为这是一个涉及公共秩序的问题,应当

---

① Crim. 22 mai 1995, n° U 94 – 84 – 918.

② Crim. 19 nov. 2008, *Gaz. Pal.* 26 – 28 avr. 2009. 51, note C. Robaczewski.

③ Crim. 5 nov. 2008, *Gaz. Pal.* 21 – 22 janv. 2009. 60, note C. Robaczewski.

④ Crim. 14 févr. 2007, *Dr. pénal* 2007. Comm. 73, note J. -H. Robert.

⑤ Ph. Conte, *JCP* 2006. Ⅱ. 1011.

⑥ J. -H. Robert, *JCP* 2007. I. 111, n° 9.

⑦ Ass. plén. 20 mai 2011, 3 arrêts, *D.* 2011. 1346, obs. A. Lienhard et 1775, chron. N. Mazian; *Dr. pénal* 2011. Comm. 95, note J. -H. Robert; *RSC* 2011. 611, note H. Matsopoulou; *Rev. sociétés* 2011. 511, note H. Matsopoulou.

由法官依职权处理,包括预审庭(la chambre de l'instruction)的预审法官①。

最初,事情很简单。通常,滥用公司财物罪的追诉时效规定为3年;与所有即时犯(délit instantané)一样,该罪追诉时效的起算点,应当为犯罪行为发生之日。最高司法法院并没有明确指出这一点②。而且,与其他犯罪行为一样,该院还补充指出,如果这些犯罪行为不断重复,但能构成一个整体,那么追诉时效只能从最后一次行为发生之日起计算③。最后,追诉期限能够因为启动公诉程序而中止,包括初步调查程序④、预审法官向外国主管机关移交国际扣押通知,只要该通知指明扣押执行的具体内容⑤,甚至是对"相关行为"的控告⑥。但是,仅仅向检察官控告,并不构成起诉或调查,也不会对追诉期限产生影响⑦。

不过,上述简单原则存在例外情况。该例外会大大延迟追诉期限的起算点。实践中,最高司法法院裁定,滥用公司财物罪的追诉期限与背信罪的追诉期限相一致,"滥用公司财物罪追诉期限应当从行为发生之日并且被证明符合提起公诉的条件之日起计算"⑧。

确实,滥用公司财物罪的行为人常常通过职权隐瞒其犯罪行为,并将行为被发现的时间推迟到追诉期限届满之后。但是,该解决方案可能大大延迟追诉时效起算点,因此受到许多批评。这些批评不仅来自承担后果的被告人,也来自某些评论者。这些评论者认为,这种解决方案甚至可能导致滥用公司财

---

① Crim. 6 juin 2007, *RSC* 2007. 832, note D. Rebut; *Rev. sociétés* 2008. 151, note B. Bouloc.

② Crim. 26 févr. 2007, *D.* 2007. 1807. Chron. D. Caron et S. Menotti; *D.* 2008. 1575, obs. C. Mascala; *Dr. pénal* 2007. Comm. 83, note J. -H. Robert; *Rev. sociétés* 2007. 887, note B. Bouloc.

③ Crim. 8 oct. 2003, *Bull. crim.* n° 184; *Dr. pénal* 2003. Comm. 147, note J. -H. Robert; *Rev. sociétés* 2004. 155, note B. Bouloc; *JCP* 2004. Ⅱ. 10028, note S. Jacopin; *D.* 2003. 2695, note A. Lienhard:几次股东大会都批准争议的支出协定;Crim. 28 mai 2003, *Bull. crim.* n° 109; *Dr. pénal* 2003. Comm. 100, note J. -H. Robert; *Gaz. Pal.* 2004. 2875, note M. -C. Sordino; *Rev. sociétés* 2003. 906, note B. Bouloc:每次支付不当薪酬时,犯罪追诉时效都会重新开始。

④ Crim. 1er déc. 2004, *Rev. sociétés* 2005. 444, note B. Bouloc.

⑤ Crim. 11 févr. 2009, n° 08 – 81. 731 – *Juris-Data* n° 2009 – 047534.

⑥ Crim. 14 nov. 2013, *Rev. sociétés* 2014. 123, note B. Bouloc; RSC 2014. 559, note H. Matsopoulou.

⑦ Crim. 11 juill. 2011, *Rev. sociétés* 2012. 653, obs. B. Bouloc.

⑧ Crim. 27 juill. 1993, *Dr. pénal* 1994. Comm. 89, obs. J. -H. Robert:该案中,从税务检查员在处理税务欺诈案中向检察官披露滥用行为之日起,计算滥用公司财物罪的追诉期限;Crim. 8 avr. 2010, *Rev. sociétés* 2010. 420, note B. Bouloc:追诉期限从文件披露后进行调查之日起计算。

物罪的“不可追诉性”。后来的裁决进行了调整,缓解平人们的焦虑。因此,敏感的评论者不断提到判例法的“正常化”或“稳定化”。无论如何,该例外并没有引起棘手问题。

301 最高司法法院首先指出,原则上,追诉时效从犯罪行为发生之日起计算,如向股东出示年度账目之日,“除非存在掩盖情形”①。该解决方案已被多次重申②。但是,该原则不是绝对的。最高司法法院有时认为,出示账目之日,并不绝对代表开始计算追诉时效之日③。

无论如何,该罪追诉期限从账目出示之日起计算,“除非存在掩盖情形”,会引发两个问题。首先,事实审法官必须具体确定存在掩盖情形才能推迟期限起算点,最高司法法院批准刑事法官拒绝推迟期限起算点的判决,因为不存在掩盖情形④。那么,“掩盖”是什么意思呢?最高司法法院对于是否存在掩盖行为的评估,似乎表现出一定的严谨性,因为它能推迟时效期限的起算点。只要出示账目能够使股东“大体上”知道存在犯罪行为,而不需要知道其具体细节,就能否定该推迟⑤。若存在以下情况,亦不推迟起算点:作出争议决策时多人在场⑥,或者,犯罪行为未被及时发现是由于股东的疏忽,因为股东没有实施审核程序,而只要审核,那么任何会计操作都能够及时被发现⑦。

但是,最高司法法院承认,不向董事会提交合同以获得授权或者未向审计员提交特别报告,都构成真正意义上的掩盖。因此,追诉期限中止,尽管争议合同已经附在提交给股东的公司账目报告中⑧。同样,如果某个公司雇员没有

---

① Crim. 5 mai 1997, *Bull. crim.* n° 159; *Rev. sociétés* 1998. 127, note B. Bouloc.

② 关于最近的裁决,参见 Crim. 14 et 28 juin 2006, *Dr. pénal* 2006. Comm. 126, note J. -H. Robert; 25 oct. 2006, *Dr. pénal* 2006. Comm. 161, note J. -H. Robert; 30 janv. 2012, *Rev. sociétés* 2013. 371, note H. Matsopoulou; 22 janv. 2014, *Rev. sociétés* 2014. 522, note B. Bouloc; 2 avril 2014, *Rev. sociétés* 2014. 592, note B. Bouloc。

③ Crim. 8 mars 2006, *Dr. pénal* 2006. Comm. 85, note J. -H. Robert.

④ Crim. 31 janv. 2013, n° 12 – 80. 107.

⑤ Crim. 19 oct. 1999, *Dr. pénal* 2000. Comm. 35, note J. -H. Robert.

⑥ Crim. 6 juin 2007, *RSC* 2007. 832, note D. Rebut; *Rev. sociétés* 2008. 151, note B. Bouloc.

⑦ Crim. 9 janv. 2008, *Rev. sociétés* 2008. 420, note B. Bouloc.

⑧ Crim. 10 avr. 2002, *Bull. crim.* n° 85; *Dr. pénal* 2002. Comm. 85, note J. -H. Robert; *Rev. sociétés* 2002. 549, note B. Bouloc; *RSC* 2002. 827, obs. D. Rebut.

工作却收到薪酬,但在公司账目中既不忽略也不作假账,而是淹没在全体员工的薪酬和支出中,那么也存在掩盖①。最高司法法院甚至认为,“常规但非明示”的账目,也可能构成掩盖②。

但是,承认存在掩盖往往只是转移问题。究竟什么事件能够启动追诉时效期限?对此有大量判例,其中例子很多,并且存在不同的解决方法。因此,向检察官发出匿名揭发信件就足以发现犯罪行为并对其进行审查③,或由税务总监经股东一致同意而揭发犯罪行为④。当虚假雇佣合同由于信息公开而暴露时,该暴露也能够使追诉期限开始起算⑤。我们也应当提及,因外国法官向法国预审法官提供的信息而发现的犯罪行为⑥,一项公证研究的结果揭露迄今为止仍然是秘密的非法协议⑦,只要检察官或股东知道发生犯罪行为之日与调查开始之日间隔不超过3年即可⑧。

该以什么内容作为本部分的总结呢?本部分的内容是一个非常具体的问题,其解决方案取决于每个案例的实际情况。因此,事实审法官在处理被起诉的行为的追诉期限问题时,必须逐案查明是否存在掩盖账目的情况,并进而确定发现真相并能进行审查的事件。这是否意味着,对于该问题,事实审法官具有绝对自由裁量权,而且最高司法法院对其自由裁量权不得进行监管呢?必须承认,答案还是模棱两可的。 302

最初,最高司法法院承认,这个问题完全应当由事实审法官自由裁量⑨。

---

① Crim. 4 nov. 2004, *Dr. pénal* 2004. Comm. 44, note J.-H. Robert.

② Crim. 28 janv. 2004, *Bull. crim.* n° 18; *Dr. pénal* 2004. Comm. 65, note J.-H. Robert.

③ Crim. 14 mai 2003, *D.* 2003. 1766, note A. Lienhard; *Dr. pénal* 2003. Comm. 99, note J.-H. Robert.

④ Crim. 8 mars 2006, *Dr. pén.* 2006. Comm. 85, note J.-H. Robert.

⑤ Crim. 14 nov. 2007, *Bull. crim.* n° 282; *Gaz. Pal.* 2008. 342, note J. N.; *Rev. sociétés* 2008. 159, note B. Bouloc.

⑥ Crim. 19 mars 2008, n° 07-82.126.

⑦ Crim. 14 janv. 2009, *Rev. sociétés* 2009. 163, note B. Bouloc.

⑧ Crim. 30 avril 2014, *Rev. sociétés* 2015. 56, note B. Bouloc.

⑨ Crim. 28 janv. 2004, *Dr. pénal* 2004. Comm. 65, note J.-H. Robert; 4 nov. 2004, *Dr. pénal* 2005. Comm. 44, note J.-H. Robert.

之后,2005 年 11 月 16 日判决又宣布不予承认[①]。此后,2006 年 6 月 14 日和 28 日的两项判决再次重申,否认事实审法官的自由裁量权。在这两个案件中,最高司法法院都对事实审法官的判断进行了有效监管。但是,之后的裁判似乎开始逆转,转为恢复事实审法官的自由裁量权[②]。

在这方面,与许多其他犯罪一样,最高司法法院似乎承认,事实审法官具有自由裁量权。因为该院对此问题与对滥用财物罪中的掩盖和披露行为的观点一致。但是,如果最高司法法院不同意事实审法官的裁判,则有权进行审查,并代之以自己的裁判。

对于该问题,最高司法法院确实存在反复。我们只能拭目以待,针对"该犯罪追诉时效问题"的合宪性审查的最终答复。

---

① *Dr. pénal* 2006. Comm. 42, note J. -H. Robert; *JCP* 2006. Ⅱ. 10110, note Ph. Conte.

② Crim. 25 oct. 2007, *Dr. pénal* 2006. Comm. 161, note J. -H. Robert; *Rev. sociétés* 2007. 365, note B. Bouloc.

第三章　关于公司会计、公司股息和公司资本的犯罪

我们将依次研究关于公司会计的犯罪(第一节)、关于虚假分配股息的犯罪(第二节)和关于公司资本操作的犯罪(第三节)。 303

第一节　关于公司会计的犯罪

由于会计能够使人们了解公司的状况并监督管理层， 304
因此会计在公司存续中具有重要作用,法律要求公司管理人严格遵守会计文件规定中的义务,若不遵守,则应处以刑事处罚。首先,法律要求他们建立会计文件并呈报股东大会,未编制会计文件(一)和未呈报会计文件(二)的,应予以定罪处罚。其次,法律要求他们如实陈述。任何掩盖事实的行为,均予以定罪处罚(三)。最后,法律要求他们将必需获批账目交存法院登记处以确保公开。未交存的,应予以定罪处罚(四)。

一、未编制会计文件罪

305 通常,任何有限责任公司或股份有限公司都应编制某些文件;另外,处于特殊情况的公司应当编制某些补充文件。

(一)一般情况

306 第 L. 241 – 4 条第 1 项是关于有限责任公司的规定,第 L. 242 – 8 条是关于股份有限公司的规定,该条同样适用于简易股份有限公司(第 242 – 30 条)。这些条款的规定完全一致,对公司管理人、总裁、董事或总经理“未在每个会计年度编制财产清册,未编制年度账目和管理报告”予以处罚。未编制上述会计文件的,处以 9000 欧元罚金。

(二)特殊规定

307 1. 公开吸收公众存款的公司

2009 年 1 月 22 日法废除第 L. 232 – 8 条之后,目前只剩第 L. 232 – 7 条。该条明确规定,股票在规范市场上交易的公司的管理人,必须在其年度会计文件中附上在股东大会上呈报的股息分配表和利润分配表。

308 2. 关于公司集团

第 L. 233 – 16 条规定,商业公司的董事会或管理人应编制并公布合并账目,以及集团管理报告,只要他们单独或与其他一个或多个公司共同控制该集团。除第 L. 233 – 17 条规定之外,未编制上述文件的,应根据第 L. 247 – 1 条第 2 款的规定,处以 9000 欧元罚金。法院可以命令在一份或多份报纸上公布判决书,并由被定罪人承担相关费用。

二、未呈报年度会计报告罪

309 从广义上讲,呈报账目涵盖法律规定所要求公司管理人向股东、审计员和企业委员会提供并供其使用的全部会计文件。关于该领域,我们已经研究了处罚未编制文件或编制文件不合规的犯罪规定(见第 22 段)。

310 从狭义上讲,呈报账目是指向股东大会提交账目。第 L. 242 – 10 条规定,股份有限公司管理人未向股东大会提交年度会计文件和管理报告以供其批准的,应予以定罪处罚。第 L. 241 – 5 条关于有限责任公司的管理人未提交上述文件供股东大会或单一股东批准的规定,与上述条款完全相同。如果公司处于观察期,那么公司管理人负责在此期间召开年度股东会议①。对于股份有限公司,未呈报上述文件的,处以6个月监禁和9000欧元罚金;从2012年3月22日法开始,第L. 241－5条规定,对于股份有限责任公司,仅处以9000欧元罚金。

三、年度会计报告不实犯罪

既然立法者要求公司管理人编制年度会计报告并提交股东大会批准,那 311
么这些会计报告必须是准确的。因此,法律处罚公司管理人(第L. 241－1－3条第3项规定有限责任公司,第L. 242－6条第2项规定股份有限公司,第243－1条规定股份两合公司)和这些公司事实上的管理人(第L. 246－2条)在即使没有分配股息的情形下,为了隐瞒公司的真实情况,故意提交或发布"不能真实反映"公司运营情况的年度账目的行为②。

(一)构成要素

1. 事实要素

掩盖真相就是欺诈。法律详细规定了欺诈的方式、媒介和内容。 312

(1)欺诈的方式。第L. 241－3条第3项规定只涉及向股东呈报会计报 313
告,第L. 242－6条第2项则同时涉及向股东公布和呈报会计报告。

①公布。根据术语的狭义概念,公布是指使公众(集体)能够认识。根据判决书的论述,它旨在能使第三方了解资产负债表的所有程序③。由于发布程序并不重要,因此,公布既可以是书面公布(报纸文章和信函),也可以是口头公布(新闻发布会)。

②呈报。在股东大会召开之前,应当通过邮寄或供查阅的方式向股东呈报年度会计文件。但是,呈报的关键是提交给年度股东大会批准。所以,法律既处罚未呈报(第L. 241－5条和第L. 242－10条)的行为,又处罚呈报账目不实(第L. 241－3条和第L. 242－6条)的行为。但是,未向股东呈报,而只是准

---

① Crim. 21 juin 2000, Bull. crim. n° 241; JCP 2001. Ⅱ. 10481, note A. Couret; Rev. sociétés 2000. 753, note B. Bouloc.

② 具体事例,见J. Riffault, *RSC* 1998. 568。整体性介绍,见N. Stolowy, «Interprétation stricte des lois pénales et image fidèle», *JCP E* 2000. 219。

③ Paris 12 juill. 1969, *Gaz. Pal.* 1969. 2. 270.

备不合规文件,则不会受到处罚①。因此,值得探讨的是,决定呈报不实文件,是否足以构成犯罪②。

应当指出的是,某些掩盖真相的方法可能构成其他罪名,尤其是伪造商业文件罪③以及《税收总法典》规定的犯罪。

314 (2)欺诈的媒介。法律对公布或呈报虚假"年度会计文件"的行为进行定罪处罚。根据《商法典》第 L. 123 – 12 条的规定,这些文件是指"资产负债表、损益表和附录",该法典第 L. 123 – 13 条及其后规定,按照栏目和项目,分别规定上述文件的具体内容。因此,该法典将以前只限于处罚呈报不实资产负债表的行为,扩展到年度会计文件整体,尽管实践中资产负债表仍然是欺诈的特殊对象。因此,呈报名为"临时资产负债表"的文件,后遵照审计员指示重做的,也应当予以定罪处罚④。

315 (3)欺诈的内容。欺诈在于"掩盖公司的真实状况",没有"在每个财政年度结束时,真实反映公司运营结果、财务和资产状况"。其中,最关键的是针对会计文件的欺诈,即通过不实确认或故意忽视来增加资产或减少负债。案例包括欺诈性增加资产⑤,将折旧资产⑥或坏账仍然保留在资产负债表之中,库存耗尽⑦,不参考通常会计准则而对资产价值进行重估,以及将仍在诉讼进程中的损害赔偿金的贴现金额入账⑧。通过会计操作将股东提款记录成第三方公司债权而进行掩盖的,也是这种情况⑨。

若欺诈是通过陈述虚构事实手段来完成的,则证明犯罪就很容易。但是,犯罪人甘冒风险虚构特别明显的虚假事实的情况,是非常少见的。较为常见

---

① Crim. 11 mai 1995, *Dr. pénal* 1995. Comm. 205, note J. -H. Robert.

② Crim. 29 nov. 2000, *Rev. sociétés* 2001. 380, note B. Bouloc.

③ Crim. 24 avr. 1984, *D.* 1986. 125, note Cosson.

④ Crim. 25 avr. 1995, *Dr. pénal* 1995. Comm. 205, note J. -H. Robert.

⑤ Crim. 12 janv. 1981, *D.* 1981. 348, note Cosson; *JCP* 1981. Ⅱ. 19660, note Y. Guyon.

⑥ Crim. 14 déc. 1966, *Bull. crim.* n° 291.

⑦ Crim. 8 avr. 1991, *Bull. crim.* n° 166; *Rev. sociétés* 1991. 777, note B. Bouloc.

⑧ Crim. 30 oct. 2002.

⑨ Crim. 1er juill. 2009, *Rev. sociétés* 2009. 859, note B. Bouloc; *Dr. sociétés* 2009. 975, note R. Salomon.

的是，资产负债表中的资产、负债或项目的评估错误。这些情形则更难察觉，因为可以使用多种评估方法，而且某些错误往往更像是评估方法错误导致的，并不是有意掩盖的结果。这些术语所涉及的问题，其实是要研究犯罪的故意要素。

2. 故意要素

该罪的故意要素非常明显，不仅不实陈述必须是自愿行为的结果，而且该陈述必须是"为了掩盖公司的真实状况"。因此，法条分别规定了一般故意（un dol général）和特殊故意（un dol spécial）。 316

（1）一般故意。根据《刑法典》第121-3条规定的一般规则，这些犯罪必须具有故意要素。因此，要作出有罪判决，事实审法官必须审理查明被起诉的公司管理人的行为是有意为之，也就是说，明知所公布或呈报的年度账目不实。而这必须根据每个案例的事实要素予以证明。但是，正如其他犯罪一样，由于公司管理人的职务及专业经验，在证明时，我们会对其进行一定程度的故意推定。 317

如果我们仅仅关注事实要素，那么从大量判例法中注意到，以下都能够证明存在故意要素：欺诈的范围、错误的严重性①或所实施的欺诈手段的性质②，例如，被起诉的董事明知账目与事实不相符，仍然参与决定会计文件的呈报和公布③。即使呈报的资产负债表被股东大会拒绝④或者犯罪人纯粹是为了逃税⑤，都不影响该罪之成立。

（2）特殊故意。公司管理人因隐瞒公司真实状况而受到处罚。他们寻求的结果绝不能与其行动的动机相混淆，因为，刑法并不关心动机⑥。因此，掩盖事实的目的无论是舞弊，还是掩盖管理错误、灾难性的财务状况，或者与之相反，过于繁荣的财务状况，都不重要。但是，编制会计文件并不总是那么容易， 318

---

① Crim. 8 févr. 1968, *Bull. crim.* n° 42.

② Crim. 26 mars 1990, *Bull. crim.* n° 133.

③ Crim. 29 nov. 2000, *Bull. crim.* n° 359; *Rev. sociétés* 2001. 380, note B. Bouloc.

④ Crim. 25 avr. 1995, préc.

⑤ Crim. 27 nov. 1978, *Bull. crim.* n° 331.

⑥ Crim. 18 déc. 1956, *D.* 1957. 705, note Dalsace; 27 nov. 1978, *Bull. crim.* n° 331.

我们不能要求必须做到分毫不差。因此，最高司法法院认为，如果被告人并未有意超出“可容忍的幅度”，就不存在犯罪故意①。

在某些情况下，由于犯罪人动机不同，编制和呈报虚假资产负债表，可能会构成其他犯罪。比如，为向股票购买人表明公司繁荣而提供不实资产负债表的，构成诈骗罪②。

（二）处罚

1. 刑罚

319 第L.241-3条第3项和第L.242-6条第2项规定的刑罚是相同的，即5年监禁和37.5万欧元罚金。应当指出的是，这些非常严厉的刑罚与诈骗罪的刑罚相同（《刑法典》第313-1条）。

2. 特殊规定

320 （1）未遂。该罪未遂不受处罚。法条仅规定公布和呈报年度账目文件的，应受处罚。该规定将仅仅准备欺诈文件但之后并未呈报或公布的行为，排除出犯罪范围③。

321 （2）共犯。法律规定仅处罚公司事实上的或法律上的管理人，他们是犯罪的主犯。但是，犯罪的实施往往需要负责编制或监管年度账目之人作为共犯，包括公司会计员④、明知公司风险准备金不足仍核准账目的审计员⑤、公司行政总监⑥。公司“职业”会计师因总裁干预而编制不实账目的行为，也应当予以处罚⑦。

322 （3）追诉时效。显然，本罪的主犯和共犯有可能掩盖其行为。因此，事实审法官倾向于将时效期限的起算点推迟到该行为被发现和认识之日。但是，最高司法法院认为，只要将不实会计文件公布或呈报于股东大会，就构成犯罪

---

① Crim. 23 mars 2011, n° 10-81.517.

② Crim. 16 mars 1970, *JCP* 1971. Ⅱ. 16813, note B. Bouloc.

③ Crim. 11 mai 1995, préc. ss 313.

④ Crim. 15 mai 1974, *Bull. crim.* n° 177.

⑤ Crim. 17 mai 2006, *Rev. sociétés* 2006. 885, note B. Bouloc.

⑥ Crim. 14 janv. 1980, *Bull. crim.* n° 21.

⑦ Crim. 9 nov. 1992, *Bull. crim.* n° 364; *Rev. sociétés* 1993. 429, note B. Bouloc; *LPA* 24 sept. 1993, note F. Pasqualini.

的事实要素①。基于此，该院驳回上诉法院推迟犯罪追诉时效起算点的判决，并重申其解决方案②。正如该判例评论者所指出的那样，关于滥用公司财物罪追诉时效所形成的判例"并不具有扩散性"。

然而，另一项裁决则似乎允许追诉时效起算点延迟③。事实上，在本案中，最高司法法院从呈报或公布账目之日起计算追诉时效，该院解释道，这是"因为原告人能够发现犯罪行为并能够对其启动公诉程序"。另外，如果在另一种情况下，因为存在"掩盖行为"，这些行为只能在上述日期被发现，那么根据滥用公司财物罪中所使用的论述，该如何确定呢？

最后，最高司法法院认为，呈报不实资产负债表和公布不实资产负债表是两项不同的、连续的犯罪。因此，公布资产负债表能够更新呈报资产负债表犯罪，并重新起算追诉时效期限④。

(4)附带民事诉讼。任何遭受损害之人提起的附带民事诉讼都是可受理 323
的，只要他因犯罪而遭受个人的、直接的损害，如股东⑤。那些根据虚假资产负债表进行评估并出售或购买公司债券的人员，也是如此。即使他们是在资产负债表呈报之后才成为股东，也是如此⑥。但是，这种解决方案似乎在最新的判决中受到了质疑，理由是，在该案中，促成购买行为的并不是虚假账目的呈报⑦。

除此之外，应该指出的是，与滥用公司财物罪相比，该罪附带民事诉讼的范围更为开放（见第 292 段）。最高司法法院还认可，一旦公司的债权人确定

---

① Crim. 18 mars 1986, *Bull. crim.* n° 110.

② Crim. 9 juill. 1996, *Dr. pénal* 1996. Comm. 248, obs. J.-H. Robert.

③ Crim. 20 févr. 1997, *Rev. sociétés* 1997. 572, note B. Bouloc.

④ Crim. 31 oct. 2000, *Dr. pénal* 2001. Comm. 20, obs. J.-H. Robert; *RSC* 2001. 397, obs. J.-F. Renucci.

⑤ Crim. 30 janv. 2002, *Bull. crim.* n° 14; *Dr. pénal* 2002. Comm. 73, note J.-H. Robert; *Rev. sociétés* 2002. 350, note B. Bouloc.

⑥ Crim. 5 nov. 1991, *D.* 1992. IR 13; *Rev. sociétés* 1992. 91, note B. Bouloc.

⑦ Crim. 5 mai 2004, *Bull. Joly* 2004. 1250, note J.-F. Barbiéri; *RSC* 2005. 313, note D. Rebut.

了其受损害事实,即可以作为第三人参与附带民事诉讼[1]。该院认为,对公司管理人提起的刑事诉讼,该公司集体诉讼程序的计划执行专员,能够成为附带民事诉讼的当事人[2]。该院甚至认为,遭受单独的直接损害的公司申请作为附带民事诉讼当事人的,也是可以受理的[3]。但是,当申请人在呈报账目之日已经停止与被告人的一切商业关系时,则不再存在损害[4]。

最高司法法院认为,给行业集体利益带来的间接损害,与本公司雇员遭受的间接损害没有区别。因此,该院宣布,工会联合会申请成为附带民事诉讼当事人的,不予受理[5]。

四、账目公开

324 1. 年度会计文件交存法院登记处

2012 年 3 月 22 日《法律和行政程序简化法》对关于该项义务的法律条款进行了修改。年度会计文件必须在股东大会批准后一个月内,交存法院登记处,以供工商登记处存档。普通合伙公司(第 L. 232 – 21 条)、有限责任公司(第 L. 232 – 22 条)和股份有限公司(第 L. 232 – 23 条),均应承担此项义务。由于对法律条款进行了多次修改,对于未能交存账目文件应受的处罚,理论界和判例法都不能确定,因为法条似乎废除了对未交存账目文件的刑事处罚[6]。

这些不确定性由于 2006 年 12 月 11 日法令的颁布而终结。经过该法令的修改,《商法典》新增第 R. 247 – 3 条。该条规定,未履行《商法典》第 L. 232 – 21 条至第 L. 232 – 23 条规定的交存义务,应按第 5 级违警罪处以罚金。因此,该条文加强了已经生效的立法规定,使法院能够即刻判令公司管理人交存文件,否则,"逾期罚款"(第 L. 611 – 2 条第 2 款),特别是通过即决 – 禁止令(référé-

---

① Crim. 13 févr. 1997, *Bull. crim.* n° 61; *Dr. pénal* 1997. Comm. 98, obs. J. -H. Robert; *RSC* 1997. 850, obs. J. -F. Renucci:基于经审计员共犯核实的不实资产负债表的呈报而提供财务注资款的银行;8 mars 2006, *Rev. sociétés* 2006. 880, note B. Bouloc。

② Crim. 27 nov. 1997, *Bull. crim.* n° 405; *Rev. sociétés* 1998. 596, note critique B. Bouloc.

③ Crim 23 mars 2005, *Rev. sociétés* 205. 888, note B. Bouloc.

④ Crim. 24 oct. 1996, *RSC* 1997. 395, obs. J. -F. Renucci.

⑤ Crim. 29 nov. 2000, *Bull. crim.* n° 359; *Rev. sociétés* 2001. 380, note B. Bouloc.

⑥ Crim. 1er juin 2005, *Dr. pénal* 2005. Comm. 121, note J. -H. Robert; *Rev. sociétés* 2005. 681, note B. Bouloc.

injonction)程序(第 L. 123－5－1 条)。

2. 其他形式的公开 325

对于股票能够在规范市场交易的公司,法条要求通过特定程序公开账目文件。第 R. 232－11 条列明,在股东大会批准账目后 45 日内,必须在《法定公报》公开的文件。第 R. 232－13 条要求,上述公司在其财政年度上半年结束后 4 个月内向金融市场管理局提交第 R. 232－7 条规定的半年度报告。第 R. 247－1条规定,公司负责上述公开事项的总裁、董事、总经理或经理不遵守上述规定,则按照第 5 级违警罪处以 1500 欧元罚金;若是累犯,则处以 3000 欧元罚金。

因此,对于未履行该义务的,法律又恢复了刑事处罚。此前,判例曾经认可,未交存账目文件可能对相关行业造成集体损害,因此,行业工会根据《劳动法典》第 L. 2132－3 条申请成为附带民事诉讼当事人的,可予受理。故而,在刑事处罚恢复之后,这个问题成为当务之急①。

第二节 关于虚假分配股息的犯罪

与任何公司一样,商业公司的目的主要是在股东之间共享可能产生的利益(《民法典》第 1832 条)。不过,这必须以公司已经产生利润为前提。没有实际利润却通过会计操作和虚假陈述来证明股息分配是合理正当的,构成欺诈,并给公司造成危险,因此,法律对其进行刑事处罚。这既包括有限责任公司(第 L. 241－3 条第 2 项),又包括股份有限公司(第 L. 242－6 条第 1 项),并扩展到股份两合公司(第 L. 243－1 条)。立法者所使用的“虚假”股息分配罪,确实用语不当。实际上,股息分配是真实的,只是所谓的合理利润是虚假的。所以,这种分配只能通过提取公司资本而损害债权人权利的方式来实现,故而,法律对其进行处罚。 326

① Crim. 18 oct. 1993, *Bull. crim.* n° 295, *Dr. pénal* 1994. Comm. 69, note J.-H. Robert; *Rev. sociétés* 1994. 97, note B. Bouloc.

一、构成要素

(一)事实要素

327 法律并不惩罚所有的虚假股息分配,而只惩罚“在没有财产清册或欺诈性财产清册情况下进行的股息分配”。

1. 未编制财产清册或编制欺诈性财产清册

328 法条规定很清楚:如果编制财产清册且不是欺诈性财产清册,那么虚假股息分配(也就是说,没有合理财政年度结果的支持)不会受到刑事处罚。

我们可以不考虑罕见的完全不进行财产清册的情况,而是具体分析财产清册和欺诈性财产清册的概念。

329 (1)财产清册的概念。财产清册是描述与估计公司资产和公司负债的各个不同要素的表格。它是公司资产组成部分的说明,公司在特定时刻起草资产负债表,以便股东知晓并监管公司状况。《商法典》关于编制会计文件的条款强调,账目“必须定期、可靠并如实反映公司资产、财务状况和企业运营结果的真实情况”(第 L. 123 – 14 条)。否则,这些账目会被视为欺诈。

330 (2)欺诈的概念。这个问题我们在呈报不实年度账目文件罪时已经分析过(见第 311 段)。意图歪曲事实的欺诈方法始终是相同的,即通过低估某些项目或忽略某些债务来增加资产或减少负债。如果存在重大事实错误,证明欺诈就很容易;但是,这很少见。事实上,对资产负债表项目评估出现争议的情况更为常见,但是,对其证明也更为困难。对犯罪故意研究能够区分有罪的欺诈意图和可原谅的评估错误。

2. 虚假分配股息罪

331 虚假分配股息的行为构成了该罪专属的事实要素。因此,有必要依次具体分析法律规定的三个术语:分配、股息和虚假股息。

332 (1)分配

法条并没有使用“配给(distribution)”一词,因为“配给”会让人以为该罪以股东实际已收到股息为前提,而不是以“分配”(répartition)为前提。根据刑事法庭原来的用语，分配是指为实现股东的获利权，通过决定向股东提供股息[①]。这种提供必须基于董事会派发股息的决定。该决定即构成犯罪，是追诉时效的起算点，无须知道股东何时获得股息。

（2）股息 333

①原则。股息是按照股份分配的利润金额，除非依据法院判决延期，否则，应在股东大会确定的日期（在财政年度结束后9个月内）支付。原则上，应以现金支付股息，但也能以为此目的发行股份的形式支付股息（第L. 232－18条）。就会计文件作决策的股东大会可向合伙人提供两种付款方式以供选择，而且必须同时提供给所有股东（第L. 232－20条）。

②预付款。根据L. 232－12条的规定，当在财政年度内编制并经审计员证明的资产负债表证明，公司自当前会计年度以来已经产生利润，尽管该年度账目文件尚未获得批准，也可以分配预付款。第L. 232－12条具体明确该利润应遵守的计算规则，并规定“任何违反该规则进行的股息分配都是虚假股息”。

③利息。第L. 232－15条禁止为股东利益而规定固定利息或附加利益（intérêt intercalaire）。任何相反条款，一概视为无效。确实，根据该条款的表述，即使没有利润，也可以向股东支付利息。这种情形下的股息分配就类似于虚假股息分配，除非“国家已为股票提供最低股息保证”。

（3）虚假股息 334

在没有实际利润可分配的情况下，任何股息分配都是虚假的。

①确定可分配利润。第L. 232－11条规定：“该财政年度利润，依照法律和公司章程，减去前有亏损和应拨入储备金的金额，再加上未分配利润构成。”第L. 232－12条规定，股东大会应“在确认存在可分配金额之后”以股息形式确定分配给股东的份额。因此，该类犯罪是在利润虚假且无可分配金额时，实际分配股息。因此，已分配股息应从公司资本或准备金中扣除。但是，有必要加以区别。

②提取公司资本或法定准备金或章程准备金。没有利润，却通过提取公

① Crim. 28 mars 1936, *DH* 1936. 270.

司资本来分配股息，显然符合第 L. 242－6 条第 1 项的定罪处罚规定。第 L. 232－10 条规定，提取法定准备金分配股息，也是如此。该法条适用于股份有限公司和有限责任公司，要求它们从财务年度的利润减去前有亏损（若有）的金额中至少提取 1/20，作为准备金，即称为“法定准备金”；当准备金达到公司资本的 1/10 时，就不再强制提取。该准备金的金额是由法律强制设定的，能够吸收作为公司资本，不得进行分配。

公司章程可以规定，从分配前的利润中提取其他金额，作为“章程准备金”。第 L. 232－11 条将章程准备金计入法定准备金，因为可分配利润由财政年度利润减去“法定准备金”构成。从法定准备金中提取金额分配股息，被视为虚假分配股息罪。

③提取自由准备金。在法定准备金和章程准备金之外，股东大会还可决定保留全部或部分利润而不予分配，作为我们所称的“自由准备金”。如果某些财政年度运营结果不产生可分配利润，是否可以使用这些款项支付股息？目前我们更多的是承认确保股东正常分配股息，即使是在不盈利年份，但是，这也造成不便，因为这使第三方相信公司是因为盈利才进行股息分配，而这是不准确的。

同样，在根据原则所作出的判决中①，最高司法法院反复确认，若要保证该分配有效，则公司必须负责告知第三方：该分配是提取准备金而不是以财政年度利润进行的。第 L. 232－11 条重新确认该解决方案，该条规定，股东大会决定必须“明确说明所提取的储备金的项目”。

④重估盈余。在公司资产重估中出现的差额，随着通货膨胀率的升高而变得越来越大，因第 L. 232－11 条的禁止规定产生越来越多争议。根据该法条，“重估差额不可分配；它可以全部或部分并入公司资本”。不容任何犹豫：不得提取该重估盈余分配股息，该盈余只具有合计意义，不表示获得利润。

（二）故意要素

335 第 L. 241－3 条第 2 项和第 L. 242－6 条第 1 项规定的犯罪是故意犯，对明

---

① Crim. 22 janv. 1937, *S.* 1938. 1. 293, note Legal; *D.* 1937. 1. 71, note Tchernoff.

知没有编制财产清册或编制欺诈性财产清册的行为,以及明知所分配股息的虚假性而实施的虚假分配股息的行为,进行定罪处罚。与前述犯罪一样,明知的证据应当直接来自事实要素,以及根据被告人在公司的职务,其无法忽视欺诈的严重性。基于此,公司恶意管理人不得援引股东大会投票通过的交割证明书(un quitus)或批准的分配决定,来证明自己行为的正当性①。

二、处罚

该罪应处以5年监禁和37.5万欧元罚金。该刑罚较为严厉,与诈骗罪的 336
刑罚完全相同(《刑法典》第313-1条)。该罪主犯只能是股份有限公司、有限责任公司或股份两合公司法律上或事实上的管理人,实施犯罪通常有第三人作为共犯,这个第三人可能是负责编制公司会计文件的人员,也可能是负责监管公司的审计员。

第三节　关于公司资本操作的犯罪

在公司存续过程中,很多操作可能会影响到公司的资本金额。法律规定 337
决定和进行公司资本变动的条件;违反上述规定,则予以定罪处罚。但是,若存在互相持股的情形,则公司资本就会引发问题。由于这些做法存在风险,法律对其赋予非常严格的条件,若不符合其中若干条件,则会受到刑事处罚。但是,在该领域,2003年8月1日《金融安全法》也引入了一定程度的非刑事化。

因此,我们将分别介绍公司资本变动和互相持股的法律规定的现状。

一、抽逃公司资本罪

按照《商法典》条文规定的顺序,我们将具体说明资本增加、折旧和减少的 338
适用规则。

(一)增资

根据第L.225-127条及其后条款的规定,增资是最为常见的资本变动方 339

① Crim. 10 nov. 1942, *JCP* 1943. Ⅱ. 2332, note Bastian.

式。从本质上讲,增资的条件应当与公司资本构成相同,违反该条件,则可能使公司管理人面临刑事处罚。该解决方案规定在下列条款之中:第 241-1 条关于有限责任公司,第 L. 242-21 条关于股份有限公司,第 L. 243-1 条关于股份两合公司。

关于该主题,请读者参考前文所述(见第 162 段),下面我们将专注介绍第 L. 242-17 条和第 L. 242-20 条所定义的增资的特殊犯罪。增资涉及发行股票,而立法者则通过确定发行股票的条件进行干预,尤其是要维护老股东的权利。

1. 发行股票

340 第 L. 242-17 条规定的是,对在公司资本增加的情形下发行股票中发生的违规行为进行处罚,不适用于随时可转换债券或使用认股权证、以股息支付股票款(当股东选择该选项时)发行股票的情形(第 L. 232-18 条至第 L. 232-20 条)。除此之外,第 L. 242-17 条对两种不同的违规行为处以刑罚。

根据 2012 年 3 月 22 日《简化法律和行政程序法》,公司在工商登记处变更登记之前没有足额缴清公司注册资本金,或者在认购时,新的现金股份未足额缴清到股票面值及发行溢价的 1/4 以上,公司董事或总经理发行股票或削减股份的,处以 15 万欧元罚金。最后,直至股票款缴清之前,上述人员仍未以注册形式持有现金股份的,处以相同数额的罚金。

如果发行的股份或减股是面向公众的,则罚金可以加倍(第 L. 242-17 条第 2 款)。

2. 保证优先认购权

341 增资使得新股东进入公司,从而与老股东竞争。为了保障老股东从准备金和利润中获益的权利,法律授予他们优先认购权,该保证能延伸至某些债券持有人。按照惯例,如果不遵守法律规则,将受到刑事处罚,以确保获得上述保障。2003 年 8 月 1 日《金融安全法》大大缩小了该刑法保护的范围。

342 (1)关于股东

立法者规定两种刑事处罚:违反取消优先权的规则的刑事处罚;在优先权

未被取消时,违反行使优先权规则的刑事处罚[①]。

①取消优先权。第 R. 225－17 条和第 L. 225－132 条共同规定,原则上,对于"享有增资的优先认购权的股票",股东可以放弃其个人权利。如果没有放弃,则第 L. 225－135 条补充规定:"股东大会决定或授权增资的,可取消对全部增资或部分增资的优先认购权"。这种取消必须基于董事会的报告以及审计师的报告(否则,决定无效),具体方式则由第 R. 225－117 条规定。

为了保护老股东,第 L. 242－20 条规定,股份有限公司的管理人和审计员明知呈报股东大会的要求取消优先认购权的报告中存在不实之处,仍予以提供或者确认的,处以 2 年监禁和 18 000 欧元罚金。2003 年 8 月 1 日《金融安全法》保留了该罪名。

②优先权的行使。如果没有取消优先权的决定,立法者确保老股东有效行使其优先认购权。为此,第 L. 225－127 条及其后条款是为保障老股东利益而进行的详细规定。若有违反,则应当按照第 L. 242－18 条和第 L. 242－19 条的规定进行刑事处罚。2003 年 8 月 1 日《金融安全法》废除了该条文。新的第 L. 225－149－3 条规定,违反上述规定所作出的决定不再受刑事处罚,而代之以"决定无效"即可。

(2)关于债券持有人 343

在增资的情况下,立法者没有理由保护所有债券持有人(他们仅是公司的债权人),而只保护那些持有认股权证、可转换为股票的债券或在增资前发行的可转换为股票的债券的人员,因为这些人员是潜在股东,在增资过程中必须保障其权利。发行这些债券的条件(由特别股东大会决定),应当在董事会报告和审计员的特别报告中列明,具体见第 L. 225－150 条及随后条款规定。

基于此,第 L. 242－18 条第 4 项规定,应处以与上述刑罚相同的罚金,并能适用第 L. 242－19 条中的加重情节,即公司管理人的某些行为可能构成犯罪,特别是不保障行使认购权或选择转换股票的债券持有人的权利。2003 年 8 月

---

① 这些处罚机制的实施,见 Crim. 27 févr. 1978, *Rev. sociétés* 1978. 496, note B. Bouloc。

1日《金融安全法》废除了上述全部条款。违反上述条款的要求,将不再受到刑事处罚。若所作决定侵犯老股东权利,则应适用第L.225-149-3条的“决定无效”。

(二)资本贬值

344 贬值,是指在不减少公司资本的情况下,向股东支付每股同等金额的款项(第L.225-198条)。特别股东大会根据公司章程决定,只能通过扣除第L.232-11条中规定的可分配利润的金额进行支付。立法者曾经规定一系列刑事处罚条款,以保护股东和某些债券持有人。这些专门的刑事条款几乎全部被废除了。

345 1.保护股东

2001年5月15日《新经济规制法》废除了第L.242-22条,该条对股份有限公司的总裁或董事对大量股份进行资本贬值的行为定罪处罚。自2004年6月24日法令(第50条第3款)对第L.245-3条进行修订以来,该条仅保留第1项规定的罪名,即公司未将所有不享有投票权的优先股全部赎回和取消时,就对其资本进行贬值的,处以6个月监禁和6000欧元罚金。但是,2012年3月22日《简化法律和行政程序法》废除了该罪名。

346 2.保护债券持有人

与增资的情况一样,这些债券持有人持有的是附认股权证的债券或可转换股票的债券。第L.242-18条规定,公司管理人在未采取必要措施保护附认股权证的债券和可转换债券的持有人之时(第5项)或者在所有可转换债券被转换或赎回之前(第6项),实施资本贬值行为的,处以18 000欧元罚金。2003年8月1日《金融安全法》废除了这些刑事处罚。对违反第L.225-149-3条规定的法律要求而决定不再进行刑事处罚,而是以“决定无效”取代。

(三)减资

347 第L.225-204条和第L.225-205条规定,减少公司资本的条件和程序,立法者采取某些刑事处罚以保护股东和某些债券持有人。确实,一个公司发生减资的情形与另一公司可能完全不同。通常,在遭遇财务困难时,减资似乎可以作为一种补救措施。这就是所谓的“弹性打击”(coup d'accordéon)的技术,它使公司资本减少为零,然后立即通过发行新股来增加资本①。

1. 保护股东 348

《商法典》中的两项罪名规定,一项是为保护继续持股的普通股股东,另一项是为保护无投票权的优先股股东,其中第二项罪名已被2012年3月22日《简化法律和行政程序法》废除。

该法对第L.242-23条进行修改,此后,该条规定,股份有限公司的管理人减少资本的,处以30 000欧元罚金。

该条款对不作为进行定罪处罚,但是并不扩展至非自愿的过失(négligence involontaire)不作为。该犯罪要求犯罪故意和自愿不作为。但是,我们可以认为,与许多其他犯罪一样,在该犯罪中,管理人既然无视法律所赋予的义务,那么将难以坚持认为自己对所犯罪行并不明知。

2. 无投票权的优先股

第L.245-3条第2项(该条款编号经2004年6月24日法令第50条第3款修改)规定,当公司非因亏损而减资之时,管理人未在赎回普通股之前,赎回无投票权的优先股以使其无效的,处以6个月监禁和6000欧元罚金。该条规定已被2012年3月22日《简化法律和行政程序法》废除。

3. 保护债券持有人 349

第L.242-18条保护附认股权证的债券、在减资前可转换为股票的债券的持有人。与资本贬值一样,公司管理人在未采取必要措施保护附认股权证的债券和可转换债券的持有人之时(第5项)或者在所有可转换债券被转换或赎回之前(第6项),实施减少资本行为的,处以18 000欧元罚金。该条款已被2003年8月1日《金融安全法》废除,刑事处罚由第L.225-149-3条规定的"决定无效"措施取代。

(四)公司针对自己股票进行的交易

法律禁止股份有限公司进行与自己股票有关的某些交易。若违反这些禁令,根据2012年3月22日《简化法律和行政程序法》第L.242-24条,对股份 350

---

① T. corr. Nanterre 30 mai 1989 et Versailles 29 nov. 1990, *LPA* 16 mai 1991, n° 59, p. 6 et note E. Ferrier; *D.* 1991. 135, note Y. Guyon.

有限公司的管理人，处以15万欧元罚金。

351 1. 认购、购买或抵押自己的股票

根据第L.225－206条的规定，“禁止公司直接认购自己的股票或者以他人名义但为公司利益认购自己的股票”。但是，如果购买自己股份的授权是根据第L.225－207条至第L.225－217条规定的条件和方式，公司就有权购买自己的股票。根据2008年8月4日《经济现代化法》第152条规定而颁布的2009年1月30日第2009－105号法令，对其中某些法条进行了轻微调整。其目的是，简化股票认购所需的申报过程。比如，当公司非因亏损而减资之时，股东大会决定认购特定数量的股票以使其无效（第L.225－207条）；在股市上购买股票并在一年内分配给员工，以使他们分享公司扩张的收益（第L.225－209条）；在股市上购买最多10%的股票以规范该股票的市场价格（第L.225－209条和第L.225－210条）。

根据2012年3月22日《简化法律和行政程序法》，任何违反第L.225－206条至第L.225－214条规定的，或出于法条规定以外的目的而购买股票的，均应处以第L.242－24条规定的15万欧元罚金。违反第L.225－215条规定的，处以相同刑罚。该条禁止公司抵押自己的股票，但信贷公司的日常运营除外。

352 2. 为购买自己的股票而筹集的预付款、贷款或担保

第L.225－216条禁止公司为便于第三方认购或购买自己的股票而为其筹集资金、提供贷款或提供担保，但信贷公司的日常运营或雇员购买公司股票的情形除外。根据2012年3月22日《简化法律和行政程序法》第L.242－24条，管理人以股份有限公司的名义进行第L.225－216条所禁止的交易的，处以15万欧元罚金。

二、互相持股罪

353 第L.233－29条至第L.233－31条，对公司之间可能出现的互相持股或交叉持股的情形作出了非常严格的限制，具体分为如下三种情形：股份公司之间的持股、股份公司和其他公司之间的持股以及更复杂的所谓的“自动控制”（autocontrôle）公司。在这三种情形下，任何违反限制条件的行为，都应受到刑事处罚。

第L.247－3条规定，公司管理人故意违反第L.233－29条至第L.233－31条规定的，处以18 000欧元罚金。对于股票在规范市场交易的公司，在提起追

诉前,应当征询国家金融市场管理局的意见。

1. 股份公司之间的持股

如果一家股份公司持有另一家公司的股份超过其资本金比例的10%,则不得再继续持有其股份(第233-29条)。随后,该条规定了除相关公司的协议之外,使该情形符合规定的方式。实行该禁令的原因众所周知:这些公司的实际资产减少甚至消失。实际上,每个公司全部或部分的资产都是虚假的,因为在互相持股时,公司资产都表现为各自的股份。 354

2. 股份公司和其他公司之间的持股

如果某股份公司是某家非股份公司股东,而且该股份公司所持有的股份超过该非股份公司资本的10%,则不得再继续持有该公司所发行的股份(第L. 233-30条)。如果该股份公司要继续持有股份,那么它必须在一年之内将超额股份转让,并且其负责人不得行使表决权。若股份公司对非股份公司的持股比例等于或小于非股份公司资本的10%,则该非股份公司对股份公司的持股比例不得超过股份公司发行股票的10%。否则,该公司必须在一年内转让超额股份(第R. 233-18条和第R. 233-19条),并且不能对此盈余行使表决权。 355

3. 循环持股或自动控制

它们涉及更为复杂的持股机制,至少涉及三家公司,并且可以通过这三家公司进行规划。A公司控制着B公司,B公司控制着C公司,A公司控制着C公司。由于这种做法具有风险性,1985年7月12日法第L. 233-31条限制循环持股(participations circulaire)的效力,因为循环持股会导致公司的自动控制。该法剥夺了超过投票数10%的自动控制股的投票权,因此,其控制力被抵消了。 356

1989年8月2日法(关于该点规定,自1991年7月1日起生效)将这种抵消作用普遍化。从该日起,所有自动控制股都被剥夺了投票权,并且在计算投票数时不予考虑。在法律上,这构成对自动控制的打击。因此,人们可能会认为这种循环持股并无作用①,除非公司诉诸越来越复杂且越来越难以查清的法律操作手段。

---

① F. -D. Poitrinal, «L'intérêt pratique des actions d'autocontrôle après le 1er juillet 1991», *LPA* 4 oct. 1991, n° 119, p. 18.

第三卷　公司解散清算中的犯罪

在本部分，我们研究的关于公司清算的犯罪仅限于《商法典》第 357
L.247-5 条至第 L.247-8 条的规定，也就是说，不包括集体诉讼程序。因此，本部分内容不涉及集体诉讼程序中的相关罪名（如虚假破产罪）以及一些适用于公司和商业集团、所有从事经济活动的私法法人和个体商户、工匠和农民的相关或类似罪名。这些罪名，我们将在后文第三编中进行研究（请参见第 374 段）。

单章　公司解散和清算

解散是公司存续的终点。解散的原因很多。某些事件会自动导致解散(到达终止日期、因公司目标实现或消失而停止活动);在其他情况下,解散可以通过司法程序,并由法院的判决予以宣布;解散可以是自愿的,基于股东提前终止公司协议的决定(《民法典》第1844-7条)。 358

除极少数例外,公司解散需要对其进行清算,清算业务由清算人负责(《民法典》第1844-8条)。《商法典》规定,清算人的任命和清算活动,应当遵循相当详细的规则;若有违反,则应处以刑事处罚。与许多其他领域一样,该领域已经出现了一定程度的非刑事化,其中最新的就是2012年3月22日《简化法律和行政程序法》。但是,该非刑事化范围有限,该领域的关键犯罪都得以保留。因此,在研究这些规则(第二节)之前,应当首先说明公司管理人在公司资本损失一半时负有的咨询股东的义务(第一节)。

第一节 公司资本亏损过半时的解散

一、非刑事化的范围

359 《商法典》规定,根据会计文件中所记载的损失,某公司的固有资本已经少于公司资本一半,该公司管理人既有义务就提前解散事项咨询股东,又有义务将其决定告知合伙人。有限责任公司的管理人(第 L. 241 – 6 条)、股份有限公司的总裁和董事(第 L. 242 – 29 条)和股份合伙公司的管理人(第 L. 243 – 10 条)都负有咨询义务。如果不咨询股东,那么应根据第 L. 241 – 6 条(关于有限责任公司)和第 L. 242 – 29 条(关于股份有限公司)的规定,处以 6 个月监禁和 4500 欧元罚金。但是,2012 年 3 月 22 日《简化法律和行政程序法》废除了这些定罪处罚条款,并规定了刑事处罚的替代形式。

二、替代形式

360 第 L. 225 – 248 条要求,股份有限公司的管理人,在批准公司资本损失一半的账目文件后 4 个月内,召开临时股东大会,决定是否解散公司。第 L. 223 – 42 条要求,有限责任公司的股东,在相同期限内,就相同内容进行咨询。不咨询股东的,应根据第 L. 241 – 6 条第 1 项(关于有限责任公司)和第 L. 242 – 29 条第 1 项(关于股份有限公司)的规定进行处罚。若已召开会议并决定继续经营后,若公司资本未重组,则无须每年重新召开股东大会[①]。

举行股东大会以批准公司资本损失一半的会计文件之日,构成不咨询股东罪追诉时效期限的起算点。因此,如果负责批准的股东大会并未举行且账目文件未获批准,则不构成不咨询股东罪[②]。但是,这也可能构成第 L. 242 – 10 条规定的不举办股东大会罪。

法条规定的"召开决定是否提前解散公司"的特别股东大会的 4 个月期限,从股东大会批准有资金损失的账目文件之日起计算。因此,不召开特殊股

① Paris 9e ch. A 25 mars 1991, *Gaz. Pal.* 1991. 1. 367, note Marchi.

② T. corr. Paris 2 nov. 1979, Gaz. Pal. 1980. 2. 408; Rev. sociétés 1980. 796, note B. Bouloc.

东大会罪的追诉时效期限,从上述4个月期限届满之日起计算①。

三、不交存且未公开决定

被咨询的股东可以决定以修改章程所需的多数票宣布公司解散,也可以决定根据第L.223-42条和第L.225-248条规定的条件继续公司经营活动,以减少和重组公司资本。需要指出的是,违反这些条件并不会受到任何刑事处罚。 361

无论股东采取什么决定,都必须交存商事法院登记处,在工商登记处登记,并在法定通知报刊上公布。但是,立法者并未明确规定完成这些程序的期限。因此,法院认为,在合伙人会议之后(本案中,是股东会议)合理期限内未完成的,构成犯罪②。

第二节　公司清算

在该领域,《商法典》中的规定具有一定程度的非刑事化特征,尤其是经2012年3月22日《简化法律和行政程序法》修订之后。我们将依次介绍关于任命清算人的义务(一)以及清算业务的义务(二)。 362

一、任命清算人

1.禁止兼任

行使总经理、董事、公司经埋、董事会成员或监事会成员职权的人员,以及被剥夺行使上述职权的人员,不得被任命为清算人(第L.237-4条)。任何违反该禁令的人员,处以2年监禁和9000欧元罚金(第247-5条)。 363

此外,获罪人员不得以任何身份再受雇于公司行使上述被禁职权。若违反该禁令,只要明知,则犯罪人及其雇主将受到相同的处罚。

---

① Crim. 20 mars 1995, Dr. pénal 1995. Comm. 203, obs. J.-H Robert; 24 mars 1999, Bull. crim. n° 53; Dr. sociétés 1999. 117, note Vidal; RTD com. 2000. 106, obs. Champaud et Danet.

② T. corr. Le Havre 23 juin 1975, *Gaz. Pal.* 1975. 2. 784, note A. P. S.; *Rev. sociétés* 1976. 150, note B. Bouloc.

2. 公布任命

364 为了通知第三方，法律规定两项公布义务，正如在公司成立时那样，这是公司终止时应当承担的义务。

一方面，公司清算人必须在接受任命后1个月内在公司注册地的法定公报上公布清算人的任命文件，并将清算决定交存商事法院登记处。第L.247－6条第1项规定，如不公布，则处以6个月监禁和9000欧元罚金。该条规定已被2012年3月22日《简化法律和行政程序法》废除。

另一方面，第R.237－1条要求，在公司向第三方出具的所有信件、发票、公告和公布内容上都注明“公司正在清算”和清算姓名。根据第R.247－4条的规定，如果违反第R.237－1条的规定，则应处以第5级违警罪的罚金（1500欧元）。

3. 超过任期

365 根据第L.237－21条的规定，“清算人的任期不得超过三年”。但是，根据清算人是由股东或是由法院判决任命，其任期亦得由股东或商事法院院长延长。在第二种情况下，法条规定了延长任期的条件和期限。第L.247－7条第5款规定，清算人在任期结束后未申请延期，仍继续行使其职能的，处以第L.247－6条规定的处罚（6个月监禁和9000欧元罚金）。2003年8月1日《金融安全法》废除了该条款。从此，任何利益相关方都可以请求法院院长根据简易程序作出裁决，要求清算人申请延长任期，否则，“逾期罚款”（新法第L.238－2条）。

二、清算业务

366 在清算过程中，清算人必须完成特定手续，避免滥用职权并作出管理决定，否则，应受到刑事处罚。

1. 应受处罚的不作为

367 其中一些涉及一般清算业务，另一些涉及无投票权的优先股的特殊情况。

368 （1）关于一般清算业务。第L.237－14条至第L.237－31条要求清算人完成特定手续。但是，这些手续可以由章程条款或合伙人间的明示协议予以免除（第237－14条）。因此，判例法认为，这些条款所制定的清算规则仅具有补充价值。第 L.247-7 条规定的处罚只适用于司法清算或不存在免除这些手续的协议条款的情形①。因此,这些处罚也适用于协商情形下的清算人②。

如果没有免除上述规则的要求,那么清算人应当与其所代替的企业管理人,承担相同的刑事责任。最高司法法院对该棘手问题不再犹豫③。

第 L.247-7 条规定,清算人不履行法律所赋予的义务的,处以 6 个月监禁和 9000 欧元罚金。后续的法律废除其中多项未履行义务行为的刑事处罚。但是,2012 年 3 月 22 日《简化法律和行政程序法》将第 L.247-7 条规定的罚金数额提高至 15 万欧元。清算人的以下行为,应当受到该处罚:

其一,在分配决定后的 15 日内,没有将股东和债权人之间分配的款项,存入以清算公司名义在信用机构开设的账户之中。

其二,在清算结束后的 1 年内,没有将未分配给债权人或尚未主张权利的股东的款项,存入法国存托银行。

但是,2003 年 8 月 1 日《金融安全法》废除了第 L.247-7 条第 3 项和第 4 项。这些条款规定,未能传送公司文件和召集股东会议以向其呈交年度会计文件的,应处以刑事处罚。从此,股东应当按照新法第 L.238-2 条规定的"逾期罚款"程序,要求清算人提供文件或召集大会。

(2)关于无投票权的优先股。根据第 L.237-30 条的规定,必须在认购普 369
通股之前,认购无投票权的优先股。如果优先股股息尚未全额支付,也应当优先支付。就清算分红而言,这些股票与其他股票享有同等权利。违反这些规定的任何条款,一概视为无效。2012 年 3 月 22 日《简化法律和行政程序法》废除了第 L.245-5 条关于清算人不遵守上述条款的定罪处罚规定。从此,第 L.237-30 条规定,在全部认购无投票权的优先股之前,全部或部分认购普通股的,应当予以撤销。

---

① Crim. 9 mai 1977, *Rev. sociétés* 1977. 719, note B. Bouloc.

② Crim. 7 mars 1994, *Bull. crim.* n° 90; *Dr. pénal* 1994. Comm. 165, note J.-H. Robert.

③ Crim. 21 juin 2000, *Bull. crim.* n° 241; *Dr. pénal* 2000. Comm. 128, note J.-H. Robert; *RSC* 2000. 843, obs. J.-F. Renucci et 2001. 153, obs. B. Bouloc. 关于该问题,见 C. Ruellan, «La responsabilité pénale des administrateurs provisoires et judiciaires du fait de leur administration», *Dr. pénal* 2000. Chron. 25 et 28。

2. 滥用公司财物和转让公司资产

370 第 L. 247 - 8 条规定,清算人恶意实施某些使用或转移公司资产行为的,处以 5 年监禁和 9000 欧元罚金。

371 (1)滥用公司财物或公司信用

第 L. 247 - 8 条第 1 款以同样的用语再次重复,在公司正常经营过程中,涉及公司管理人的犯罪(第 L. 241 - 3 条第 4 项关于有限责任公司、第 L. 242 - 6 条第 3 项关于股份有限公司)。但是,该法条是各种形式商业公司的通用罪名之一。因此,它可适用于任何公司的清算人,包括共同名义公司。最高司法法院确认,在该犯罪诉讼程序中,债务人的附带民事诉讼,是可受理的[①]。

如果清算人在清算过程中使用公司财物或信用的行为是违反公司利益的、为其个人利益的,或为其直接或间接关联的另一公司或企业的利益的,则应当予以处罚(关于该罪的不同构成要素,见第 269 段)。因此,清算人和其直接利益关联公司签订的租赁合同,不一定违反公司利益。应当在租赁条款中,查找是否存在犯罪构成要素,以确定是否构成犯罪[②]。

372 (2)禁止转让资产

清算人违反第 L. 237 - 6 条和第 L. 237 - 7 条的规定,全部或部分转移清算公司资产的,按照第 L. 247 - 8 条第 2 项的规定予以处罚。

第 L. 237 - 7 条简单直接地禁止,将全部或部分资产转让给清算人、其雇员、其配偶、直系尊亲属或直系卑亲属。原因很明显:利益混淆可能导致欺诈,也可能导致清算人或其代理人低估所转让资产的价值。最高司法法院严格适用此法条,对任何直接或间接转让行为都进行处罚,即使相关人员的介入并未使用欺诈手段,即使该转让行为是由和解清算人实施[③]。

但是,法律并不完全禁止,将清算公司的全部或部分资产转让给名义合伙人、普通合伙人、管理人、审计员或控制人。对此,第 L. 237 - 6 条规定了如下特

---

① Crim. 21 mars 2000, *Bull. crim.* n° 123.

② Crim. 11 mars 1971, *JCP* 1971. Ⅱ. 16934 note G. Sousi; *Rev. sociétés* 1971. 600, note B. Bouloc.

③ Crim. 8 déc. 1999, *Bull. crim.* n° 299; *Rev. sociétés* 2000. 571, note B. Bouloc; *D.* 2001. 1091, note Cohen; *Rev. sc. crim.* 2000. 841, obs. Renucci.

别条件:股东的一致同意,或者,商事法院、清算人的授权;另外,应征求审计员或检查员的意见。

3. 清算结束

第 L. 247-6 条第 2 款规定,清算人在清算程序终止时,不召集股东就最终会计文件、管理结算证明、解除委托证书作出裁定并决定清算结束的,以及若清算结束的股东大会不能裁定或者拒绝批准清算人会计报告,清算人不将会计文件交存法院登记处,也不向法院申请批准会计文件的,应处以 6 个月监禁和 9000 欧元罚金。但是,该条规定已被 2012 年 3 月 22 日《简化法律和行政程序法》废除。 373

第三编

主要的特殊经济犯罪

第三编中我们选择对一些罪名进行整体研究。这些罪名既不能归类为所谓的普通刑法的罪名,也并不属于"公司刑法"的罪名。这种选择多少有些武断,因为我们在引言中已指出,"经济刑法"的外延和内容,目前仍然是不确定的。另外,我们还必须考虑到本书的篇幅所限。 374

基于这些原因,我们将依次研究:

第一卷 虚假破产罪及其关联犯罪

第二卷 股票犯罪的历史演变:证券交易委员会到金融市场管理局

第三卷 关于支票和银行卡的犯罪

第四卷 关于高利贷和信贷的犯罪

第一卷　虚假破产罪及其关联犯罪

虽然司法重组或财产清算程序通常包括对可能参与其中的某些人员进行民事处罚,但也能对他们的某些特别严重的行为进行刑事处罚。多部连续法律中均包含这些条款,并已按照“恒定化立法”的要求,经过2000年9月18日法令纳入《商法典》(第L.626-1条及随后条款)。这一系列立法经2005年7月26日《企业保护法》(2006年1月1日生效)再次重述,并被纳入《商法典》第六编“企业困境”。自此,刑事条款被纳入《商法典》第L.654-1条及随后条款之中。此后,2008年12月18日第2008-1345号法令①(2009年2月15日生效)和2012年3月22日《简化法律和行政程序法》,对关于企业困境的法律规定进行了改革。这些条款中包括大量犯罪行为,并将虚假破产罪本身与其他关于司法重组或清算程序的犯罪区分开来。 375

事实上,正如在公司刑法领域一样,该领域也需要一定程度的非刑事化,这既需要简单直接地废除某些罪名,又需要废除某些特殊罪名予以简化。对于这些特殊罪名,我们将在下文中证明,它们已经包括在处罚范围更为广泛的普通犯罪之中,比如,诈骗罪、伪造罪、隐瞒犯罪所得罪以及上述犯罪的共犯。

---

① 见 comm. J.-H. Robert, *Dr. pénal* 2009. Comm. 34。

无论如何，我们将根据《商法典》中的现行立法，分别研究两种不同犯罪，即虚假破产罪（第一章）和其他相关犯罪（第二章）。

备注：若无其他说明，第一卷中所引用的法条均是指《商法典》中的相应条款。

第一章　虚假破产罪

经过若干立法修正，虚假破产罪的处罚已经表现出一定程度的非刑事化、刑罚的轻简化以及破产污名的逐渐弱化。但是，必须承认，现行生效的规定仍然形成一个相当一致的整体。 376

下面我们分别研究虚假破产罪的适用范围（第一节）、构成要素（第二节）以及处罚（第三节）。

第一节　适用范围

法律通过确定破产人的身份来确定虚假破产罪的空间效力（一），通过提起诉讼启动司法重组程序来确定虚假破产罪的时间效力（二）。 377

一、破产人

《商法典》列出了几类可能犯虚假破产罪的人员。首先是自然人，无论是以自己的名义还是作为法人代表行事。其次是法人。 378

1. 自然人

379 (1)从事商业或手工业、农业或独立职业的人员。2008 年 12 月 18 日法令第 L. 654－1 条第 1 项规定可能犯虚假破产罪的自然人的详细清单。我们按照条款的顺序分别进行研究。

①从事商业活动的人员

商人,是指从事商业活动并以此为业的人员(第 L. 121－1 条)。商业活动由第 L. 110－1 条和第 L. 110－2 条定义。此外,尽管某人受不得兼任禁令约束,但他却无视禁令并从事商业活动,那么,他可以被宣布为破产人。

刑事法官如果无法查明被告人的商人身份,就不能对其定罪。但是,刑事法官能进行评估吗?自 1985 年改革以来,否定回答似乎占了上风。事实上,由于刑事追诉现在需要以开启司法程序为前提,刑事法官实际上只能在程序进行过程中对此进行评估,因为我们很难想象对这个问题的认定会存在冲突,即使刑事法官随时可以对涉案犯罪的构罪要素进行评估。

②从事手工业活动的人员

2008 年 12 月 18 日法令将“手工业活动”替换为上文提及的“在贸易登记册中登记”。自 1985 年 7 月 25 日法以来,商人和工匠之间的传统区别已经大大减弱,因为工匠也可以宣布破产。

380 ③农业生产者

自 1988 年 12 月 30 日法以来,农业生产者可以宣告破产。与之相关的条款,随后被纳入《商法典》。从事《农村法典》第 L. 311－1 条规定的农业职业活动的人员,应当视为农业生产者。

381 ④自由职业人员

这是 2005 年 7 月 26 日法对破产领域进行的相当大的扩展。从此,该领域的法律规定(包括刑事规定),可适用于任何从事独立职业活动的自然人,包括符合法律法规规定的自由职业或身份受保护的自由职业。

382 (2)董事和清算人

第 L. 654－1 条第 2 项关于虚假破产的规定,适用于“所有直接或间接在法律上或事实上管理或清算私法法人的人员”。这个通用的公式允许上述人员对任何可以在破产中受到惩罚的罪行承担责任①。事实上的管理人也经常会被追究刑事责任②。比如,虽然某人的情人是公司法律上的管理人,但是,大量证据证明该人才是公司事实上的管理人③。

根据2005年7月26日《企业保护法》之前的规定,法律将刑事责任局限于"从事经济活动"的私法法人的董事和清算人。虽然最高司法法院对该规定作了广义解释,但是该规定的适用依然存在困难。因此,我们认为,地方混合经济公司(SEM)属于私法法人,其大部分资本由地方行政单位或市镇集团持有,并从事第L.626-2条第1项规定的"经济活动"④。因此,公司管理人可以宣布破产。2005年7月26日《企业保护法》删除"从事经济活动"的规定,从而消除了这一困难。

(3)法人的常任代表 383

法人可以被任命为董事或监事成员(第L.225-20条和第L.225-76条)。在这种情况下,必须指定一名常任代表。该代表应当与以其自身名义担任董事一样,遵守相同的条件、履行相同的义务,并承担相同的民事责任和刑事责任。第L.654-1条第3项规定该一般原则的后果,即这些法人的常任代表本身就是第L.654-1条第2项所规定的法人的管理人,因此可能会因虚假破产罪受到起诉。

2. 法人

《商法典》第L.654-7条规定,对于第L.654-3条和第L.654-4条规定 384
的犯罪,可以追究法人的刑事责任。该条款规定应当符合《刑法典》第121-2条规定的条件,即犯罪是由法人的机关或代表为法人利益而实施的。这里的法人,指的是从事经济活动的私法法人。

---

① Crim. 7 déc. 1992, *Bull. crim.* n° 402: absence de toute comptabilité-Crim. 14 nov. 2014, *Rev. sociétés* 2015. 131:"为给兄弟提供服务"而未建立任何会计文件。

② Crim. 12 déc. 2007 et 9 janv. 2008, *D.* 2008. 1574, obs. C. Mascala; 19 nov. 2008, *Gaz. Pal.* 26-28 avr. 2009. 50, note C. Robaczewski.

③ Crim. 23 févr. 2011, *RSC* 2011. 619, obs. H. Matsopoulou.

④ Crim. 2 juin 1999, *Bull. crim.* n° 118; *Rev. sociétés* 1999. 653, obs. B. Bouloc; *RSC* 1999. 830, obs. J.-F. Renucci.

二、启动破产管理程序

385 第 L. 654-2 条明确规定,“自启动破产管理(redressement judiciaire)程序或司法清算(liquidation judiciaire)程序起,上述规定的人员实施本条规定的行为之一的,构成虚假破产罪”。该规定与之前的法律存在明显差别,因此引起了一定的争议,甚至对如下两个问题产生了不同的解释。

1. 启动程序:任何追诉的先决条件

386 第 L. 654-2 条的规定对此不存在任何疑问。启动破产管理或司法清算程序,是所有虚假破产罪起诉程序的必要先决条件。此外,第 L. 654-16 条经过 2005 年 7 月 26 日法修改,规定提起公诉的追诉时效从启动司法保护、破产管理和司法清算程序的判决之日起计算。也就是说,在判决之前,不得计算追诉时效,因为追诉行为不能中断追诉时效:时效对不能提起诉讼之人,任何诉讼都中止进行(Contra Non Valentem Agere Nulla Currit Praescriptio)。另外,提起追诉的检察官有权向法院申请启动破产清算程序。

从此,任何对虚假破产罪的追诉,都不能独立于启动司法保护、破产管理和司法清算程序而进行。但是,这只是一个简单的、相当形式化的先决条件。即使由于没有在法定期限内进行通告,启动程序的司法判决被认为是无效的,也不会对随后的虚假破产罪起诉程序中的信息公开产生影响①。

对上诉的破产管理或司法清算判决进行的撤销原判,也是如此。最高司法法院审理这些上诉的事实,并不影响对虚假破产的负责人提起的刑事诉讼程序。必须考虑到在被诉的转移行为实施之时,集体程序*是可执行的②。

此外,最高司法法院认为,只要相关公司正进行清算程序,而且清算程序是由挪用行为直接引起的,那么在停止付款之前实施的积极挪用行为,应当构成虚假破产罪,而不是滥用公司财物罪③。

---

① Crim. 10 mars 2004, *Bull. crim.* n° 65.

* 即司法保护、破产管理和司法清算程序。——译者注

② Crim. 24 mars 2010, *Dr. pénal* 2010. Comm. 70, note J.-H. Robert; *D.* 2010. 1204, obs. A. Lienhard; *Gaz. Pal.* 2010. 2254, note C. Robaczewski; *Rev. sociétés* 2010. 464, note H. Matsopoulou.

③ Crim. 14 févr. 2007, *Dr. pénal* 2007. Comm. 73, note J.-H. Robert.

2.停止支付状态的法律定义

原第L.626-2条规定,对虚假破产罪的追诉应当以破产管理程序完成为前提。对此,第L.621-1条进行补充规定,一是破产管理程序必须在停止支付后申请;二是停止支付状态是指"企业可用资产无法支付负债"。2005年7月26日《企业保护法》废除了第L.621-1条,而且该条规定的内容没有转移到任何新条款之中。 387

此次废除意味着,刑法中的"停止支付状态"的概念与商法中的"停止支付状态"的概念存在区别。最高司法法院刑事法庭重新恢复此前的自由裁量权。当然,该庭要求事实审法官确定停止支付日期,以宣布构成虚假破产罪。但是,该庭认可,刑事法官有权"根据对相关要素的评估,确定停止支付的日期,除非该日期已由商事法院确定"①。此后,该解决方案一再得到认可,并允许刑事法官对"商事法院在启动破产管理组或司法清算程序的判决中确定的日期之前所实施的行为"进行评估②。因此,滥用公司财物罪所涉的行为可能被重新判为构成虚假破产罪,即使这些行为发生在停止支付日之前③。

事实上,法官依旧必须确定停止支付的日期,才能确定构成虚假破产罪。对于没有充分审理查明该内容的判决,最高司法法院毫不犹豫地予以驳回。事实上,如果相关公司仍处于不良状态(in bonis),那么挪用资产或虚构债务的行为同样不构成虚假破产罪,而是构成滥用公司财物罪。如果这些行为是在停止支付日期之后实施,那么应当构成虚假破产罪④。并且,如果相同的行为在上述期间内持续进行,那么可以同时构成上述两个罪名⑤。因此,集体程序中对公司管理人发放过高薪酬,如果该笔款项发生在停止支付日期之前,那么可能构成滥用公司财物罪;如果该笔款项发生在停止支付日期之后,通过挪用资产而支付,则可能构成虚假破产罪⑥。

---

① Crim. 18 nov. 1991, *Bull. crim.* n° 415, 2 arrêts; *Gaz. Pal.* 1992. 2. 515, 1er arrêt, note J.-P. Marchi.

② Crim. 12 juin 2003, *Gaz. Pal.* 12 – 14 sept. 2004. 4, note M.-C. Sordino.

③ Crim. 2 juill. 1998, *Dr. pénal* 1999. Comm. 6, obs. J.-H. Robert.

④ Crim. 30 juin 2004; RSC 2004. 895, note D. Rebut.

⑤ Crim. 19 nov. 2008, *Gaz. Pal.* 26 – 28 avr. 2009. 51, note C. Robaczewski.

⑥ Crim. 5 nov. 2008, n° 07 – 87.086; *Gaz. Pal.* 21 – 22 janv. 2009. 60, note C. Robaczewski.

第二节 构成要素

388 1985年之前的情况非常复杂。1985年7月26日法终止了长期的演变,并将《商法典》现有的第L.654-2条中规定的五种虚假破产罪整合起来,规定相同的构罪机制和刑事处罚。我们将分别研究事实要素(一)和故意要素(二)。

一、事实要素:虚假破产罪的五种类型

389 第L.654-1条规定的人员因以下定义的行为之一而被定罪处罚。这些虚假破产行为的定义虽然经过微小的修改,但在多项连续法律中并未发生实质性的变化,因此,我们甚至可能需要提及相当陈旧的判例法。

(一)第一种类型:人为保留失败企业

390 第L.654-2条第1项规定,为"有意避免或推迟启动破产管理或司法清算程序,高价购买并以低于市价的价格转售或用破坏性方式获取资金的行为",构成虚假破产罪。该法条详细说明了犯罪使用的手段和犯罪人的动机。

1. 使用手段

391 第L.654-2条第1项规定了两种手段,一是具体手段,即高价购买并以低于市价的价格转售;二是普遍手段,即用破坏性手段获取资金。

392 (1)高价购买并以低于市价的价格转售

该犯罪要求两个要素的集合:为转售而事先购买,以及低于市价转售。事实审法官必须明确查明这两个要素同时存在①。显然,在法律适用中,亏本转售的概念会带来困难。什么是正常市价?在没有利润时,成本价如何计算?如何区分促销和违法转售?只有犯罪人的动机,才能让法官回答这些问题。因此,最高司法法院认为,为了确定正常市价,应当结合所提供的服务和产品的不可分割的交易综合考虑②。

如果低于市价转售的商品是通过信用卡购买并且尚未支付,那么就是商

---

① Crim. 12 mars 1974, *D.* 1974. IR 114, *Bull. crim.* n° 102.

② Crim. 7 mai 2002, *Bull. crim.* n° 109, *Dr. pénal* 2002. Comm. 127, note J.-H. Robert.

事领域中称为“转卖骗得商品”的诈骗,上诉法院对其进行了明确定义[①]。

亏本出售罪:价格诱导(prix d'appel)。应该指出的是,亏本出售行为本身,即以低于产品实际购买价格的价格出售,处以75 000欧元罚金,罚金数额可以增加至广告费用的一半,也可以是根据2005年8月2日《中小企业促进法》修订的第L.442-2条的规定所确定的数额。尽管立法在一定程度上放宽了中小企业的转售定义,但宪法委员会并未批准对该法的溯及适用,因为该委员会认为旧法较为严厉的处罚具有合理性[②]。此外,自2008年1月3日《消费者服务竞争发展法》第L.442-2条规定生效以来,法院能够作出禁止刊登广告的命令。 393

该犯罪并不要求“为转售而事先购买”。该规定处罚的是“价格诱导”的行为,即以某些物品的诱人价格吸引顾客,希望顾客最终会购买高价出售的其他商品。最高司法法院认为,购买行为和转售行为可能同时发生。该院认为《商法典》第L.442-2条的规定并不要求转售商持有货物[③]。该案中,转售商在订立转售合同时,尚未成为货物(燃料)的所有人。

为对被告人定罪,必须准确地确定其实际购买价格和销售价格[④]。为便于证明,法条将实际购买价格定义为“发票上显示的价格,加上增值税、特定转售税和运输费用”。但是,当卖方的价格与另一交易商在相同活动区域中相同产品的价格保持一致时,法官则判决不构成犯罪[⑤]。应该指出的是,第L.442-3条规定,法人能因该犯罪承担刑事责任。法人可能会被判罚金,并处公布判决(《刑法典》第131-39条第9项)。另外,根据《消费法典》第L.121-3条规定的条件,法院能够作出禁止刊登广告的命令。

(2)使用破坏性手段 394

这个通用名称在法律上指的是所有欺诈性获取资金的手段,即获取资金

---

① Paris 15 déc. 1998.

② Cons. const. 3 déc. 2010 QPC, *Dr. pénal* 2011. Comm. 38, note J.-H. Robert; *D.* 2011. 1861, obs. C. Mascala; *JCP* 2011. 167, note E. Dreyer; *RSC* 2011. 180, obs. de Lamy.

③ Crim. 6 déc. 2006, *Bull. crim.* 2006, n° 307.

④ Crim. 17 juill. 1990, *Bull. crim.* n° 287; 18 févr. 1991, *JCP E* 1991. Ⅱ. 183, note Mousseron.

⑤ Crim. 17 janv. 1994, *D.* 1995. 577, note Ph. Casson.

旨在人为维持失败企业的存在。在无数手段中,让我们重点关注那些看起来最常用的手段。

实践中常见的是向银行贷款和融资程序,既包括高费率的,也包括正常费率的,只要该费率的财务费用企业无法承担,因为该费用明显超过其财务能力[①]。但是,父母和朋友提供的帮助遭遇财务困境商人的免费借款并不构成犯罪,即使这会推迟启动破产管理程序[②]。使用这种手段,通常会将提供贷款的银行家作为共犯(见第413段)。出具并贴现虚假票据,也构成破坏性手段,因为这会产生费用,而该费用无法被商业利润涵盖[③]。

因此,签订贷款合同或获得银行财务支持的行为本身,并不总是构成获取资金的破坏性手段。事实审法官应该在每个案件中明确指出旨在推迟启动破产管理程序或司法清算程序而使用的破坏性手段,这是虚假破产罪的构成要素之一。这需要对公司整体财务能力的评估[④]。

因此,犯罪要求存在双重条件,即被告人所追求的目标和所使用的破坏性手段。如果所使用的手段不具有破坏性,那么仅仅查明所追求的目标并不足以定罪[⑤]。

2. 犯罪动机

395 法律规定该罪要求"避免或推迟启动破产管理程序的动机",因为该程序在《商法典》第 L. 621-1 条规定的停止支付状态后启动。所以,这种类型的虚假破产罪处罚的是所有使用破坏性手段人为维持垂死企业(事实上已经处于停止支付的状态)的人员。在企业可用资产已经无法承担时,任何通过这些手段增加企业负债的人员,都构成犯罪[⑥]。

---

① Crim. 18 mai 1976, *D.* 1976. 578, note Gavalda; 13 févr. 1997, *Dr. pénal* 1997. Comm. 98, obs. J.-H. Robert; *RSC* 1997. 852, obs. J.-F. Renucci; 12 mars 1998, *Bull. crim.* n° 100.

② Crim. 21 mars 2001, *Dr. pénal* 2001. Comm. 103, note J.-H. Robert.

③ Crim. 14 mai 1984, *Bull. crim.* n° 172.

④ Crim. 28 sept. 2010, *D.* 2011. 1866, obs. C. Mascala; *Dr. sociétés* 2011. 19, obs. R. Salomon.

⑤ Crim. 26 sept. 1996, *RSC* 1997. 396, obs. J.-F. Renucci; 9 sept. 2009, *D.* 2010. 1669, obs. C. Mascala.

⑥ Crim. 29 févr. 1996, n° A 95-82.007: 以高于 40% 的利率借款。

（二）第二种类型：转移或隐匿资产

第L.654-2条第2项对“转移或隐匿债务人全部或部分资产”的行为进行定罪处罚。 396

因此，该条处罚的是两个不同的行为，这两个行为紧密关联、缺一不可，具体是指在偿还应付债务之前，让企业资产中的全部或部分动产或不动产“消失”。

1.转移 397

最高司法法院对其采取广泛定义，即“无视债权人的权利，在停止支付后对债务人资产项目进行的任何自愿处置行为”[①]：本案中，将营业资产出售给被告人的配偶和儿子管理的公司，其售金用于支付已由经理担保的公司债务。为儿子及其同伴的车辆支付燃油费，也构成转移资产行为[②]。尽管此时应当考虑犯罪行为的实施日期，但是，最高司法法院认为，公司进入集体程序时的积极转移行为应当构成虚假破产罪，而非滥用公司财物罪，尽管该转移行为发生在停止支付之前，只要该行为直接导致停止支付状态之发生即可[③]。

转移主要是指实施处理公司财物的积极行为[④]。正如最高司法法院所述，仅仅查明资产不再出现在公司财产中，是不足以定罪的。此外，还必须确定公司的财产是被故意转移的[⑤]。

与滥用公司财物罪不同，法律并不要求被告人为个人利益而实施犯罪。但是，实际上，我们发现，被起诉的绝大部分犯罪行为都受到个人利益的影响，特别是直接提取公司资金或用公司资金支付个人开支[⑥]，以及支付过高薪酬或

---

① Crim. 11 mai 1995, *Bull. crim.* n° 172.

② Crim. 14 janv. 2015, *RTD Com.* 2015. 169, note B. Bouloc.

③ Crim. 14 févr. 2007, *Dr. pénal* 2007. Comm. 73, note J.-H. Robert; *Rev. sociétés* 2007. 885, note B. Bouloc.

④ Crim. 24 avr. 1984, *D.* 1984. 508, note J.-H. Robert; *Gaz. Pal.* 1985. 1. 25, note Cosson.

⑤ Crim. 10 mars 2010, *Dr. pénal* 2010. Comm. 83, note J.-H. Robert; *D.* 2011. 1866, obs. C. Mascala.

⑥ Crim. 14 mai 1984, *Bull. crim.* n° 172; 23 oct. 1997, *Bull. crim.* n° 348; *Dr. pénal* 1998. Comm. 6, obs. J.-H. Robert; *Rev. sociétés* 1998. 141, note B. Bouloc：提取公司账户的资金并以自己的名义出具发票；27 nov. 1997, *Bull. crim.* n° 405; *Rev. sociétés* 1998. 596, note B. Bouloc：向特定股东的现金账户转账。

不合理的佣金[①],支付高额的律师费(不是用于支付公司债务,而是支付为管理人利益而进行的尽职调查的费用)[②]。向专门成立的企业或虚假子公司转移公司资产的,也是如此。但是,在旧法第131条第3项规定的存疑期的优先付款,自1985年起不再受到处罚。另外,公司管理人向债权人转移公司资产以偿还特定的、确定的和到期应付的债务数额,也不再构成转移资产行为[③]。

转移公司资产的行为应当由被告人亲自实施[④]。如果清算人已将清算公司的营业资产出售给另一公司,而某人向公司清算人隐瞒他与该另一公司之间具有利益关联,该人只需对此承担责任即可,因为他没有亲自对集体程序中的公司资产实施任何处置行为[⑤]。但是,这种个人行为可以是存疑期捐赠动产或不动产的行为[⑥]。

398 2. 隐匿

隐匿既包括积极行为,如从出纳处获取现金或从客户处接收未指明受益人姓名的支票,或隐藏销售公司资产的收益,无论是否以合理价格出售[⑦];也包括拒绝或遗漏申报或披露部分资产的不作为,如在转移破产管理公司的所有资产之时,拒绝交付某个软件的附件[⑧]。

(三)第三种类型:欺诈性增加债务

399 第L.654-2条第3项对以欺诈手段增加债务人的债务的行为进行定罪处罚。与旧条款不同的是,它不再明确要求所采取的欺诈性手段必须使债务增加。因此,欺诈可以包括诉诸任何程序的作为或不作为,只要对债务人造成这种后果即可。

大多数情况下,该程序包括为虚假债权人的利益而错误承认公司是债务

---

① Crim. 18 juin 1998, *Dr. pénal* 1998. Comm. 156, note J.-H. Robert.

② Crim. 5 avr. 2006.

③ Crim. 16 janv. 1989, *Bull. crim.* n° 15; 7 déc. 1992, *Bull. crim.* n° 402.

④ Crim. 20 oct. 2004, *Bull. crim.* n° 249:低于车辆购买价格出售并订立保留所有权条款。

⑤ Crim. 22 févr. 1996, *Bull. crim.* n° 90; *LPA* 23 déc. 1996, p. 7, note M.-Ch. Sordino.

⑥ Crim. 30 oct. 2012, *LPA* 5 avr. 2013, n° 69, p. 15, note M.-E. Boursier.

⑦ Crim. 29 mars 2000, *Bull. crim.* n° 141.

⑧ Crim. 26 nov. 1998, *Bull. crim.* n° 319, *Dr. pénal* 1999. Comm. 85, note J.-H. Robert; *RSC* 2000. 626, obs. J.-Cl. Fourgoux.

人。这些虚假债权人本身构成第 L. 654 – 9 条第 2 项规定的犯罪(见第 431 段)。这损害了真正债权人的利益,因为它剥夺了本应偿还给真正债权人的公司资产。正如旧条款所要求的那样,该不当付款可以由私人行为或公共行为实施,并出现在债务人的账簿或资产负债表中。简言之,该条款处罚的是间接或以变相形式挪用公司资产的行为。

(四)第四种类型:虚构会计文件、隐匿会计文件或未建立会计文件

第 L. 654 – 2 条第 4 项整合了几种不同类型的财务犯罪,应当由第 L. 654 – 2 条所规定的专门条款予以补充(见第 404 段)[1]。让我们按照条文规定的顺序分别研究不同的犯罪。 400

1. 虚构会计文件 401

第 L. 654 – 2 条第 4 项规定,对制作"虚假"会计文件行为,应当进行定罪处罚。与事实不符的账目就是虚假会计文件,也就是说,账簿与企业的实际活动无关。通常情况下,虚假账目留在明处,而真实账目则留在暗处。判例似乎并不愿意对所有的账簿疏漏行为都进行处罚,而只是处罚最严重的违规行为,即那些影响整个公司会计的行为,它使该账目不再与企业的经济现实有任何关系[2]。

很多时候,虚构会计文件是由公司员工根据上级命令而建立的。最高司法法院非常有逻辑性地决定,应当由发出制作上述虚假账目指令的个人承担刑事责任[3]。

2. 隐匿会计文件 402

该条规定,对"使公司或法人的会计文件消失"的行为,进行定罪处罚。隐匿是指隐瞒、窃取甚至破坏,以阻止会计文件出现,而不仅是伪造。对此,事实审法官必须具体说明相关内容,才能说明其有罪判决的合理性[4]。显然,隐匿没有必要涵盖所有文件(商业账册或其他账簿),可能仅限于其中一些文件。

---

① 整体性介绍,见 N. Stolowy,«Délinquance des comptes et droit des entreprises en difficulté», *JCP* 2003. I. 147。

② Crim. 1er et 15 oct. 1998, *Dr. pénal* 1999. Comm. 41, obs. J. -H. Robert.

③ Crim. 5 nov. 1998, *RSC* 1999. 334, obs. J. -F. Renucci.

④ Crim. 11 juin 1998, *Dr. pénal* 1998. Comm. 155, note J. -H. Robert.

该法旨在处罚使企业活动、会计状况或业务现实的证据消失的行为。

最高司法法院对法条进行了广义解释，将文件传递中的“延迟”等同于因未提供这些文件而使其消失。当然，延迟向清算人移交文件将使清算人无法评估企业状况，这与隐匿文件所导致的结果相同。然而，这种扩展一定程度上破坏了刑法的严格解释原则①。同样，当延迟提交文件时，最高司法法院也增加了“执意”拒绝提交会计文件，特别是将文件保存在难以接触之处时②。正如评论者所指出的那样，此处论及会计文件“消失”是很奇怪的，因为事实上我们知道文件在何处。

403 3. 未建立会计文件

第 L. 654-2 条第 4 项规定，在法律明确规定应当建立会计文件时，对完全未建立会计文件的行为进行定罪处罚。因此，该犯罪需要两个要素同时存在。首先，完全未建立会计文件。法条规定很清楚：只有完全未建立，才能受到处罚，不能扩展到其他情况，例如，只有部分的、不完整的或不规范的会计文件③。对于事实审法官而言，未建立会计文件似乎并不仅仅是没有按时建立账簿，而是在公司活动期间内对公司活动整体都没有建立账簿④。而且，事实审法官认为，如果会计文件并不是真实账簿，那么也是没有会计文件⑤。如果这些账簿具有某些一致性，我们则诉之以虚构会计文件。

与第 L. 654-2 条所规定的所有犯罪一样，未建立会计文件罪，以欺诈故意为前提。如果没有该故意，民事法官可能会认为，存在第 L. 651-2 条规定的管理过错、轻率或不作为⑥。无论如何，该罪的前提条件是，没有保留强制性账簿或设立年度会计文件。仅有银行存折或柜台“流水账”，并不能正当化被告人

---

① Crim. 19 janv. 2000, *Bull. crim.* n° 29; *RSC* 2000. 841, obs. J. -F. Renucci; *Rev. sociétés* 2000. 574, note, B. Bouloc.

② Crim. 25 févr. 2004, *Bull. crim.* n° 52; *Dr. pénal* 2004. Comm. 112, note J. -H. Robert.

③ Crim. 6 déc. 1993, *Bull. crim.* n° 370.

④ 整体性介绍，见巴黎轻罪法庭 1986 年 1 月 15 日、16 日和 17 日的三项判决，*Gaz. Pal.* 1986. 1. 136 s., note Marchi：1 月 15 日判决的案例 1 年未建立会计文件，1 月 17 日的判例 4 个月未建立会计文件。

⑤ Paris 7 avr. 1987, *JCP E* 1988. Ⅱ. 15118, note Cabrillac et Vivant.

⑥ Com. 1er févr. 2011, *Gaz. Pal.* 7/8 oct. 2011. 42, note C. Robazewski.

的行为①。

(五)第五种类型:会计文件不完整或不合规

最初,立法者忘记将简单的账目不合规进行定罪处罚。这项遗漏由1994年6月10日法修复,并将其列入第L.654-2条第5项规定。根据法律规定,对会计文件“明显不完整或不合规”的,进行定罪处罚。 404

本条已经被用来处罚违反《商法典》第L.123-12条规定的不合规行为,该条要求对影响公司资产的变动进行会计登记②,以及在正式通知后提交的声明中不包含所减少的数据或结果③。同样,建立简单的资产负债表“草稿”也不构成《商法典》第L.123-13条意义上的资产负债表和损益表④。由于公司管理人的“惰性”导致公司多年会计异常,也应当受到惩罚⑤。

此外,有判决认为,在停止支付日之前实施的行为也能构成犯罪,因为法条并不要求行为发生在该日期之后⑥。最后,明显不合规的会计文件,根据情况,可能同时构成虚假破产罪和税务犯罪⑦。

二、故意要素

1. 原则

第L.654-2条所规定的犯罪行为都以故意要素为前提。判例明确肯定了这一点,并将该意图定义为“对过错明知和恶意”⑧。另外,最高司法法院指出,对于该意图不得进行推定。因此,对于没有查明故意要素的判决,该院进行审查⑨。但是,通常情况下,故意的证据直接来自法院所查明的犯罪人使用的物质手段:“被告人的恶意来自他过去获得信用所使用手段的虚假性和破坏 405

---

① Crim. 29 mai 1995, inédit, n° Y 94-84.301.

② Crim. 31 oct. 2007, *Rev. sociétés* 2008. 165, note H. Matsopoulou.

③ Crim. 19 nov. 2008.

④ Crim. 4 nov. 2009, *Gaz. Pal.* 2010. 327, obs. C. Robaczewski.

⑤ Crim. 6 avril 2011, *RSC* 2011. 621, note H. Matsopoulou.

⑥ Crim. 17 nov. 2004, *Dr. pénal* 2005. Comm. 61, note J.-H. Robert.

⑦ Crim. 4 mai 2006, *Dr. pénal* 2006. Comm. 101, note J.-H. Robert.

⑧ T. corr. Paris 29 sept. 1986, *Gaz. Pal.* 1987. 1. 109, note Marchi.

⑨ Crim. 10 mars 2010, *Dr. pénal* 2010. Comm. 83, note J.-H. Robert.

性”①。例如,由于公司管理人的惰性,多年没有发现因会计师事务所的过失导致会计文件存在严重异常,而保留会计文件正是管理人的责任②;或者,由于公司管理人的惰性,简单地认为专业人士提供的文件不可能存在虚假情况③。

事实审法官仍然必须准确指出,犯罪行为是由债务人在停止支付状态下自愿实施的,这意味着必须指明停止支付的日期④。

2. 存在公司集团的抗辩事实

406 在研究滥用公司财物罪时,我们已经说明,自 1985 年的里程碑意义的裁决以来牢固确立的判例法承认公司集团的存在,而且集团利益的存在可以证明该集团中一所公司中发生的某些行为是正当的;如果不存在公司集团,那么,这些行为就是违背涉案公司利益的,构成犯罪(见第 278 段)。但是,最高司法法院不承认,集团利益能够证明为另一公司利益而转移某一公司资产的行为是合理的,尽管两所公司之间形成“经济联合体(union économique)”。因为集体程序仅涉及两所公司中的一所公司表明,该公司已经恢复其经济独立性和财务独立性⑤。

第三节 处罚

一、刑罚

1. 自然人

407 其一,主刑。第 L. 654-3 条规定,虚假破产的,处以 5 年监禁和 75 000 欧元罚金。第 L. 654-4 条规定,若虚假破产行为人是提供投资服务企业的管理人,则处以 7 年监禁和 10 万欧元罚金。最高司法法院认为,对于该罪,不能仅

---

① Crim. 19 janv. 1981, *JCP* 1981. Ⅱ. 19640.

② Crim. 6 avr. 2011, *RSC* 2011. 621, note H. Matsopoulou.

③ Crim. 3 déc. 2014, *Rev. sociétés* 2015. 192, note B. Bouloc.

④ Crim. 5 juin 1989, *Gaz. Pal.* 1991. 1. 24, note Marchi; *Bull. crim.* n° 233.

⑤ Crim. 20 juill. 1993, *Bull. crim.* n° 250; *Rev. sociétés* 1994. 94, note. B. Bouloc; 27 avr. 2000, *Bull. crim.* n° 169; *RSC* 2000. 842, obs. J. -F. Renucci; *Rev. sociétés* 2000. 746, note B. Bouloc.

根据行为的严重性和被告人的犯罪前科记录就对其判处监禁刑①。

其二,附加刑。对于第 L.654–3 条和第 L.654–4 条规定之罪的犯罪人,第 L.654–5 条列明 5 项附加刑。除禁止公民、民事和家庭权利之外,禁止最长 5 年期限担任公职或从事犯罪活动时所涉的职业活动,除非民事法院或商事法院已经通过最终裁决宣布上述措施。在最长 5 年期限内,可同时禁止被定罪人签发支票,禁止被定罪人参与公共采购合同。最后,法院可以命令发布或张贴判决。最高司法法院采取严格解释来适用上述禁令。例如,该院认为,若被定罪人虽然与公司签订雇佣合同但实际上已成为公司事实上的管理人,则其违反了从事管理活动的禁令②。 408

这些刑罚既可以针对主犯,也可以针对共犯。法院任命的临时管理人故意违背其使命,允许公司董事长和董事会成员实施转移公司资产行为的,就是这种情况③。

第 L.654–6 条允许宣布个人破产或禁止以第 L.653–11 条规定的方式管理、控制或治理公司,除非民事法院或商事法院已经在相同行为发生时,作出宣布该措施的最终裁判。宣布处以禁止管理公司的刑罚,是非常有争议的。因为法条中所规定的禁止期限,根据所判禁令是刑事禁令还是商事禁令,有所区别。事实上,《刑法典》第 131–27 条规定的禁令或是终身的,或是临时的(但最长期限为 5 年)。然而,《商法典》第 L.625–10 条规定,禁令不得少于 5 年。长期以来,刑事法院和商事法院各自分别适用上述两个不同条款。

该争议分两个阶段结束。首先,2005 年 7 月 26 日《企业保护法》新增《商法典》中第 L.653–11 条,规定个人破产或禁止管理的禁令期限不得超过 15 年。同时,宣布该规则立即适用于因虚假破产罪而被起诉的人员,只要涉案行为在 2006 年 1 月 1 日前实施(第 L.191 条第 7 项)。其次,最高司法法院在 2006 年 11 月 8 日的 3 项判决中采用了新的机制④。刑事法庭驳回两项上诉,

---

① Crim. 6 avr. 2011, *Gaz. Pal.* 7/8 oct. 2011. 43, note C. Robaczewski.

② Crim. 23 févr. 2011, *Gaz. Pal.* 7/8 oct. 2011. 43, note C. Robaczewski.

③ Crim. 22 sept. 2010, *Gaz. Pal.* 7/8 oct. 2011. 45, note C. Robaczewski.

④ *Bull. crim.* n° 280; *Dr. pénal* 2006. Comm. 9, note J.-H. Robert; *D.* 2007. 10, note A. Lienhard et 104, H. Matsopoulou, «Réflexions sur la faillite personnelle et l'interdiction de gérer».

这两项上诉针对判决被告人禁止管理的禁令裁判,禁令期限分别为 8 年和 15 年。该庭将事实审法官所确定的禁止管理的禁令期限从 20 年缩短为 15 年。因此,另外无论是在商事领域还是在刑事领域,适用临时禁止管理禁令的最长期限为 15 年。

根据新《刑法典》的一般规定,所有附加刑都是可选择性的,只有刑事法院的明确裁判才能予以适用①。

2. 法人

409 第 L. 654 – 7 条规定,法人因第 L. 654 – 3 条和第 L. 654 – 4 条规定的所有犯罪而承担刑事责任。法人承担罚金刑,以及《刑法典》第 131 – 39 条所规定的附加刑。因此,法人可能被禁止从事经营活动、关闭经营场所、禁止签发支票、禁止签订公共采购合同或公开募集资金,甚至被解散。

二、追诉的特殊规定

1. 提起公诉

410 自 1985 年以来,提起公诉应以事前启动破产管理程序为前提(见第 386 段)。根据第 L. 654 – 17 条的规定,检察官可以向法院提起公诉,管理人、司法代理人、员工代表、执行计划专员、清算人,以及当司法代理人应当采取行动而在接到正式通知后仍不采取行动时,多数债权人指定的控制人为债权人的集体利益,都可以向刑事法院申请作为附带民事诉讼当事人。第 L. 654 – 18 条补充规定,检察官可要求管理人或清算人交出他们持有的所有文件②。

尽管如今该列表经过不断添加已经冗长,但是,第 L. 626 – 17 条中的列表本身肯定是有限的③。有判决认为,如果条文中未提及的人员提出控诉,则可以通过移案决定(l'ordonnance de renvoi)将不合规行为提交至刑事法院审理④,或者由共和国检察官在个别债权人提起附带民事诉讼后提起公诉,尽管

① Paris 9e ch. 7 nov. 1994, *Gaz. Pal.* 1995. 1. 91, note J. -M.

② Crim. 27 nov. 1997, *Bull. crim.* n° 406.

③ Crim. 20 févr. 1997, *Bull. crim.* n° 72.

④ Crim. 5 mai 1997, *Bull. crim.* n° 159; *Rev. sociétés* 1998. 127, note B. Bouloc.

该起诉后来被宣布为不可受理[1]。

2. 追诉时效

如今,所有虚假破产罪都应处以轻罪刑罚。第 L. 654-16 条规定 3 年追诉期限的起算点,即启动司法保护、破产管理或司法清算程序的判决宣布之日,条件是犯罪行为发生在此日期之前[2]。但是,对于该犯罪,与许多其他犯罪一样,判例法倾向于将追诉期限的起算点推迟至该行为的出现符合提起公诉条件之日。至于此后的行为,则根据普通刑法的规定,从行为发生之日起计算追诉时效。 411

3. 未遂

第 L. 654-2 条规定的 5 种类型虚假破产罪的未遂,都是不可罚的[3]。 412

4. 共犯

第 L. 654-3 条第 2 项规定,虚假破产罪共犯的刑罚与主犯的刑罚相同,即使他们不属于能诉之以虚假破产罪的特定身份的自然人清单,即使他们不管理从事经济活动的私法法人,无论是直接管理还是间接管理,无论是法律上的管理人还是事实上的管理人。该明确规定无疑是毫无作用的,后由 2008 年 12 月 18 日法令废除。但是,如下规定得到保留:如果共犯是提供投资服务企业的管理人,那么他们将受到第 L. 654-4 条的加重处罚。 413

根据普通刑法的规定,共犯要求故意进行实质性的帮助、协助或提供工具的行为,也就是,有意或愿意帮助实施犯罪行为:例如,以商人名义持有虚构会计文件[4],明知是处于停止支付状态公司的管理人出具的通融票据仍予以接收[5]。律师安排处于停止支付状态的丈夫通过与其配偶离婚的方式实施积极挪用行为,即安排出售他们的住宅、接受经公证的购房款并将款项转移至避税

---

① Crim. 11 avr. 2002, *Bull. crim.* n° 87; *Dr. pénal* 2002. Comm. 97, note J.-H. Robert; *Rev. sociétés* 2002. 561, note B. Bouloc.

② Crim. 1er juill. 2009, *Gaz. Pal.* 2010. 328, note C. Robaczewski.

③ Crim. 7 avr. 1998, *Rev. sociétés* 1998. 624, note B. Bouloc.

④ Saint-Denis de la Réunion, 17 déc. 1998, *D.* 1999. 609, note Didier R. Martin.

⑤ Crim. 24 mai 2000, *Dr. pénal* 2000. Comm. 129, note J.-H. Robert.

天堂,也是这种情况①。

但是,如果没有具体说明为主犯所提供的帮助或协助的内容以及帮助实施犯罪行为的意愿,法官就不能判决构成共犯。例如,仅仅查明被告人的"专业人员"身份,不足以说明存在该意愿。例如,某案中,商事法院院长和临时管理人的身份,不足以推定他们有意帮助实施犯罪行为②。

414 在所有可能的共犯形式中,判例法和理论界特别关注的是提供信贷的银行家。是否应该将向使用破坏性手段贷款的商人提供贷款的银行家视为共犯?共犯的事实要素似乎没有疑问。一切都取决于故意要素。确实,最高司法法院也是聚焦于此。如果银行家明知企业是为了推迟启动破产管理程序并隐瞒不可避免的停止支付状态而通过破坏性手段申请贷款,仍向其提供贷款的,那么就构成共犯③。对案例法的研究表明,事实审法官只有在明确认定有证据证明银行家明知借款人的状况,并故意帮助实施犯罪行为之时,才能认定银行家构成共犯,并作出有罪判决④。

5. 隐瞒犯罪所得罪

415 根据《刑法典》第 321 – 1 条普通刑法的规定,明知是挪用行为产物而从中获益的,构成隐瞒虚假破产罪的犯罪所得罪。比如,律师接受名为律师费的款项,尽管该款项并不是用于支付企业债务,而是为了管理人的利益支付尽职调查费用,则构成隐瞒犯罪所得罪⑤。他们只承担《刑法典》规定的隐瞒犯罪所得罪的刑事处罚,不能被处以虚假破产罪的特殊刑罚,因为没有条款规定能够进行扩展适用⑥。但是,我们也可以根据《商法典》的条款对他们提起诉讼,这些条款具体规定了隐瞒犯罪所得罪的某些特殊处罚方式(见第 417 段)。

---

① Crim. 29 mars 2000, *Bull. crim.* n° 144.

② Crim. 11 juin 2004: *Gaz. Pal.* 12/14 sept. 2004. 4, note M. -C. Sordino.

③ Crim. 18 mai 1976, *D.* 1976. 578, note Gavalda; 10 nov. 1978, *D.* 1979. 525, note Culioli et Derrida; *Bull. crim.* n° 319.

④ Crim. 3 janv. 1985, *Bull. crim.* n° 2; 30 oct. 1989, *Dr. pénal* 1990, n° 88; 9 oct. 1989, *Bull. crim.* n° 343; *Rev. sociétés* 1990. 285, note B. Bouloc; *RSC* 1990. 794, obs. P. Bouzat.

⑤ Crim. 5 avr. 2006.

⑥ Crim. 5 août 1998, *JCP* 1999. I. 151, n° 6, obs. J. -H. Robert; *Rev. sociétés* 1999. 175, note B. Bouloc.

6. 债权人附带民事诉讼的可受理性

第 L. 654－17 条列明可以作为虚假破产罪附带民事诉讼当事人的清单,显然,该清单是有限的,主要包括管理人、司法代理人、员工代表、执行计划专员①、清算人,以及当司法代理人在 2005 年 12 月 28 日法令第 327 条规定的期限(从接到正式通知之日起 2 个月内)内能够行事而拒不行事时,由多数债权人为债权人集体利益而任命的控制人。 416

最高司法法院的判例法非常广泛地宣布,任何因虚假破产行为而直接遭受个人损失的人员提起的附带民事诉讼,都是可受理的②,并且毫不犹豫地驳回事实审法官宣布"因所遭受的损失不同于集体程序中债权人的损失申请作为附带民事诉讼当事人的,不可受理"的裁判③。

但是,最高司法法院并不承认,不在法条规定清单中的其他人员提起附带民事诉讼的可受理性。因此,股东无法要求偿还其在公司的出资款,因为他的损失不是直接的④。因此,虚假破产罪所采用的解决方案与滥用公司财物罪的解决方案相同。财政部司法干事(Agent judiciaire du Trésor)不在法条规定的清单中,因此他提起的诉讼被判定为不予受理⑤。

可赔偿损失,是指被诉行为造成的直接损失。因此,它等于欺诈性挪用财物的价值,而不能扩展至所查明的总体资产不足以支付的金额⑥。

---

① Crim. 5 nov. 2008, *Gaz. Pal.* 21－22 janv. 2009. 60, note C. Robaczewski:由于被诉行为而使公司陷入财务困境。

② Crim. 30 oct. 2013, n° 12－86. 707－*Juris-Data* n° 2013－023972.

③ Crim. 17 juin 2014, *Rev. sociétés* 2015. 195, note B. Bouloc.

④ Crim. 26 janv. 2005, *Dr. pénal* 2006. Comm. 86, note J. -H. Robert.

⑤ Crim. 28 févr. 2006, *D.* 2006. 2145, note S. Jacopin; *Rev. sociétés* 2006. 389, note B. Bouloc.

⑥ Crim. 13 mars 1995, *Bull. crim.* n° 99:挪用出售不动产所得的款项;4 déc. 1997, *Dr. pénal* 1998. Comm. 52, obs. J. -H. Robert: allocation d'une somme représentant «la perte de chance» que le créancier avait de recouvrer son dû à la suite d'une aggravation frauduleuse du passif. 另见 Crim. 5 août 1998, *Dr. pénal* 1999. Comm. 42, obs. J. -H. Robert。

第二章　关于司法清算的其他犯罪

417 《商法典》在虚假破产罪之后，集中规定了“其他犯罪”的条款。2005 年 7 月 26 日《企业保护法》保留了这些规定，该法仅改变了《商法典》中规定这些其他犯罪的条款的编号(第 L. 554-8 条及随后条款)。

在许多情况下，这些罪行在适当的情况下被“同化”，并受到第 L. 654-3 条至第 L. 654-6 条的处罚；有时，它们会受到其他文本所规定的处罚，特别是《刑法典》第 314-1 条和第 314-2 条规定的背信罪的处罚；最后，在某些情况下，这些罪行会受到不同的处罚。

对此，我们将分为债务人(第一节)、第三方(第二节)和参与执行管理计划的司法辅助人员(第三节)所实施的犯罪来研究。

第一节　债务人实施的犯罪

一、处分行为和禁止付款

418 2008 年 12 月 18 日法令修订后《商法典》第 L. 654-1

条列举在观察期内以及在执行破产管理计划执行期内,债务人对公司管理可以和不可以实施的行为。该条还规定可能因虚假破产罪而被起诉的所有人员(见第378段至第383段)。第L.654-8条规定,处罚为2年监禁和30 000欧元罚金。

(一)观察期间

第L.654-8条第1项,对上述人员违反第L.622-7条规定而行事或付款 419
的,进行定罪处罚。具体而言,上述人员未获得第L.622-7条规定的授权(清算法官的命令)而同意、承诺或实施处分行为,或者全部或部分支付启动破产管理程序之前发生的债务。观察期应当按照程序启动前的债权人权利平等和先后顺序的双重原则行事。第L.654-8条第1项,对违背上述原则进行担保或优先付款的行为,进行定罪处罚。

(二)计划执行期间

第L.654-8条第2项规定,对违反司法保护或破产管理计划的债务偿还 420
方案或未获得第L.626-14条规定的授权而进行付款的人员,进行定罪处罚。同时,第L.654-8条第2项还规定,在根据第L.642-10条规定执行转让计划时,对转让禁止转让的财物的行为,应当进行定罪处罚。2008年12月18日法令保留了该项罪名。从此,该罪从前款中区分出来,单独规定于本条第4项之中。禁止转让的财物,是指对于企业的继续存在不可或缺的财物。除了可能受到刑事处罚之外,第L.642-10条规定,对于违反执行计划中禁止转让财物规定的行为,任何利益相关方或检察官都能申请法院判决"行为无效"。

二、组织清算

第L.654-14条和第L.654-9条第3项规定,对试图将个人财产免于债 421
权人起诉的行为,以虚假破产罪定罪处罚。根据第L.654-3条至第L.654-5条的规定,按照行为人身份不同,可分为法人管理人或代表以及个体从业者两种情形。

(一)法人管理人或代表

第L.654-14条规定的罪名,涉及第L.654-1条第2项和第3项条所规定 422
定的人员,即法人的管理人或代表。行为包括"转移或隐藏全部或部分财产"

或承认“其并未借款的债务金额”。该术语非常全面,涵盖任何形式的任何行为,包括转移或隐藏属于犯罪人的个人财产。

另外,该犯罪还要求具有故意要素,既包括“恶意”的普通故意,也包括特殊故意。因为犯罪人应当“以骗取全部或部分法人财产(该法人正被判启动司法保护、破产管理或司法清算程序)或法人股东或债权人的财产”为目的而行事。最后,要指出的是,第 L. 654-2 条不处罚虚假破产罪的未遂,而与之相反,第 L. 654-14 条对转移或隐瞒全部或部分财产未遂的,进行定罪处罚[①]。

(二)个体从业者

423 第 654-9 条第 3 项规定,任何从事商业、手工业、农业或任何其他独立职业的人员实施第 L. 654-14 条规定的任何犯罪行为的,应以虚假破产罪定罪处罚(见第 422 段),但条件是该活动是“以他人名义或以虚假名义”进行的,也就是说,他隐瞒其真实职业活动以逃避或试图逃避债权人可对其个人财产提起的诉讼。

第二节 第三方实施的犯罪

424 在破产管理程序中对第三方的欺诈性干预行为进行的定罪处罚规定中,有必要区分各种形式的共犯(一)以及更为具体的债权人的行为(二)。

一、各种形式的共犯

425 第 L. 654-9 条第 1 项规定,对于破产管理程序中的相关犯罪的共犯,《刑法典》第 121-7 条普通刑法的规定能够适用。此外,该法还有两项特别规定,为债务人的犯罪行为提供任何形式的帮助或协助的,处以 2 年监禁和 30 000 欧元罚金。

1. 非法协议

426 我们已经看到(见第 419 段和第 420 段)第 L. 654-8 条第 1 项和第 2 项规

① Crim. 10 janv. 1994, inédit, n° 93-81.678:处于司法清算程序中的公司的经理出售个人财产。

定,在观察期间或执行司法保护、破产管理或司法清算计划期间,债务人订立法律所禁止的协议的,应当进行定罪处罚。第L.654-8条第3项规定,在上述期间,任何人"明知该情形"仍与债务人达成上述非法协议的,将受到同样的处罚。该条款对共犯进行了处罚,即故意成为债务人的合同当事方。该债务人订立欺诈性协议,试图损害债权人的抵押权、担保权或处分权并从中获利。2008年12月18日法令,将该处罚扩展至违背第L.642-10条禁令(第654-8条第4项规定的转让不可转让财物的禁令)的"任何人"。法院可以在转让计划中附上不得转让该财物的判决。

2.掩饰和隐瞒

其一,一般情况。《商法典》规定,对债务人隐瞒或企图隐瞒其全部或部分资产的行为,进行定罪处罚。第L.654-9条第1项补充规定,为第L.654-1条所规定的人员的利益(破产人)占有、隐瞒或隐匿其全部或部分财物(包括动产和不动产)的,处与虚假破产罪相同的刑罚。 427

其二,关于配偶、父母和姻亲。立法者对债务人的亲属一直不信任,因为他们容易纵容债务人与其串通。一方面,第L.654-10条规定,在破产管理程序中,上述人员不得担任任何职务;另一方面,第L.654-10条规定,"对配偶、直系尊卑亲属、旁系亲属或姻亲用处于破产管理或司法清算程序的债务人资产购买日用品,或对资产进行挪用、侵吞或隐瞒的",应当进行处罚。 428

本条款中的列举内容非常广泛,因为犯罪人是"第L.654-1条中规定人员(自然人债务人、法人常任代表或管理人)"的近亲属。虽然法条没有明确说明,但该犯罪要求具备故意要素,即转移或隐瞒之人必须知道该财物是处于破产管理中的债务人的资产。

犯罪人将受到《刑法典》第314-1条规定的背信罪的处罚:3年监禁和37.5万欧元罚金。此外,第L.654-11条要求法官,即使是无罪判决,仍须依法裁定,偿还被盗用的债务人财产以及可申请的损害赔偿金。本规定适用于根据第L.654-8条至第L.654-10条规定处罚的所有犯罪。

二、真正债权人或虚假债权人实施的犯罪

现在有若干法条对真正债权人或虚假债权人的犯罪进行处罚,这些行为 429

违反了破产管理程序的基本原则：债权人平等原则与停止支付原则。我们将按照法条规定顺序逐一介绍。我们发现每个罪名受到的处罚都不相同，而这些处罚通常需要引用其他条款。这种复杂的立法并不必要。

1. 接受异常付款

430 第 L. 654－8 条第 3 项规定，对任何与债务人订立第 L. 654－8 条第 1 项和第 2 项中规定的合同（抵押、担保、处分合同），或者已经接收异常付款（即违反第 L. 622－7 条“禁止对启动程序判决之前提出的任何索赔付款，除非得到清算法官的授权”的禁止规定；或者违反第 L. 626－18 条及以下各条关于公司适用继续经营计划的规定），应当进行定罪处罚。为了避免适用困难，本法条将合同当事方（债务人的共犯）作为单独罪名的主犯，进行定罪处罚。该犯罪要求具有故意要素，只对在观察期内、在执行司法保护计划以及在执行破产管理计划期内，“明知债务人状况”仍实施犯罪行为的，才予以定罪处罚。

该罪的刑罚为 2 年监禁和 30 000 欧元罚金。此外，法官将依职权依法裁定，偿还以欺诈手段盗用的财物（第 L. 654－11 条）。

2. 申报虚假债权

431 第 L. 654－9 条第 2 项规定，对“任何人员在司法保护程序、破产管理程序或司法清算程序中欺诈申报存在（以自己的名义，或者通过他人名义）虚假债权的”，应当处以第 L. 654－3 条至第 L. 654－5 条规定的虚假破产罪的刑罚。该规定可对在第 L. 622－24 条规定的申报过程中实施的任何欺诈行为，进行定罪处罚。这不是单独处罚共犯，而是处以单独罪名。实际上，申报虚假债权的处罚与虚假破产罪中债务人的处罚，是互相独立的。债务人与申报债权人之间的串通不构成诈骗。但是，既然债务人明知债权是虚假的，那么犯罪人就是为了自己的利益行事。

与上述情形一样，第 L. 654－11 条规定法官有权依法裁定，偿还被盗用的财产以及可申请的损害赔偿金。

3. 给予特殊优待的协议

432 第 654－13 条规定，对在启动司法保护程序、破产管理程序或司法清算程序的判决之后，债权人通过协议要求债务人对其给予特殊优待的，应当进行定罪处罚。事实上，本条与第 L.654－8 条第 3 项（见第 430 段）有大量重复，因为抵押、质押、处分行为也是第 L.654－13 条规定的特殊优待。但是，本条的措辞更为笼统，并且，可以在第 L.654－8 条规定的具体优待之外，设定其他优待。犯该罪的，处以背信罪的刑罚（《刑法典》第 314－1 条），即 3 年监禁和 37.5 万欧元罚金。第 L.626－13 条第 2 款补充规定，审理法院有权宣布协议无效。但是，第 L.654－11 条允许法官裁定偿还被盗用财物的规定，此处不适用。因为，第 L.654－11 条仅涉及第 L.654－8 条至第 L.654－10 条所规定的犯罪。

第三节　司法辅助人员实施的犯罪

对于以下两种不同罪行，第 L.654－12 条规定应处以背信罪的加重处罚（《刑法典》第 314－2 条），即 7 年监禁和 75 万欧元罚金。第一种是传统的滥用权力或财物的“侵犯财产罪”（一）；第二种是占有或使用债务人财物的犯罪（二）。 433

一、侵犯财产罪

1. 可处罚的人员

现有第 L.654－12 条规定的清单，比旧条款规定的清单更加广泛。 434

首先，第 L.654－12 条第 1 款规定，任何管理人、司法代理人、清算人或执行计划的债权人专员、清算人或执行计划专员①，都是可处罚的人员。因此，此列表仅涉及在观察程序、执行企业破产管理计划或司法清算计划程序中可以被任命的专业司法工作人员②。

其次，第 L.654－12 条第 2 款也规定了同样的人员，但员工代表除外，另增加其他以任何身份参与程序诉讼的人员，即任何有权进行干预的人员，但不包

---

① Crim. 9 févr. 2005, *Bull. crim.* n° 50; *Dr. pénal* 2005. Comm. 80, note J.-H. Robert.

② C. Ruellan, «La responsabilité pénale des administrateurs provisoires et judiciaires du fait de leur administration», *Dr. pénal* 2000. Chron. 25 et 28.

括司法清算公司的会计师[①]。

2. 事实要素

435 虽然新法第 L. 654 – 12 条不再使用“恶意”一词，但是，理论界、判例法和实务界都继续适用该术语指明犯罪。该罪的事实要素应当以下列两种行为之一为特征。犯罪人必须：

一是“为个人利益使用履行职务时获取的款项，或者尽管明知仍为自己分配不正当利益”。比如，公司管理人不直接转移其管理的资金，而是将其无偿存放于专业银行账户，并由银行向其个人提供利益作为交换对价[②]。

二是“为了个人利益使用其拥有的权力，尽管其明知这种使用违背债权人或债务人的利益”[③]。比如，被任命为执行计划专员的司法代理人，要求处于破产管理程序的人员为其修缮个人住所但不支付报酬，而是通过要求该人员支付所谓的应付费用，进行抵销[④]。

对于本条款，我们认为有两点值得思考。首先，鉴于该条采取了新的犯罪的定义范围，在其生效之前所实施的罪行仍然应受惩罚，这部分保留了该条对此前判例的价值。其次，该条的措辞与第 L. 241 – 5 条第 4 项和第 L. 242 – 6 条第 3 项相对应，后两条对滥用公司财物进行定罪处罚。事实上，我们认为，该规定要求，犯罪应当为个人利益并违背债务人利益（见第 357 段）。对于这部分内容，我们将在后文向读者具体说明。

然而，由于法条规定的新的精确要求，我们必须承认如下判例已经过时，即只要破产管理人（syndic）具有过失，就构成犯罪[⑤]。以后，法官只能对有证据证明行为完全符合第 L. 654 – 12 条的要求才能作出有罪判决；因此，某些无视法定义务但不追求个人利益的行为将不再受到该条处罚，而是受到其他法律

---

① Crim. 15 déc. 2004, *Bull. crim.* n° 321; *Dr. pénal* 2005. Comm. 46, note J. -H. Robert; *RSC* 2005. 316, obs. D. Rebut.

② Crim. 30 avr. 2005, *Dr. pénal* 2005. Comm. 113, note J. -H. Robert.

③ Crim. 19 juin 1997, *Bull. crim.* n° 250; *Dr. pénal* 1998. Comm. 8, obs. J. -H. Robert; *Rev. sociétés* 1998. 384, note B. Bouloc：破产管理人获取公司股份却不行使公司债权。

④ Crim. 9 févr. 2005; v. ss 434.

⑤ Crim. 24 juill. 1985, *Gaz. Pal.* 1986. 1. 47; *D.* 1986. IR 176, obs. Derrida.

规定的处罚。上诉法院认为,司法辅助人员要求其管理的债务人公司支付为保证该公司有效管理而产生的管理费用,不构成侵犯财产罪①。但是,在案情非常相似的一项判决中,最高司法法院更为严厉,并驳回针对上诉法院的判决提出的上诉,该上诉法院判处司法辅助人员构成侵犯财产罪②。

自 2003 年 1 月 3 日法修改《商法典》第 L. 811 – 1 条关于破产管理人和司法代理人对公司破产管理和清算的职务以来,就一直采取该解决方案。法条明确规定,如果他们将法院的授权职务委托给第三方,那么“他们应当将收到的报酬支付给第三方”。

3. 故意要素

第 L. 654 – 12 条第 1 款不处罚简单过失,处罚的是故意。根据法条要求, 436
被告人必须“自愿”损害债权人或债务人的利益,或者“明知违背”其利益仍然如此使用权力。可以合理假设,在滥用财物或滥用权力的情况下,刑事法官会发现,由于被告人的职业身份,犯罪故意的证据相当容易确立,对被告人而言,事实上的恶意推定难以推翻。比如,以下两个案件:破产管理人不将款项存入法国存托银行(第 L. 641 – 8 条规定的要求),而是将该款项存入特别账户并由其个人在柜台提取该款项的利息③,以及破产管理人将大笔款项从审查账户(compte étude)转移到个人账户以获取现金券,并在提取利息后向审查账户转入象征性金额④,法院怎么会不作出有罪判决呢?

4. 追诉的特殊规定

《商法典》第 L. 654 – 17 条规定了有权对所有这些犯罪提出公诉的人员名 437
单。检察官可以提起公诉,管理人、司法代理人、员工代表、执行计划专员、清算人以及多数债权人指定的控制人为债权人集体利益,都可以申请作为附带民事诉讼当事人。这份名单没有提到债务人,因此,对债务人不能直接以侵犯财

---

① Aix-en-Provence 4 mai 2000, *Dr. pénal* 2000. Comm. 88, obs. J. -H. Robert.

② Crim. 26 sept. 2001, *Bull. crim.* n° 190; *Dr. pénal* 2002. Comm. 9, note J. -H. Robert; *D.* 2002. 1800, obs. M. Segonds; *Rev. sociétés* 2002. 81, note B. Bouloc; *RSC* 2002. 340, obs. J. -F. Renucci.

③ Crim. 20 juill. 1982, *Bull. crim.* n° 195.

④ Crim. 5 juill. 1993, *Bull. crim.* n° 239.

产犯罪或其共犯提起公诉①。

二、占有或使用债务人的财物

1. 可处罚的人员

438 第 L. 654 – 12 条第 2 款的适用范围比侵犯财产罪的范围更加广泛。该条列举的人员与侵犯财产罪的人员相同,并且附加上“除员工代表之外,其他以任何身份参与程序的人员”。该规定非常全面,适用于清算法官、法院成员以及基于破产管理人和商业分析师申请而任命的专家(第 L. 813 – 1 条)。这种扩展是合理的,以防止出现任何串通或利益冲突。因此,该罪不适用于未参与程序的人员,如将清算公司的股份转让给该公司会计师具有家族利益的公司②。

2. 事实要素

439 对于上述所任命的人员,该罪包括“直接或间接地为其个人利益占有债务人的财物或使用该财物”。比如,应当遵循司法条例的破产管理人占有处于破产管理程序的公司的股份,并且不行使公司债权③。犯罪事实要素的界定相当广泛,以对各种常用的手段进行定罪处罚,如“通过他人名义、通过与被告人具有利益关联的空壳公司”。

3. 故意要素

440 尽管不同于第 L. 654 – 12 条第 1 款,第 L. 654 – 12 条第 2 款没有规定故意要素的要求。但毫无疑问,该罪需要具有故意要素,而证明故意的证据几乎不存在任何困难。由于犯罪人“参与程序”,他必然知道,其为个人利益所占有或使用的财物属于债务人。此外,法条规定,审理法院必须宣布占有行为无效,并对损害赔偿金作出裁决。

清算法官或团队主席(le président de la formation)同意转让破产管理公司财产的,不构成侵犯财产罪的直接犯罪人,但可以宣布为侵犯财产罪的共犯,

---

① Crim. 10 mars 2010, *Dr. pénal* 2010. Comm. 86, note J. -H. Robert; *Gaz. Pal.* 2010. 2256, note C. Robaczewski.

② Crim. 15 déc. 2004, *Bull. crim.* n° 321; *Rev. sc. crim.* 2005. 316, obs. D. Rebut.

③ Crim. 19 juin 1997, *Bull. crim.* n° 250; *Dr. pénal* 1998. Comm. 8, obs. J. -H. Robert; *Rev. sociétés* 1998. 384, obs. B. Bouloc.

因为他们没有对其明知具有欺诈性的操作提出反对[1]。

4. 追诉时效

对此,最高司法法院正处于判例扩张的潮流之中(尽管是随机性的)。该 441
院判决指出,侵犯财产罪追诉时效期间的起算点,应当是犯罪行为被发现并符合提起公诉的条件之日(见第434段)[2]。

---

① Crim. 30 juin 1999, *Bull. crim.* n° 175; *Rev. sociétés* 2000. 553, note B. Bouloc.

② Crim. 9 févr. 2005.

第二卷　股票犯罪的历史演变:证券交易委员会到金融市场管理局

我们暂时撇开从19世纪起就一直受《刑法典》处罚的犯罪,其范围存在争议,而且在股票领域微不足道,直到1967年9月28日法令创立证券交易委员会(COB),1970年12月23日法规定特殊犯罪,我们才看到真正意义上的“股票刑法”出现。从那时起,该刑法分支逐渐扩展,投票通过的立法不断增加股票犯罪的数量,补充或扩大其构成要素,加重其处罚。所有这些条款都经2000年12月14日法令纳入《货币和金融法典》。自此,这些条款不断受到后续立法的技术性调整,特别是2003年8月1日《金融安全法》,以及2013年12月6日《打击税务欺诈罪和重大金融犯罪法》①。 442

但是,对于股票犯罪,法国法的基本特征是存在对同一行为进行起诉和惩罚的二元机制。违反《货币和金融法典》的刑事条款的行为会被诉至刑事法院,并受到刑事处罚。但是,这些行为同时违反股市主管部门颁布的条例规定。因此,股票犯罪的“违法性”,最初是针对证券交易委员会的调查权、管理权和处罚权,后来则是针对金融市场管理局(AMF)享有的不断强化的权力。

443 然而,必须承认,在股票犯罪领域实施二元处罚机制,并不意味着处罚的严厉性。一方面,虽然已略有增加,但刑事起诉仍然很少。另一方面,证券交

① 见H. Robert, Une nouvelle étape normative dans le renforcement des moyens de lutte contre la criminalité d'argent, JCP G 2014, doctr. 182。

易委员会不得不放弃大多数纪律处罚程序,因为它的适用规则违反欧洲人权法院的基本原则:无罪推定,辩护权、调查权和裁判权分离。2000 年 8 月 1 日法令对纪律处罚程序进行了必要的改革,以使证券交易委员会能够履行其职能。

另一项改革更加雄心勃勃即 2003 年 8 月 1 日《金融安全法》和 2003 年 11 月 21 日《金融市场管理局总条例》[①]。这些规定远远超出了严格意义上的股票犯罪范围。因为经过一系列“丑闻”事件之后,有必要恢复公众信心。但是,为了坚持在该领域适用纪律处罚程序,这些立法的主要内容是取消证券交易委员会及其他机构,并代之以唯一的“金融市场管理局”。另外,这些立法对证券交易委员会的处罚程序及其对刑事法院的移交权进行了改革。因此,2003 年 8 月 1 日《金融安全法》对《货币和金融法典》《商法典》等其他法典进行了重大修改。

由于这项改革备受期待,2004 年 11 月 12 日针对一位财政部部长的判决,建立并确认了新的金融市场管理局的管理权[②]。此后,对金融市场管理局也进行多次改革,特别是 2007 年 1 月 4 日法令[③]以及 2007 年 11 月 9 日和 30 日的两项决议(arrêté)[④],批准了《金融市场管理局总条例》的修正案。值得注意的是,《货币和金融法典》中的刑事规定与上述条例中不履行义务规定,虽然同为禁令规定,但内容上仍有差异,而这些差异是不可忽视的。我们将在后文中指出其中的一些差异。就其本身而言,2004 年 6 月 24 日法令适用 2003 年 7 月 2 日授权法(loi d'habilitation),旨在简化适用于商事公司证券的制度,并对该领域进行了一些非常技术性的修订。至于程序规定,2010 年 10 月 22 日法和 2010 年 12 月 8 日法令对其进行了修订[⑤]。

我们通过与金融市场管理局职能相关的犯罪(第一章),以及与金融市场运行相关的犯罪(第二章),对现行法律进行介绍。

备注:若无其他说明,第二卷中所引用的法条均是指《货币和金融法典》中的相应条款。

---

① Comm. S. Thomasset-Pierre, *D.* 2003. 2951.

② *JO* 24 nov. 2004, p. 19749.

③ *JO* 20 janv. 2007, p. 1204.

④ *JO* 5 déc. 2007, p. 19648.

⑤ *RSC* 2011. 429. Comm. N. Catelan.

第一章　与金融市场管理局职能相关的犯罪

第一节　二元处罚机制的废除

这是在证券交易委员会创立初期引入的制度并经2003年8月1日《金融安全法》修改，其特点是对违反股票管理规定的行为进行二元处罚。一方面，证券交易委员会（后来是金融市场管理局）已获得独立处罚权。另一方面，某些行为属于刑事法院管辖的刑事犯罪。因此，金融市场管理局与刑事法院之间存在某种形式的合作。事实上，我们发现，股票市场违法行为的处罚，绝大多数情况下是由证券管理机构进行的，只有在非常例外的情况下才是由刑事法院进行的。 444

尽管如此，同时追诉似乎是可能的。反对同时追诉的人士认为，刑事法院违反了“一罪不二罚”（non bis in idem）规则，该规则禁止对同一行为进行二次处罚。经过法国法院和欧洲法院的诸多有争议的决策（通常是矛盾的）之后，宪法委员会废除了该二元处罚机制。

因此,我们需要首先研究金融市场管理局的独立处罚权(一),然后具体介绍禁止二元追诉和处罚的发展(二)。

一、金融市场管理局的独立处罚权

445 第 L. 621-1 条将金融市场管理局定义为“具有法人资格”的独立公共权力机构,然而,其前身证券交易委员会并不具有法人资格。第 L. 621-2 条规定了金融市场管理局的组成、权限和职能。它具有财政自主权。第 L. 621-5-3 条规定,其资金来源是该局审查或监管时声明收取的固定费用。金融市场管理局包括一个内部委员会(其组成由第 L. 621-2 条第 2 款规定)和一个处罚委员会(其组成由第 L. 621-2 条第 3 款规定)。2005 年 7 月 26 日法修订后的第 L. 621-14 条规定,处罚委员会有权在听取相关人员的解释后,命令其停止违反法律法规的行为,只要这些行为可能会损害储户的权利或影响市场的运行。金融市场管理局局长向法院申请命令该人遵守这些规定、停止违规行为或废除其行为的效力。

446 如果内部委员会决定启动处罚程序,内部委员会应当通知相关人员申诉,并将此通知转发给处罚委员会。经过抗辩程序之后,处罚委员会可能会宣布处罚。

因此,第 L. 621-15 条非常细致地描述该程序,以授予处罚委员会独立的处罚权,从而使其符合《欧洲人权公约》的要求。该处罚委员会能判决的处罚非常多样,当处罚是针对第 L. 621-9 条规定的特殊主体(提供投资服务的专业人员、法国自由营业机构批准或经营的专业人员以及受其监管或为其利益行事的法人)时,可能更为严厉。这些处罚包括警告、纪律处分、暂时或终身禁止从事职业活动、暂时或终身撤销职业证件。但是,在某些情况下,第 L. 621-15 条第 3 款规定,该处罚委员会可以根据 2010 年 10 月 22 日法判决 1 亿欧元或所获利润的 10 倍金额的罚款,以替代上述处罚或作为上述处罚的附加处罚①。

最后,该处罚委员会可以命令在其指定的报刊上公布其决定,费用由相关各方承担,除非此类公布可能严重扰乱金融市场秩序或对相关各方造成不符

---

① 关于破纪录的罚金,见 AMF Comm. formation plénière, 18 août 2013, n° 243, p. 7。

合比例原则的损害(第L.621-15条第5款)。对金融市场管理局决定的上诉,取决于其所作决定的性质(第L.621-30条)。有些属于司法法院的管辖范围。除非法院另有裁决,否则,不得中止其执行。其他则属于行政法院的管辖范围。

二、金融市场管理局和刑事犯罪的追诉:"一事二罚"机制的终结

第L.621-20-1条规定,在其权限范围内,特别是在行使调查权或处罚权时,若金融市场管理局发现重罪或轻罪,则必须立即通知检察官,并向其移交与此有关的所有资料、笔录和证明文件。该条款补充规定,检察官可以从金融市场管理局处获得所有资料文件,除非有违第L.621-4条第2款规定的一般性保密义务或专属于金融市场管理局的保密义务,以及咨询委员会成员的专业保密义务,否则,妨碍检察官履行职务的,应当根据第L.642-1条规定,处以《刑法典》第226-13条规定的刑罚。 447

刑事法院可以传讯金融市场管理局局长或其代表出示结论并在听证会上口头陈述。金融市场管理局的意见可以提交给司法机关,其形式无特定形式要求。因此,该局可以只移交自己的调查文件①。

三、刑事追诉和行政处罚"一事二罚"的禁止

如上文所述,在处罚层面,实施的是二元机制。符合股票犯罪构成要件的行为几乎都是违反金融市场管理局条例的行为。因此,对于同一行为是否可以既进行刑事起诉又进行行政处罚?"一事不二罚"规则难道不正是反对这种双罚机制的吗? 448

这个问题引起了理论界和判例法的广泛争论,而争论最明显的就是国内法和欧洲法互相矛盾的裁决。最高司法法院允许重复追诉,但判决"金融市场管理局和刑事法院针对同一行为的累计罚款金额不得超过法定上限"。该解决方案再次得到确认②。若需了解该演变过程,请参阅上文注释。

这种"一事二罚"的可能性,尽管已受到很大限制,最近仍然受到明确谴责。在欧洲法层面,欧洲人权法院在法国最高司法法院刑事法庭裁定后几周,

---

① Crim. 1er mars 2000, *Bull. crim.* n° 98; *Dr. pénal* 2000. Comm. 75, note J.-H. Robert.

② Crim. 22 janv. 2014, *JCP G* 2014. 553, note C. Mauro; *Rev. sociétés* 2014. 321, note B. Bouloc; *Dr. pénal* 2014. Comm. 77, note J.-H. Robert.

也采用了该解决方案。该案涉及适用意大利国内法律规定，最终解决方案与法国判例法的解决方案非常类似，因而存在很大争议①。在国内法层面，2014年12月17日，宪法委员会受理针对几项刑事法庭判决的宪法优先性审查诉讼，该委员会认为这种双罚制，尽管有法定上限，也构成对“一罪不二审”原则的不当损害②。

宪法委员会通过2015年3月18日的决定③，支持申请人请求，并废除《货币和金融法典》第L.465-1条规定（2016年9月1日起生效）。立法者应该进行干预，以使法律规定符合这一决定。在此之前，如果已在刑事法院提起公诉，那么，金融市场管理局则不得不放弃处罚。相反，如果金融市场管理局已经对在规范市场使用内幕信息的行为进行处理，那么就不得对其在刑事法院提起公诉。最高司法法院很快适用宪法委员会所声明的原则，对金融市场管理局根据第L.621-15条进行处罚的人员，不再根据第L.465-1条的规定予以定罪处罚④。

总之，必须提出两点意见。宪法委员会的决定，能避免国内法和欧洲法之间继续存在矛盾。但是，该决定要求法国立法者在2016年9月1日之前重新修订某些条款，特别是第L.465-1条，以防止将来出现重复追诉的可能性。

第二节　妨碍金融市场管理局行使职权的犯罪

449　第L.642-3条对多种形式的妨害金融市场管理局行使职权的行为进行定罪处罚，包括妨碍该局任命的调查员履行职务，也包括拒绝执行应其要求出具的司法命令。2003年8月1日《金融安全法》废除了第L.642-3条第1款，该条对任何人阻挠金融市场管理局调查员履行职务的行为进行定罪处罚，因此，

① CEDH 4 mars 2014, *D.* 2014. 2050, note A. Le Fur et D. Schmidt; *RSC* 2014. 110, note F. Stasiak; *Rev. sociétés* 2014. 675, note H. Matsopoulou.

② *Dr. pénal* 2015. Comm. 23, note J.-H. Robert et Comm. 29, note V. Peltier.

③ Cons. const. 18 mars 2015, *JCP G* 2015. 369, note J.-H. Robert et 368, note F. Sudre.

④ Crim. 20 mai 2015, *Rev. sociétés* 2015, obs. R. Salomon.

对该犯罪实现了重要的非刑事化。但是,立法者保留了对“拒绝执行其他要求出具的决定”的定罪处罚条款。

第 L. 621 – 13 条包括特殊的“禁令和紧急措施”条款,列举法国大审法院院长可以根据金融市场管理局的合理要求而采取的三种预防措施,不执行这些措施的,应根据第 L. 642 – 3 条的规定予以刑事处罚。

一、妨碍扣押措施

根据金融市场管理局局长或秘书长的合理要求,大审法院院长可以任意 450
方式对被调查的资金、证券或债券进行没收。只要有利益相关方提出要求,他就会根据法令作出裁决。

可以看出,“被调查之人”不一定是被定罪之人或被起诉之人。另外,根据简易判决,扣押措施的决定是根据简易程序(非对抗程序)作出的。任何人以任何方式妨碍扣押措施的,处以 2 年监禁和 30 万欧元罚金(第 L. 642 – 3 条第 2 款)。该条款处罚的是“明知是大审法院院长的命令措施”的人员自愿实施的故意犯罪。

二、暂时禁止从事职业活动

第 L. 621 – 13 条允许大审法院院长,在上述相同条件下(根据合理要求作 451
出的命令),对被金融市场管理局调查的人员判决“暂时禁止从事职业活动”,法条没有规定具体期限。第 L. 642 – 3 条第 2 款规定,任何人未遵守该禁令的,处 2 年监禁和 30 万欧元罚金。

三、不支付保证金

第 L. 621 – 13 条允许大审法院院长在金融市场管理局局长或秘书长的合 452
理要求下,命令被调查人员缴纳一定金额的保证金。院长确定保证金的金额、期限和用途。但是,与前述措施不同,保证金是以“快速简易程序”作出的,而不是根据申请作出的。被调查人员可能不会被起诉;但是,如果他被起诉,预审法官有权撤销全部或部分保证金、保留保证金或增加保证金。在决定可执行之日起 48 小时内,任何人未支付法官所确定金额的保证金的,均构成犯罪。根据第 L. 642 – 3 条第 3 款的规定,该行为应当处以 2 年监禁和 75 000 欧元罚金。

第二章　股票市场运行中的犯罪

453 为确保股票市场的顺利运行，首先，必须保留合格专业人士的交易权。在这方面，2003 年 8 月 1 日《金融安全法》的立法改革正是旨在职业道德化并保证投资者信心。该法确定应当经过批准的服务提供商的类型，以及这些服务提供商的义务，违反这些法律规定应当受到刑事处罚。这些内容如今已经纳入《货币和金融法典》第 L. 573－1 条至第 L. 573－8 条（第一节）。

其次，有必要确保所有储户、经营者和潜在投资者之间的平等。股票市场，应当是根据供需关系确定透明度和价格的完美典范。因此，法律处罚那些通过使用或传播内幕信息来破坏这种平等的人员：这就是内幕交易罪（第二节）。当外部因素扭曲了经营者的评估因素，该市场的平等性和可靠性也受到了破坏：这就是操纵价格罪或非法股票交易罪（第三节）。最后，市场的正常运行要求透明度，也就是说，了解获取或转让上市公司大股东的身份：这就是股权收购或股权控制的犯罪（第四节）。

应该指出的是，对于目前生效的刑事机制（我们将在第二节和第三节中具体介绍），经济领域非刑事化委员会的报告所提的建议中并没有实质性的质疑[①]。

第一节 非法设立金融机构罪

454 2003年8月1日《金融安全法》,对投资服务的定义、投资服务提供商的职业授权规范以及违反该规范的刑事处罚,都进行了重大修订。这些条款后来经常被修改,特别是2009年1月8日《金融工具法令》以及2013年7月25日《修订资产转让法律框架的法令》。其中,一些条款重新确认以前已经生效的规则,其他条款则是创新性立法。所有这些条款都旨在实现金融活动现代化以及确保投资者资金安全,并均已纳入《货币和金融法典》。我们首先介绍关于投资服务提供商活动的法律规定,其次介绍违反刑事条款规定的处罚。

一、投资服务的法律规定

455 我们不可能重复法律规定的全部细节,而将集中精力在理解其刑事方面所必需的要素上。这主要包括法律定义为提供投资服务的相关业务,以及确定法律所定义的投资服务提供商的许可运营商。该术语表明,法律倾向于广义上的金融市场,而并不仅限于股票市场。

1. 相关业务

456 这些业务被称为投资服务,主要涉及金融工具。金融工具的定义规定在第L.211-1条之中,后由2009年1月8日《金融工具法令》进行了修订。首先,金融工具包括"金融证券",即股份公司发行的资本证券、债务证券(不包括流通票据、现金券)和证券投资基金的份额和股份(第L.2111条第1款),另外,"金融合同"(也称为远期金融工具)也出现在法令规定的金融工具清单之中(第L.211-1条第2款)。

金融证券的发行条件及规范规定在第L.211-1条及随后条款中,金融合同的发行条件及规范规定在第L.211-35条及随后条款之中。前者包括股份

---

① 整体见 M.-C. Guérin, «La protection pénale de l'information financière», *Dr. pénal* 2008. Études 20。

公司发行的资本证券、债务证券和集体投资企业的股份。后者又称为金融期货，也即期货合约。第 R. 211 – 1A 条具体列出金融工具的各种类别。这些工具包括股票和其他证券，它们附有或可能附有资本和投票权，提供或授予资本和投票权，可通过注册或传统形式进行转让（第 1 项）；法人或共同债务基金的债券，不包括流通票据和现金券（第 2 项）；证券投资基金的份额和股份（第 3 项）；金融期货工具（第 4 项），其由第 L. 211 – 1 条第 2 款定义；最后，根据外国法发行的与上述内容同等的金融工具（第 5 项）。其中，第 1 项、第 2 项和第 3 项提到的金融工具只能由国家或法人发行。

2. 许可运营商

457 虽然提供相关服务是自由的，但第 L. 531 – 1 条规定，第 L. 321 – 1 条所列的投资服务提供商仅是指“获得许可提供该服务的投资公司和信用机构”。当然有例外，比如，第 L. 531 – 2 条规定了相当长的清单，包括有权提供投资服务的法人（公法法人和私法法人）、企业或机构的名单，它们不需要许可，但是应当遵循相关法律规定的限制（若有）。此清单中包括财政部、法兰西银行、法国邮政、保险公司、证券投资基金以及只经营员工储蓄计划系统管理活动的企业。

458 （1）投资公司。《货币和金融法典》定义了多种类型的服务提供商，其活动需经过许可并受到严格监管。首先，法条涉及的是“投资公司”（第 L. 531 – 4 条及随后条款）。它们是指除信贷机构以外，以提供投资服务为业的法人。它们的活动必须经过信贷机构及投资企业委员会许可。如果它们的活动包括为第三方利益而进行的投资组合管理，那么这些法人必须在获得许可之前，获得金融市场管理局对其经营计划的批准（第 L. 532 – 1 条）。在运营期间，这些公司应当遵守第 L. 533 – 11 条中规定的管理规范、会计要求和“良好行为”守则。

459 （2）金融投资顾问。2003 年 8 月 1 日《金融安全法》还规定了“其他服务提供商”的情形，其中，值得注意的是“金融投资顾问”的创立（第 L. 542 – 1 条及随后条款）。这是指以咨询活动为业的自然人或法人，特别是涉及第 L. 211 – 1 条规定的金融工具，或者第 L. 321 – 1 条和第 L. 321 – 2 条定义的投资服务及其相关服务的交易业务。自然人必须符合法令规定的年龄和信誉条件，以及《金融市场管理局总条例》所规定的能力条件。此外，任何人因犯重罪最终被判 10 年以下监禁或因第 L.500－1 条规定的任何犯罪最终被判 3 个月以上监禁(非缓刑)的,不得直接或间接地从事投资顾问活动,无论是以自己名义还是以他人名义。

二、刑事处罚

刑事处罚规定在《货币和金融法典》第五卷第七章“刑事规定”之中(第 L.570－1 条及随后条款)。关于投资活动,投资服务提供商应与金融投资顾问区分开来。 460

1. 投资服务提供商

这些犯罪行为可归责于自然人或法人。 461

(1)自然人 462

主要犯罪处罚的是任何人都能实施的犯罪,附属犯罪处罚的则是投资公司管理人实施的犯罪。

根据第 L.531－10 条的规定,禁止投资服务提供者以外的“任何自然人”以向第三方提供此类服务为业,第 L.573－1 条对未按照第 L.532－1 条规定的条件获得授权,或者不符合第 L.531－2 条的例外规定却提供此类服务的,进行定罪处罚。犯罪人处以 3 年监禁和 37.5 万欧元罚金,以及第 L.573－1 条规定的附加刑罚,特别是禁止最长 5 年期限内从事犯罪所涉的职业活动或公司活动。最高司法法院认为,原则上惩罚危害公众利益的行为,但犯罪也可能对个体造成直接损害,这使得他们有权要求获得赔偿①。 463

就此而言,第 L.500－1 条禁止任何因重罪或本条列举的任何罪名被定罪的人员、已经进入个人破产的人员、由司法裁决禁止或剥夺资格的司法工作人员(officier ministériel),担任投资公司的董事会成员或监事会成员,这些人员也不能以任何身份经营、管理或领导任何此类企业,也不能享有代表此类企业签名的权力。违反这些禁令的,应当处以第 L.570－1 条规定的 3 年监禁和 37.5万欧元罚金。此外,第 L.570－2 条规定,被判刑人员不得再以任何身份受雇于其经营、管理、领导、作为集体监管机关成员,或享有签名权的任何组织及该组织的任何附属机构。违反上述任职禁令的,应当处以上述相同刑罚,无论是

---

① Crim. 5 mars 1998, *Bull. crim.* n° 87; *Rev. sociétés* 1998. 412, note B. Bouloc.

被判刑的自然人，还是故意行为的雇主。

464 《货币和金融法典》经过修改之后，引入《商法典》中规定的若干公司权利的经典规定。因此，投资公司管理人没有编制财产清册、年度会计报告和管理报告的（第 L. 573－3 条），没有公布这些年度会计报告的（第 L. 573－5 条）、没有编制合并账目的（第 L. 573－6 条），处以 15 000 欧元罚金。第 L. 573－4 条规定，没有促进企业任命审计员或未向股东大会提及的，处以 2 年监禁和 30 000 欧元罚金；妨害审计员进行审核和监管，或拒绝向其提供履行职务所需文件的，处以 5 年监禁和 7.5 万欧元罚金。

465 （2）法人

第 L. 573－7 条规定，法人能因第 L. 573－1 条至第 L. 573－6 条规定的所有犯罪，承担刑事责任。如果犯罪是由法人机关为法人利益实施的，那么法人将被处以自然人罚金的 5 倍，并处以《刑法典》第 131－39 条规定的所有附加刑。如果设立法人就是用于实施犯罪，那么可以解散法人。否则，法人可能会被判处关闭营业场所或禁止从事专业活动。

除了上文已经介绍的可能会实施的犯罪之外，还应当加上"第 L. 573－2 条规定的处罚不遵守第 L. 531－11 条规定"的犯罪。该条禁止投资公司以外的任何企业假称其是许可投资公司；同时禁止已获批准的公司暗示其所获批准的类别是其真实类别之外的其他类别。自然人不遵守这些禁令的，处以 3 年监禁和 37.5 万欧元罚金。法院还可以命令公布判决（第 L. 573－2 条）。至于法人，则处以第 L. 573－7 条规定的刑罚。

2. 金融投资顾问

466 （1）自然人

对于以下两项违反金融投资顾问活动从业条件的罪名，第 L. 573－9 条规定处以《刑法典》第 313－1 条规定的刑罚，即诈骗罪的主刑：5 年监禁和 37.5 万欧元罚金。另外，第 L. 573－10 条还规定了附加刑，例如，禁止公民、民事和家庭权利，禁止最长 5 年期限担任公职或从事犯罪活动所涉的职业活动。

①在不满足第 L. 541－2 条至第 L. 541－5 条规定条件的情况下，从事第 L. 541－1 条规定的顾问活动。其中，尤其包括年龄、能力和信誉条件，民事责

任的职业保险义务、加入集体代表协会的义务以及对客户忠诚的义务。

②违反第L.541-6条规定的禁令,接受客户支付的金融投资顾问活动报酬以外的资金。

(2)法人 467

第L.573-11条规定,对第L.573-9条规定的所有犯罪,法人都可以承担刑事责任。除罚金刑之外,法人会被处以《刑法典》第131-39条所规定的全部附加刑。因此,法人可能被禁止从事犯罪行为所涉的专业活动;如果法人是为实施犯罪而设立的,甚至能予以解散。

第二节　内幕交易罪

一、引言

1.国内法:犯罪的"可预见性"

1970年12月22日法第701条首次规定"内幕交易罪",尽管该条款内容 468
已被纳入1967年9月28日法令第10-1条。该条处罚的是因职业关系获得内幕信息并非法使用的行为。该罪旨在处罚那些扰乱市场交易机制和平等机制的人员。平等机制必须在所有希望在股票市场上进行交易的人员中占据统治地位。自该日期以来,该条款历经多次修改,最近一次是2010年10月22日法,如今已纳入《货币和金融法典》第L.465-1条。根据《货币和金融法典》中法律规定的措辞,该条款处罚的是"损害市场透明度的行为"。该条款隶属关于保护投资者的犯罪规定。

虽然自那时以来内幕交易罪的刑法定义并无改变,但是,根据2004年11月12日《金融市场管理局总条例》,法国内幕交易(manquement d'initié)的法律规定已经彻底更新①。结果是,正如我们将要指出的那样,内幕交易罪和内幕交易违法行为的范围并不完全一致。

① *JO* 24 nov. 2004, p. 19749. V. A. Dethomas, «L'évolution du manquement d'initié», *D.* 2005. Pt de vue 706.

但是,被上诉法院判决构成内幕交易罪的一名美国人认为,该罪的定义不明确,因此向法国最高司法法院提出上诉,但被该院驳回。后来,他向欧洲人权法院提出上诉,上诉也被裁定驳回。欧洲人权法院认为,在犯罪行为期间可予适用的法律具有充分的可预见性①。

2. 国际合作与国际协调

469 内幕交易罪并无国界,因为交易员发出的订单可以在各个国际金融中心执行。因此,这就带来了法国刑事法院的管辖权问题,以及《刑事诉讼法典》原第693条或《刑法典》新第113-2条所规定的如何确定是否在法国领土上实施了犯罪构成要件行为问题。此外,为提高效率,打击这种犯罪需要在两个层面上进行国际合作。

首先,在起诉层面。国内法包含一些规定,列明法国对外国行动所提供的合作。这些条款已纳入《货币和金融法典》,后经过多次补充或修改(最近一次是2014年2月20日法令),规定与外国当局的合作和信息共享,根据该国是否属于欧盟成员国或《欧洲经济区协定》缔约国(第L.632-1条至第L.632-3条;第L.632-7条),具体条款存在差别。其次,为避免不必要的扭曲,在犯罪构成要件的立法协调层面,即如何在法国对其认为不可罚的行为人进行追诉。这种必要的协调具体体现在两个方面:一是欧洲共同体理事会的《内幕交易法规协调指令》;二是欧洲法院的判决,特别是使用内幕信息的概念。

我们将首先确定知情人员的类型,然后确定现在应罚的内幕交易罪的两种形式,即内幕信息的使用和交流。

二、知情人员

470 法律不处罚获准在规范市场进行交易的证券交易员通过比其他人更快或更好地使用公开信息或公众能获取的信息而显得更为敏锐的情形,也不处罚交易员因相信股票市场上或多或少可验证的谣言或"渠道"以发出购买或出售订单并最终获利的情形。法律仅处罚拥有专业内部信息并予以非法使用之人。

---

① CEDH 5e sect. 6 oct. 2011, *Rev. sociétés* 2012. 180, note H. Matsopoulou; *D.* 2011. Act. 2. 597 et *D.* 2012. 199, note D. Zérouki-Cottin; *Lamy Dr. pén. affaires* avr. 2012. 116, note J. Gallois: 乔治·索罗斯试图收购法国兴业银行案。

这些人员是谁？什么是内幕信息？

（一）知情人的不同类别

根据目前第 L. 465－1 条的措辞，依据自然人和法人的不同，知情人分为以 471
下几种类别。

1. 自然人

第 L. 465－1 条第 1 款规定，自然人知情人是指“《商法典》第 L. 225－109 472
条所规定的公司管理人，以及在从事职业或行使职务时能够获取内幕信息之人”。因此，该条将自然人分为两类。

（1）公司管理人 473

就目前而言，第 L. 465－1 条规定的是“《商法典》第 L. 225－109 条所规定的公司管理人”。这是指公司总裁、董事会成员、在该公司中行使董事会或监事会成员职能的自然人，以及行使上述职能的法人的常任代表。根据目前规定，第 L. 465－1 条仅提及“管理人”，而不能再将《商法典》第 225－109 条规定的“未分居配偶”列入第一种知情人之中。

这就是法律上的知情人或者说“主要的”知情人，应当绝对禁止其进行任何交易。的确，这些人员因其从事的职业被认为是知情人。对其施加的法律推定，也被认为是无法推翻的。他们无法证明自己不知道关于其所管理公司证券以及与这些公司进行交易的其他公司证券的内幕信息，因此，他们无法逃避责任。即使在股市上进行证券交易的决定似乎是来自公司最高层，他们也无法依靠“权力下放（une délégation de pouvoirs）”来逃避责任①。

（2）其他人员 474

根据第 L. 465－1 条的规定，任何其他人员只要获得内幕信息，无论是因从事专业或职务，还是“利用从事职业或职务的机会”，就是知情人。这无疑扩大了刑事追诉的范围。该类人员并不会受到内幕交易的任何推定，既没有无法推翻的推定，也没有简单的推定。因此，若要定罪，刑事法官必须查明，被告人是通过职业获得内幕信息的。

---

① Crim. 19 oct. 1995, *Bull. crim.* n° 317：本案中，银行的管理人构成犯罪。

这些人员可能属于证券已被非法交易的公司,但未列入《商法典》第L. 225－109条中的有限清单。财务主管或行政主管,甚至可以访问机密文件的员工,都是这种情况。该类别还包括不属于公司但与其有业务关系的人员。比如,公司的清算人①、银行或经纪公司员工、合同缔约方、参与谈判或起草合同的律师或顾问②或者依法获悉两家公司磋商情况的部长办公室主任③。没有什么可以阻碍对金融市场管理局中履行职能的人员进行追诉,他们应当被视为知情人。一旦知晓内幕消息,所有这些人员就应承担不在市场上进行任何股票交易的义务。

2004年11月12日《金融市场管理局总条例》中"可能进行内幕交易"的人员规定,似乎已经超出上述清单。第622－2条针对任何"持有内幕信息之人,他们知道或应该知道这是内幕信息",而不用考虑该内幕信息传给他时的情况。

2. 法人

475 1996年7月2日法规定了法人的刑事责任,该规定现已包括在第L. 465－3条之中。如该条款所明确规定的那样,必须根据《刑法典》第121－2条要求,犯罪行为是法人的机关或代表为法人利益而实施的。另外,法人承担刑事责任,并不排除实施该犯罪行为的自然人(主犯或共犯)的刑事责任。

476 欧洲指令。将《内幕交易法规协调指令》的条款与法国法的规定进行比较,至关重要。该指令第2条规定,下列持有内幕信息之人是知情人:

- 证券发行人的治理、管理或监督机关成员;
- 参与发行人的资本的人员;
- 从事工作、职业或职务而获得内幕信息的人员。

当这些人是公司或其他法人之时,禁止实施某些行为的规定,适用于代表涉案法人参与交易决定的自然人。

---

① TGI Paris 30 mars 1979, *JCP* 1980. Ⅱ. 19306, note A. Tunc.

② Paris 27 déc. 1990, *Gaz. Pal.* 1991. 1. 157.

③ Crim. 26 oct. 1995, *Bull. crim.* n° 324; *LPA* 24 nov. 1995, p. 19, note Ducouloux-Favard.

(二)内幕信息的概念

信息是什么意思?内幕信息是什么意思?在最近的一项判决中,最高司法法院给出了这些问题的答案,判决中的论述总结了所讨论的所有问题。信息是"可能会影响证券价格的精确机密信息……有意使用并确定交易的信息"①。下面我们讨论该定义的不同要素。 477

1. 信息

其一,信息的内容。如今第 L. 465 - 1 条规定,该信息的内容是关于在规范市场上交易证券的发行人的前景或情况,或者关于金融工具、第 L. 421 - 1 条第 2 款规定的进入规范市场的资产的发展前景。该措辞不仅可以将直接影响公司存续的事件(商业或财务盈亏)整合到受保护信息之中,还能将可能对公司发行的证券的价格产生影响的外部因素整合到受保护信息之中(国际谈判,与其他公司有关的事件等等②)。 478

其二,信息的准确性。1970 年的立法者及其后继者,都没有花费精力指明信息应具有该特征。但是,很快,理论界和判例法就决定了第 L. 465 - 1 条中的信息必须具有精确性、具体性和确定性③。基于此,真实信息应当与在公司内部、商业圈或股市圈中流传的谣言区分开来;这些谣言因过于精确和不可靠而无法构成"信息"。 479

因此,知道将要公布的损失或将要分配的股息的确切数额,无疑是拥有信息④。知道合同的签订、重组、收购或转让份额,也是如此。因此,按照法院的要求,"谈判成功的机会具有确定性"⑤。但是,报告某公司下个困难期限的"警报噪音",不具有任何精确性或确定性⑥。1995 年 10 月 26 日最高司法法院在

---

① Crim. 14 juin 2006, *Bull. crim.* n° 178.

② TGI Paris 30 mars 1989, *Gaz. Pal.* 1989. 2. 560, note J. -P. Marchi et Paris 26 févr. 1990, *Gaz. Pal.* 1990. 1. 340, note J. -P. Marchi.

③ Paris 30 mars 1977, *JCP* 1978. Ⅱ. 18789, note A. Tunc.

④ Paris 28 janv. 1985, *D.* 1985. 1. 357, note J. -P. Marchi; Crim. 15 mai 1997, *Rev. sociétés* 1998. 135, note B. Bouloc; Chambéry 28 mai 1998, *RSC* 1998. 566, obs. J. Riffault.

⑤ TGI Paris 3 déc. 1993, *Gaz. Pal.* 1994. 1. 352, note J. -P. Marchi.

⑥ Paris 30 mars 1977, préc.

佩希内(Pechiney)案*判决中出现了上述解释,该判决指出,内幕消息是指“足够精确以至于可以立即在市场上使用的信息”。应当指出,判例法解决方案中确定的所有特征已被并入《金融市场管理局总条例》第621-1条;之后,2014年6月5日法对内幕交易的要素进行补充规定(第621-1条结尾)。

480 从判例法整体中可以看出,信息概念主要是用客观要素来定义的。这就是某上诉法院使用的措辞看起来很可疑的原因①,因为该院在信息定义中引入了主观性元素。巴黎上诉法院实际上表达了这样的想法:“信息的质量只能根据接收信息的人来评估。”不能采用这种过于宽泛的信息概念,因为它处罚的不再是对特殊情形的滥用,而是对某些人可以从其能力和专业经验中合理获得的优势的滥用。

最终,该院判决被最高司法法院刑事法庭1995年6月26日的判决推翻②。最高司法法院要求,只根据内幕信息的内容,来确定内幕信息的客观概念。即使专业人员(如银行家)明显能比普通储户更好地解释所有人都知道的事实并评估证券的发展前景,该特征也不是来自接收和使用内幕信息之人的分析。该判决的评注者指出,他的行为可能并不道德,但是,不应将经济刑法的法律标准与道德规则相混淆③。

2. 内幕

481 根据第L.465-1条的规定,“在公众了解此信息之前”获得内幕信息,构成内幕交易。因此,内幕不在于知道别人不知道的东西,而在于先于别人知道④。比如,在信息尚未公开时,公司总裁从审计员处获悉已启动举报程序⑤。因此,内幕在于知道的先前性,而不在于共享信息的人数。即使知情人数量增

---

* 该案是指20世纪80年代后期的政治-金融丑闻佩希内-三角(Pechiney-Triangle)案件,涉及的是法国佩希内铝业公司在收购美国三角制造公司时发生的内幕交易行为。——译者注

① Paris 15 mars 1993, *Gaz. Pal.* 1993.2.356, note J.-P. Marchi.

② Crim. 26 juin 1995, *Bull. crim.* n° 233; *JCP* 1996. Ⅱ. 22599, note A. Viandier; *Rev. sociétés* 1995.567, note B. Bouloc; *Dr. pénal* 1995. Comm. 225, note J.-H. Robert.

③ Crim. 5 mars 1998, *Bull. crim.* n° 87; *Rev. sociétés* 1998.412, note B. Bouloc.

④ Crim. 29 nov. 2000, *Bull. crim.* n° 369; *Rev. sociétés* 2001.380, note B. Bouloc.

⑤ Crim. 23 mars 2010, *Dr. sociétés* 2010. Comm. 145, obs. R. Mortier et 174, obs. A. Lienhard; *D.* 2011.1867, obs. C. Mascala; *RTD com.* 2010.395, obs. N. Rontchevsky.

加，只要能够进入股市的潜在投资者和储户没有获知信息，那么它就依然是内幕信息。正如巴黎上诉法院所完美论述的那样，收购提案要非常有限的人群才能获知，就构成内幕信息，而且，被告人援引的新闻报道对潜在投资者而言，不包含任何真实和可信的信息①。

但是，只要公众有能力知道该信息，无论使用什么方法，那么它就不再是内幕信息：新闻发布会、呈报股东大会的报告、在专门报纸上发布正式通知。事实上，在实践中，通常很难根据法律规定和判例法，把握有罪的知情人和无辜的股市专家之间的微妙区别。前者使用机密而精确的信息，知道这些信息本身，就消除了交易过程中的所有风险；后者利用他对市场的知识和洞察力，但无法消除错误和失败的风险。

《内幕交易法规协调指令》第 1 条规定："特权信息是尚未公开的信息，具 482
有特定精确性和特定性，涉及一个或多个证券发行人或一个或多个证券；如果公开这些信息，将可能对这些证券的价格产生重大影响。"第 2 条则具体规定了"证券"的含义。

值得注意的是，在该领域与其他方面一样，法国法与欧洲指令保持一致，即内幕信息应当是精确的，且未公开的。

三、使用内幕信息：内幕交易罪是否依然存在

第 465－1 条规定（2013 年 7 月 26 日法），在公众获知信息之前，知情人进 483
行或试图进行一项或多项交易的（既包括直接进行，也包括通过中间人进行），应当予以定罪处罚。但是，宪法委员会 2015 年 3 月 18 日的决定废除了该条款，并于 2016 年 9 月 1 日起生效。有关金融市场管理局管辖权的法律规定是否可以取而代之或者绰绰有余（见第 444 段）？下文，我们继续介绍现有的法律规定。

（一）犯罪的事实要素

为消除争议，第 L. 465－1 条不再要求交易"在股票市场上"进行。因此， 484
该罪行可能涉及场外交易。但是，《货币和金融法典》中的条款仍然要求，交易

① Paris 14 janv. 1993, *Gaz. Pal.* 1993. 1. 198, note J.-P. Marchi.

涉及规范市场中的证券或规范市场中的金融工具。《金融市场管理局总条例》将内幕交易扩大到涉及“已向规范市场提出了准入申请”(第611-1条第1款第2点),而“未获准进入规范市场,但价值取决于获准在该市场进行交易的金融工具”(第611-1条第2款)的交易。因此,市场仅限于已成为非法交易对象的证券上市的地点,而不会扩展到进行这些非法交易的地点。虽然法条不再要求“在市场上”实施犯罪,但是2013年7月26日法通过将试图进行禁止交易的行为定为犯罪,扩大了法条的适用范围。

首先,必须明确实施犯罪的方法。为防止利用法律漏洞,该法将知情人直接进行的交易和通过中间人为其利益进行的交易,都规定为刑事犯罪。在这两种情况下,知情人都是犯罪人。但是,对于知情人“故意”提供给第三人内幕信息而由后者进行交易的,该法同样予以定罪处罚。这是刑事定罪的重要延伸。在这种情况下,如果发起订单之人本身不构成内幕交易,那么该罪就没有可以处罚的主犯,知情人会因共犯行为而直接受到处罚。此外,即使没有进行任何交易,法律也将向第三方传播内幕信息的规定为刑事犯罪,进而实现了刑事处罚的严厉性(见第492段)。对于超出内幕交易罪适用范围的,2004年11月12日《金融市场管理局总条例》第622-1条规定,内幕交易是指使用或向第三方传播内幕信息的行为,以及“推荐”第三方使用内幕信息的行为。因此,仅仅是不断“提示”第三方的行为,也可以进行追诉。

其次,由于法条仅将在公众获悉该信息之前进行的交易规定为犯罪,有必要明确涉案交易的日期。最初,法律规定处罚的是“根据内幕信息”行事的交易员。在1988年1月22日法修改之后,该要求不再存在。但是,事实上,犯罪的前提条件仍然是信息对所进行的交易具有“决定性”。若无法证明此因果关系,则应当作无罪判决①。

因此,该罪的前提条件是证明证券交易发生在秘密信息向公众公布之前(如在披露本财政年度的亏损和公布上一财政年度的账目之前,以最高价出售

---

① Paris 26 oct. 1999, *Bull. Joly Bourse* mars-avr. 2000. 153, note Rontchevsky; *RSC* 2000. 633, obs. J. Riffault.

证券①)。这就要求刑事法官确定事件的发生顺序。比如,法院审理查明,向获悉收购项目的银行授权委托与该银行在市场上就其此前从不感兴趣的证券进行有关业务"同时发生",就是这种情况②。一些法官甚至不得不"具体到分钟",来仔细审查时间顺序③。开展这项工作是绝对必要的,因为所谓内幕,就是"知他人所不知",或更确切地说,是"先于他人而知"。

(二)犯罪的故意要素

从这种角度来看,该罪的故意要素也值得思考。诚然,第L.465-1条处罚 485
的是故意犯罪,但该故意的证据在刑事法院中似乎没有产生任何问题。因此,由于判例法事实上确立了"恶意推定",就该罪的可预见性问题,向欧洲人权法院提起上诉,就毫不令人意外了。欧洲人权法院2011年10月6日判决驳回了该上诉(见第468段)。对于熟悉商业世界的机构投资者而言,他不可能不知道其投资决定可能构成内幕交易,因此,对其进行有罪判决并无不当。欧洲人权法院认为,为了评估故意要素,必须考虑被告人的身份和经验。

因此,我们不得不回顾法国判例法,其对某些专业人士构成内幕交易罪,确立了几乎无法推翻的推定。至于其他被告人,只要确定他们明知拥有内幕信息仍自愿行事,而该明知来自其所履行的职务。通过对判例法的研究可以发现,被告人尽管是履行职务,但几乎无法证明他们没有使用内幕消息。实际上,内幕交易与要求知情人完全不作为的行为犯的基本犯非常接近。

因此,在佩希内案中,巴黎上诉法院能够因一个被告人进行的交易而对另一被告人处以内幕交易罪,判决指出:"只要知情人事先知道其所提供的内幕信息是供市场上的交易员使用即可。"④并且,在1995年10月26日判决⑤中,最高司法法院补充道,被告人无须故意让第三方在市场上进行交易,无须知道"交易员的身份",无须知道"进行交易的方式"。

尽管已经减弱内幕交易罪故意要素的要求,它似乎仍受到欧洲人权法院

① Crim. 15 mai 1997, *Rev. sociétés* 1998.135, note B. Bouloc.

② Paris 8 nov. 1993, *Gaz. Pal.* 1994.1.295.

③ Paris 14 janv. 1993, 前引。

④ Paris 6 juill. 1994, *LPA* 16 nov. 1994, n° 137, p.17.

⑤ *Bull. crim.* n° 324.

的质疑,该法院对“使用内幕信息”的定义是“为自己利益或为他人利益,获取或转让、试图获取或转让该信息所涉的金融工具”。该定义只是对犯罪进行了客观解释。因此,知情人在市场上进行某些交易,就足以构成内幕交易罪①。

(三)非法交易的结果

486 有人提出如下问题,该犯罪是否必然以被告人从其受到处罚的交易中获益为前提?肯定论者认为,知情人使用其掌握的内幕信息显然是出于投机意图,以及对非法收益或非法利润的追求。此外,第L.465-1条规定,罚金数额不得少于所获利润数额,并且能够提高至所获利润数额的10倍。但是,立法者明确罚金能够与“可能实现”的利润成比例,因此,立法者自身认识到涉案交易“可能”并未能为内部人员带来任何利润(证券交易委员会和巴黎上诉法院在上诉判决中指出,“投机意图并不是内幕交易的条件”②)。因此,必须考虑到,只要进行预期的交易即可构成内幕交易,无论该交易结果如何,特别是利害关系人仍然持有通过内幕信息而获取的证券,而该证券他仍未转售。

(四)处罚

487 在介绍该罪的刑事处罚之后,我们将会说明有关法国刑事法院管辖权和隐瞒内幕交易罪的犯罪所得罪的特殊规定。金融市场管理局和刑事法院可能同时追诉的问题,我们已经做过介绍,请读者参见二元处罚机制的相关论述(见第448段)③。

488 1.刑罚

自然人,处以2年监禁和150万欧元罚金,如果有利润,罚金数额可以超出该数额,且罚金数额不得低于该利润金额(第L.465-1条),最高可提高至利润金额的10倍。因此,对于罚金数额超出法定金额但未确定所获利润金额的事实审法官的判决,必须驳回④。

---

① CJUE 23 déc. 2009, *D.* 2010. 85, obs. A. Lienhard; *D.* 2010. 1669, obs. C. Mascala; *Rev. sc. crim.* 2010. 156, obs. F. Stasiak.

② Paris 15 janv. 1992, *Gaz. Pal.* 1992. 1. 293, note J.-P. Marchi; Paris 1re ch. sect. COB; 15 mars 1995, *LPA* 28 juin 1995, n° 77, p. 27.

③ Crim. 1er mars 2000, *Bull. crim.* n° 98; *Dr. pénal* 2000. Comm. 75, note J.-H. Robert.

④ Crim. 14 juin 2006, *Bull. crim.* n° 178; *Rev. sociétés* 2007. 125, note B. Bouloc.

法人,处以自然人 5 倍的罚金,以及《刑法典》第 131 – 39 条规定的全部附加刑罚(第 L. 465 – 3 条)。因此,对于法人,法院可以判决解散(如果法人是为实施犯罪而设立的)或者禁止其从事犯罪行为所涉的职业活动。

2. 附带民事诉讼 489

在确定的范围内,内幕交易罪可能对股东造成直接的个人损失,因此,股东可以参与附带民事诉讼①。值得注意的是,该判例法与另一判例法的显著区别,即在滥用公司财物罪诉讼中,拒绝股东参与附带民事诉讼(见第 294 段)。

3. 法国刑事法院的管辖权 490

这个问题发生在佩西内案中。其中一个被告人声称,法国法院没有管辖权,理由是被追诉的交易是在纽约证券交易所进行的,并且是针对根据美国法律注册成立的公司的证券。法国最高司法法院驳回了这一论点②。首先,该院指出,1967 年法令第 10 – 1 条(当时规定该罪的法律条款,与如今的第 L. 465 – 1 条相同)并不要求被追诉的交易是在法国股票市场上进行的,也不要求被追诉的交易是针对在法国上市的证券。其次,该院补充道,《刑事诉讼法典》第 693 条(行为时适用的条款,现已纳入新《刑法典》第113 – 2 条)规定,只要查明在法国实施符合任一犯罪构成要件的行为,法国刑事法院就具有管辖权。

法国最高司法法院刑事法庭在 1995 年 10 月 26 日判决③中重申同样的论点,以驳回某些被定罪人重新提起的上诉。该庭具体指明该案中,公布内幕信息的行为以及通过电话将其从法国传递到国外的行为,都是在法国实施的符合构成要件的行为。

当法院必须处理复杂罪名(内幕交易罪即为特别典型的例子)之时,该规则可以确定法院的属地管辖权。本案中,公诉庭(la chambre d'accusation)查明争议交易虽然是在外国进行的,但是根据从巴黎非法获取的信息进行的,而被

---

① Crim. 11 déc. 2002, *Bull. crim.* n° 224; *Rev. sociétés* 2003. 145, note B. Bouloc; *Gaz. Pal.* 2004. 2880, note M. -C. Sordino; *RSC* 2004. 113, obs. J. Riffault-Silk; *Dr. pénal* 2003. Comm. 35, note J. -H. Robert.

② Crim. 3 nov. 1992, *Bull.* n° 352; *RSC* 1993. 787, obs. Giudicelli-Delage.

③ *Bull. crim.* n° 324.

告人是在巴黎传递上述信息以在国外交易,因此确认法国法院的管辖权。最高司法法院驳回了该案的上诉,认定公诉庭的解释符合《刑事诉讼法典》第693条的规定。因此,只要第L.465-1条规定的任一构成要素发生在法国领土之上,法国法院就具有管辖权。

491 4.隐瞒内幕交易罪的犯罪所得罪

第L.465-1条规定内幕交易罪的主犯是任何使用因其职业获知的内幕信息的人员,以及任何向第三方传递内幕信息或明知第三方会利用该信息获益的人员。在后一种情况下,那些为自己获益的人员,显然能因隐瞒内幕交易罪的犯罪所得罪而受到起诉。1995年10月26日判决提供了一个例子。它还为最高司法法院提供了澄清该犯罪内容的机会。首先,该院确认"隐瞒所得罪不能仅因持有内幕信息而构成"。值得注意的是,该院重新采取先前在"鸭鸣报(Canard Enchaîné)案"中所用的解决方案。该案中,鸭鸣报公布标致公司总裁税单信息,该信息的获取违反了税务保密规定,不适用"隐瞒信息所得罪"①。其次,该院明确,隐瞒犯罪所得罪是针对明知原因仍在市场上交易的人员所实施的内幕交易罪的"产物"。因此,如同任何隐瞒犯罪所得罪一样,隐瞒内幕交易罪的犯罪所得罪应当有事实内容,并针对《刑法典》第321-1条所要求的"物品"。

巴黎上诉法院1999年9月14日判决的案件中,被告人通过股票市场的证券交易赚取可观的利润,而该证券当时完全是未知的,因为被告人是主犯的朋友,而且他们在犯罪行为发生时反复接触,最终被告人被认定为隐瞒犯罪所得罪。

四、传播内幕消息

492 第L.465-1条第2款规定,知情人向第三方传递内幕信息的,处以1年监禁和15万欧元罚金,如果有利润,罚金数额不得少于该利润数额,罚金数额可以提高至所获利润数额的10倍。第L.465-3条规定,为法人利益实施该罪的,法人也应当承担刑事责任。法人,处以上述自然人罚金的5倍,并处以《刑法典》第131-39条规定的全部附加刑。

---

① Crim. 3 avr. 1995, *Bull. crim.* n° 142; *JCP* 1995. Ⅱ. 22429, note E. Durieux; *Gaz. Pal.* 1995. 1. 264, note Périer-Daville; *Dr. pénal* 1995. Comm. 175.

这项新罪名旨在弥补佩希内案中出现的法国刑事处罚机制中的某些缺陷。因此,法条禁止"第一手"知情人向"非直接的知情人"单向传递内幕信息。立法者没有将犯罪行为限制于被传递信息的第三方对其进行实际使用,从这个角度来看,新的罪名填补了一个空白。因为没有使用,直到此时才能够将传递信息之人作为被传递信息之人的共犯进行追诉。

虽然传播的方式(书面或口头形式)并不重要,但是法律将"在银行或投资 493
服务公司内正常从事该职业"提供作为正当化事由。事实上,只有在"在其职业或职务的正常范围之外"向第三方传播,才会受到处罚。该正当化事由允许团队的内部成员在工作中合法地交流信息。这些成员属于内幕信息知情人,不能再将内幕信息传播给第三方,也不得使用该信息。

考虑到内幕信息的交流只"在其职业或职务的正常范围内"进行,那么就无法将该正当化事由扩展到"管理证券投资组合的人员与其客户之间"的关系。除国内法之外,《内幕交易法规协调指令》第3条还禁止知情人(证券投资组合管理人)建议第三方(客户)根据内幕信息购买或转让证券。强制遵守此类规定并禁止专业人员使客户从其拥有的信息中获益,似乎是不现实的。为了避免受到刑法的处罚,信任客户的管理人员只需建议他们购买或转让某个证券,而无须直接告知其持有的内幕信息即可。

欧洲人权法院认为,只要内幕信息的传递是在严格必要且与所从事职务或职业相符合,那么就不应受处罚。比如,董事会中的员工代表将信息传递给行业工会的主席,之后又将信息传递给同事,就是这种情况①。

第三节　非法股票交易罪

这不再仅仅是惩罚那些通过内幕信息从股市的正常博弈中获利的人员, 494
而且惩罚那些通过非法行为扭曲市场运行,并倾向于直接对市价采取行动的

① CJCE 22 nov. 2005, *Rev. sociétés* 2006.333, note J.-J. Daigre.

人员。最近才有专门条款将这些行为规定为刑事犯罪，这些条款现已纳入《货币和金融法典》。法律在该领域也建立了二元追诉和处罚制度。证券交易委员会和金融市场管理局的多项条例都明确规定真正的良好行为守则，并规定了对违反该守则之人的处罚。因此，2004 年 11 月 12 日《金融市场管理局总条例》现有的第 632-1 条规定，违反良好财务信息行为的定义及其处罚[①]。若进行任一追诉程序，则另一程序应作出不予起诉的决定[②]。

为仅专注于刑事犯罪，我们先研究第 L. 462-1 条规定的传递市价犯罪（一），后研究第 L. 465-1 条规定的散布虚假信息罪（二），以及非法“操纵”市价罪（三）。

一、传递市价罪

495 第 L. 462-1 条第 1 款规定，任何人通过公布、通知或其他方式，向公众告知任何不从符合法令规定条件的牌价表（la cote）或账单（un relevé）中摘录的市价的，处以 2 年监禁和 6000 欧元罚金。第 L. 462-1 条第 2 款规定，任何人传递市价，但没有“明确”指明日期、市价所摘录的牌价表或账单，将受到前款相同处罚。众所周知，市场有时会对某些事件作出强烈而迅速的反应。因此，准确了解公布的价格和日期，对于确保投资者的安全至关重要。这些规定已由 2007 年 4 月 12 日第 2007-544 号法令第 3 条第 16 项废除。但是，它们可能被视为虚假或误导的信息。

二、散布虚假信息罪

496 虚假信息罪是由 1983 年 1 月 3 日《投资发展和储蓄保障法》规定的（其内容经过反复修正和补充，现已纳入第 L. 465-2 条），处以第 L. 465-1 条第 2 款规定的刑罚，即 2 年监禁和 150 万欧元罚金[③]。

（一）犯罪人

497 本条款处罚的是实施犯罪行为的“任何人”。因此，该项罪名的范围远远

---

① 见 Cl. Ducouloux-Favard, *D.* 2005. Pt de vue 946。

② Crim. 6 avr. 2011, *RSC* 2012. 578, obs. F. Stasiak.

③ 关于追诉的范围，见 Crim. 30 janv. 2002, *Bull. crim.* n° 15; *Rev. société* 2002. 354, note B. Bouloc。

大于内幕交易罪,内幕交易罪只能由某些特定身份的人员、公司管理人或因其职业或职务而知情的人员实施。这种扩展是有道理的:要在公共场合传播假新闻,无须成为规范市场的职业人员或公司管理人。

但是,巴黎上诉法院1988年7月5日裁判的案件[①]表明,使用Minitel[*]服务等技术传播信息,使这些信息具有匿名性,因此很难确定其构成该罪的主犯,也难以确定其构成提供工具的共犯。因此,本案法院只能判决无罪。但是,审计员拒绝核实会计报告,得以证明其监管不力或失败的,则可能构成积极作为的共犯。这并不是由于缺乏好奇心导致的消极不作为[②]。

(二)事实要素

它包括以任何方式和手段(书面或口头、通告、新闻稿、会议)向公众传播或试图向公众传播关于发行人(其证券在规范市场交易)的前景或状况的、进入规范市场的金融工具的发展前景的虚假或误导的信息。现有的第L.211－1条列出金融工具清单。因此,这是作为犯,处罚旨在“传播”虚假新闻的行为。它不对因持有关于公司状况的坏消息的不作为,进行定罪处罚。 498

可以看出,本罪信息的内容与内幕交易中信息的内容定义相同。因此,欺诈性可能与公司的辉煌或灾难的结果、合同的订立、股息的分配有关。比如,新闻稿报道“全球平衡”的净结果,这显然与事实相反[③];向公众提供有利信息与严重恶化的公司真实状况之间存在明显时差;呈报不实年度会计报告和在新闻发布会上散布虚假信息[④];公司董事批准在《法定公报》上发布不显示某些交易的经营盈亏表[⑤]。

---

① *LPA* 3 févr. 1989, n° 15 p. 2, note Ducouloux-Favard.

* Minitel是通过电话线路访问的Videotex线上服务,并被认为是万维网出现前世界上最成功的线上服务之一。该服务于1982年在全法国推出。用户可以网上购物、预订火车票、查看股票价格、搜索电话簿、拥有一个电子邮箱,以及以类似现今互联网的方式聊天。2012年6月30日,该服务正式退出市场。——译者注

② Crim. 18 mai 2011, n° 10－87.768.

③ TGI Paris 20 déc. 1990, *Gaz. Pal.* 1991. 2. 461, note Marchi; 15 janv. 1992, *Gaz. Pal.* 1992. 1. 293, note Marchi; Crim. 15 mars 1993, *D.* 1993. 611, note Ducouloux-Favard.

④ TGI Paris 10 juin 1994, *LPA* 7 déc. 1994, p. 22, note Ducouloux-Favard; 8 oct. 1999, *RSC* 634, obs. J. Riffault.

⑤ Crim. 29 nov. 2000, *Bull. crim.* n° 359; *Rev. sociétés* 2001. 380, note B. Bouloc.

在大多数案件中,经营状况恶化公司的管理人会通过散布虚假信息来掩盖该现实,以便在股市知道真相之前获取利润。在这种情况下,检察机关同时以散布虚假信息和内幕交易罪提起追诉,就不足为奇①。

虽然犯罪被害人能够就所受损害要求赔偿,但是很难计算其损失数额②。

(三)故意要素

499 该犯罪要求具有犯罪故意,处罚的是那些故意传播其明知是虚假或误导的信息的人员。我们注意到,在一般故意之外,法律规定增加特殊故意,其特征是旨在对市价采取行动,其证据来自所传播信息的内容,目的是扭曲价格和正常的市场博弈。只要远程信息服务部门的负责人事先无法检查信息内容③,或只要财政部服务处主管没有权限访问全部有用文件,并且没有“意识到已超出允许幅度”④,那么他们发布信息的行为就不构成犯罪。

三、操纵市场罪

500 该罪的常用名称,目前具体由第 L. 465–2 条第 1 款规定,处以 2 年监禁和 150 万欧元罚金。在宪法优先性审查程序中,最高司法法院认为,该罪的定义不违反任何宪法原则⑤。

(一)犯罪人

501 与前一罪名一样,第 L. 465–2 条规定的犯罪具有非常广泛的适用范围,因为它惩罚的是“直接或通过中间人行事的任何人”。它不局限于内幕交易罪中的特定人群。确实,犯罪的实施需要一定的商议才能在市场上采取行动,需要达成一项协议才能使购买或销售订单成倍增加。

(二)事实要素

502 它是指“通过误导他人来妨碍规范市场的正常运行”。这些金融工具由第 L. 211–1 条定义。

---

① Paris 15 janv. 1992, préc.; TGI Paris 10 juin 1994, préc.

② Crim. 15 mai 1997, *Rev. sociétés* 1998. 135, note B. Bouloc; Paris 12 févr. 1998, *Dr. pénal* 1998. Comm. 68, obs. J.-H. Robert.

③ Paris 15 déc. 1989, *Dr. pénal* 1990. 327, obs. J.-H. Robert.

④ Crim. 23 mars 2011, n° 10–81.517.

⑤ Crim. 22 janv. 2014, *Dr. Stés* 2014, n° 56, note R. Salomon.

立法者有意使用了一个内容非常广泛的不精确术语，即“操纵”（manceuvre），而不是列出那些很容易因投机者丰富想象力而产生的犯罪行为的有限清单。因此，操纵手段可能包括通过大宗销售人为地降低价格，或者相反，通过卖空购买来维持或加速提高价格。比如，被告人用该公司预付的资金购买了某公司的股票，以避免股价下跌[①]。

这就是所谓的“卖空”技术[②]。它是指通过大量购买而无须持有保证金，快速操纵提高一个市场小众和敏感的证券价格，以说服投机者交易，从而将证券价格保持在高位。由于市场小众且每日交易量非常低，该操纵的结果对交易者更为有利。这在最高司法法院的判决中可以找到[③]。但是，就像内幕交易一样，尽管投机意图明显驱动了操纵行为人，但该罪不一定要求行为人从中获益。此外，第 L.465-2 条规定，操纵市场未遂的，同样构成犯罪。因此，最高司法法院认为，该罪的实施不要求在证券市场进行交易[④]。

（三）故意要素

操纵市场罪是故意犯，处罚的是明知故犯的行为，这是任何故意犯罪都具 503
有一般故意的特征。但是，该犯罪要求存在特殊故意，因为该条款将“目的”是通过误导他人来阻碍市场正常运行的操纵行为，规定为刑事犯罪。正如巴黎轻罪法庭 1990 年 3 月 14 日判决中所表述的那样，“当事方熟知股票市场机制，他们同意扭曲 X 证券市场的正常运行，并带有误导他人的意愿”。因此，该庭判决，具有“法律分析职业”资格的公司董事，应当承担刑事责任[⑤]。

（四）追诉的特殊规定

首先，第 L.465-2 条规定，该罪未遂应当处罚，针对“故意进行或试图进 504
行”市场操纵的人员。

其次，审理案件的司法机关可以在“程序的任何阶段”征询金融市场管理

---

① Chambéry 28 mai 1998，*RSC* 1998.566，obs. J. Riffault.

② TGI Paris 14 mars 1990，*Gaz. Pal.* 1990.1.355，note J.-P. Marchi.

③ Crim. 28 janv. 2009，*JCP E* 2009.1400，note J.-H. Robert；*RTD Com.* 2009.409，obs. Rontchevsky.

④ Crim. 27 mars 2013，n° 12-81.047.

⑤ CA Paris，Ch. 12，28 mars 2012，*RSC* 2013，note Fr. Stasiak et J.-M. Brigant.

局的意见。但是,该意见仅在根据 L. 465 – 1 条提起的诉讼程序中具有强制性。因此,巴黎轻罪法庭在 1990 年 3 月 14 日的判决中明确指出,当时证券交易委员会的意见不是提起公诉程序的先决条件,故而驳回了因未在信息公开前向预审法官传递该意见而提起的上诉。

最后,如果法律认为通过中间人操纵市场的人员是该罪的主犯,那么故意为其提供帮助的人员,可作为共犯受到起诉。

第四节　关于股权收购或股权控制的犯罪

505　《商法典》第 L. 247 – 1 条和第 L. 247 – 2 条规定违反重要股权收购的披露义务犯罪的刑事处罚;《货币和金融法典》第 L. 465 – 4 条明确引用上述条款。

《商法典》第 L. 233 – 1 条及随后条款规定了公司集团、子公司、持股公司和被控股公司的问题。在研究与公司资本交易有关的犯罪(见第 353 段)时,我们已经研究了关联交易与自动控制的一般问题。事实上,即使收购和控制在绝大多数情况下,涉及的是证券在规范市场交易的公司,法律规定也是对所有公司普遍适用的。因此,处罚违反这些规定的犯罪,似乎并不专属于股票犯罪。

本节重点介绍在规范市场交易的证券交易的法律规定。近年来,该领域的立法经历了许多改革。基于对规范市场中收购股票的新技术(比如,“野蛮”收购)的担忧,1989 年 8 月 2 日《金融市场透明度法》对其作出了更严格的规范,并对违法行为规定了更严厉的处罚。为了提高金融安全性,这些法律规定先由 2003 年 8 月 1 日《金融安全法》、后由 2005 年 7 月 26 日《企业保护法》修改了某些内容。2009 年 1 月 30 日第 2009 – 105 号法令,对基于 2008 年 8 月 4 日《经济现代化法》第 152 条的股票回购、超过法定标准申报和意图申报的规定,进行了澄清和补充[①]。尽管进行了多次修改,但是今天我们仍将超过法定

---

① 见 présentation G. Notté, *JCP* 2009. Act. 71。

标准的犯罪称为“过时的犯罪”[1]。我们将简要介绍关于犯罪构成要素的最新法律制度,具体说明犯罪的刑事处罚。

一、最新法律规定

最新法律规定,涉及股票获准在规范市场交易的公司中超出重大持股标 506
准的行为。

(一)相关公司

法律的规定严格限制在股票市场。《商法典》第 L. 233－7 条的规定适用 507
于任何自然人或法人,无论是单独行动还是共同行动(l'action de concert),只要其持有在法国领土注册公司的一定比例的资本,而且“该公司股票被允许在《欧洲经济区协定》缔约国的规范市场上或金融工具市场上交易”。

《商法典》第 L. 233－10 条规定了共同行动的定义,该条经过多次修改,最后一次是由 2010 年 10 月 22 日法令作出的。共同行动存在于已签订获得或放弃投票权协议的人之间。共同行动的人员,对法律法规规定的义务承担连带责任。

(二)超出标准

1. 法定标准 508

《商法典》第 L. 233－7 条要求任何自然人或法人,无论是单独行动还是共同行动,在超出相关公司资本的参股标准时,应当申报其所持股份。该条经过多次修订,最后一次是由 2010 年 10 月 22 日法令作出的。这些参股标准被认为是重要的,超出标准意味着有义务向各个机构披露,否则,将面临各种性质的惩罚。

目前,这些标准如下:公司资本或投票权的 1/20、1/10、3/20、1/5、1/4、1/3、1/2、2/3、9/10、19/20。当一家公司获得另一家公司的控制权时,必须履行同样的义务。当通过收购超出最高标准时以及当由于出售或转售超出最低标准时,应承担披露义务(第 L. 233－7 条)。第 L. 233－8 条和第 L. 233－9 条规定了计算参股数量时应遵守的规则。应当指出,当投票权的数量或分配与股票的数量或分配不相符时,应当按照投票权的百分比计算。

第 L. 233－7 条和第 L. 233－8 条规定传递信息的方式和日期。原则上,该

---

① 见 A. Lévy et J. Monin de Flaugergues, Dr. pénal 2015, Études 22。

传递应当在股东大会召开前15日内进行。对于其股票获准在规范市场上交易的公司,如果股票分配与上次公布的内容有所不同,那么应当每月公布一次。

2009年1月30日法令对第L.233-7条第7款进行了修改和补充,该条规定意图申报制度,以使其内容合理化。披露信息的人员必须在持股超过公司资本或投票权的1/10、3/20、1/5或1/4标准时,申报其在未来6个月内的意图。这是为了提前获知该人员是打算停止购买还是继续购买,是否打算获得公司的控制权……

509 2. 章程标准

根据第L.233-7条的规定,公司的章程可规定附加义务,即持有资本份额低于法定标准1/20时应当承担披露义务。但是,该份额不得少于公司资本的0.5%。随之而来的问题是,如果超出章程标准未披露,是否应当承担与超出法定标准未披露一样的处罚。答案是不确定的。

支持论者认为应采取广义解释,第L.233-7条承认可适用第L.233-14条规定的民事处罚,除非章程规定应当服从持有该份额资本的股东的请求。第L.247-2条规定刑事处罚,它通过适用第L.233-7条来处罚未履行披露义务的人员,而第L.233-7条同时规定法定标准和章程标准,而且并未对两者进行任何区分或保留。

但是,反对论者则认为,民事处罚进行广义解释是可以理解的,而对刑事处罚进行广义解释就违背了刑法的严格解释原则。

二、刑事处罚

510 为确保处罚制度得到遵守,立法者已实行非常全面的多元化处罚制度。除了严格意义上的刑事处罚之外,法律还规定民事、行政或金钱惩罚,这些惩罚都具有压制性。因此,第L.233-14条规定,当股票获准在规范市场或金融工具市场进行交易时,在第L.233-7条规定的通知合规之日起2年期限届满之前,自动取消超出标准份额股票在每次股东大会上的投票权。商事法院可依据公司总裁、股东或金融市场管理局的申请,在听取检察官意见后,宣布未进行第L.233-7条中申报手续的全部股东全部或部分停牌,最长期限为

5 年①。

透明度要求披露，未披露则应受到刑事处罚，无论是将信息提供给母公司（控股公司）还是子公司（被控股公司）。

（一）超出标准的公司的义务

1. 控股公司未披露 511

《商法典》第 L. 247－1 条规定，任何公司的总裁、董事、总经理或经理有如下三种不作为的，处以 2 年监禁和 9000 欧元罚金。

- 在呈报股东的年度报告中没有提及本财政年度的交易情况，审计员的报告中没有提及公司参股超出法定标准或获得公司控制权。
- 在同一会计报告中没有提及公司整体、子公司及其通过分支机构控制的公司的经营盈亏情况。
- 没有将第 L. 233－15 条规定的表格附于资产负债表上，其中包括这些子公司和控股公司情况的信息。

本犯罪处罚的对象是"任何公司"的管理人员以及未履行义务的审计员（如有）。这项罪名要求故意要素，不处罚简单疏忽。但是，鉴于相关人员的身份，他们很难争辩说，他们不知道法律对其所赋予的义务。

2. 被控股公司的披露义务 512

根据第 L. 233－7 条的规定，任何自然人或法人，参与某公司的资本超出标准或确保对该公司资本的控制，都必须向该公司披露其所持有的股份总额及投票权，而且披露期限已根据 2003 年 8 月 1 日《金融安全法》从 15 日缩短为"超出标准之日起 5 个交易日"。当公司资本份额低于上述标准时，则应在相同期限内披露相同的信息。此外，该人还必须在上述 5 日期限内向金融市场管理局披露，以便其将该信息向公众公布。

《商法典》第 L. 247－2 条规定，按照第 L. 233－7 条要求应当披露信息的自然人和法人管理人员故意不披露的，处以 18 000 欧元罚金。审计员（如有）也应处以相同刑罚。

---

① T. com. Nîmes 26 févr. 1992, *JCP E* 1992. I. 145, obs. A. Viandier et J. -J. Caussain.

历史上，首次因低于5%的标准未申报而作出的有罪判决，是在1992年①。巴黎第九法庭于1993年3月15日审理上诉时，确认该判决②。法官们谨慎地将报告的法定义务界定为“确保交易员的信息权和平等地位的基本义务”③。

(二)被控股公司的义务

513 1. 参与控股公司资本的披露义务

第L. 233－12条规定，由股份公司直接或间接控股的任何公司，应将其直接或间接在各自资本中拥有的股份数量以及该数量的变化，通知该股份公司以及每个参与该控股的公司。通知应当在有关收购或处置的交易日起1个月内发出。

514 2. 关于持股人身份的披露义务

根据第L. 233－13条的规定，向股东提交的该财政年度运营的报告中必须提及第L. 233－6条所规定的标准对应的持股的自然人或法人的身份、该财政年度中的变化、其控股公司的名称及其所持资本份额。审计员的报告(若有)也应当提及这些内容。

第L. 247－2条规定，任何公司的管理人员未进行第L. 233－12条和第L. 233－13条规定的通知或告知的，处以18 000欧元罚金。审计员若未在其报告中提及这些内容，则处以相同数额的罚金。对于吸收公众存款的公司，应当在征求金融市场管理局的意见后，提起公诉。在这种情况下，与其他犯罪不同，金融市场管理局的意见是强制性的，而且必须在诉讼程序启动之前。

515 3. 企业委员会或劳资联合委员会的披露义务

我们已经研究过《劳动法典》规定的企业委员会应披露信息的普遍性问题，不遵守规定的行为，将处以妨碍罪(第L. 2323－6条和第L. 2328－1条；见第236段)。1989年8月2日《金融市场安全性和透明度法》在获取资本或控制权的具体内容上对这些条款进行了补充。

---

① TGI Paris 30 juin 1992, *LPA* 4 nov. 1992, p. 17, note Ducouloux-Favard.

② *Bull. Joly Bourse* 1993. 279.

③ Crim. 26 juin 1995, *Rev. sociétés* 1995. 567, note B. Bouloc; *LPA* 26 juill. 1995, p. 44, note Ducouloux-Favard.

一旦企业主管了解到以其业务为主题的收购要约（OPA）或公开投资要约（OPE），那么他必须通知企业委员会。该委员会认为必要时，有权邀请要约人向其展示自己的项目。《劳动法典》第 L. 2328－1 条和第 L. 2335－1 条引用了相同的论述。对任何妨碍公司集团企业委员会正常履职的人员，同样应处以妨碍罪。

值得注意的是，妨碍罪的刑罚是 1 年监禁和 3750 欧元罚金；若是再犯，则处以 2 年监禁和 7500 欧元罚金。这些刑罚应当由收购要约或公开投资要约所针对的控股公司的负责人承担，而不是由拒绝向委员会展示其项目的要约人承担。

第三卷　关于支票和银行卡的犯罪

立法发展：如果撇开一些范围有限的旧条款不谈，法国首个关于支票的全面规定是1935年10月30日法令。与其他国家相比，法国支票使用的发展相当缓慢。直到20世纪六七十年代，这种付款方式才在某些情况下成为强制性的。但是，这一发展导致签发空头支票的数目显著增加。1935年法令将签发空头支票的行为规定为犯罪，该罪为行为犯，不以犯罪故意为前提。这导致刑事案件的大量增加，以致改革势在必行。改革分为两个阶段。首先是1975年1月3日《惩罚和预防支票犯罪法》，其次是1991年10月30日《支票和银行卡安全法》，这些立法改革的内容都已并入1935年法令。应该指出的是，与许多其他国家不同，2016年，法国还在继续使用支票。 516

为实现非刑事化的目标，法国采取了两项行动。首先，预防方面：要求银行业担任"支票警察"，具体包括加强开户时的监管、发布空头支票合法化命令、禁止交付支票本，以及承担支付某些支票的义务。其次，处罚方面：将签发空白支票以及类似犯罪规定为故意犯罪，从而使疏忽和轻率签发的不再受到刑事处罚，出票人可以根据一定条件将空白支票合法化。

但是，这项改革没有取得预期的结果。一方面，必须指出，1975年和 517
1991年法所实行的非刑事化并不彻底，而且事实证明它是模棱两可的。说它并不彻底，是因为它保留了许多罪名，这些罪名的行为人具有某种欺诈意图,而且它将支票范围扩展到付款卡(carte de paiement)和提款卡(carte de retrait)。说它是模棱两可的,是因为要求银行承担的“支票警察”机制和为出票人提供的合法化制度可能使得他们不再遵守相关义务,而这些违反义务的行为将受到刑事处罚。因此,非刑事化过程产生了某种“反作用”,并产生了新的刑事诉讼。但是,我们必须认识到,从数量上来说,这还远未达到法兰西银行中央支票档案中 1990 年登记在册付款事件 640 万件之多①。

不过,所实施的合法化制度显然会产生反作用。统计数字表明,1990 年至 2000 年,银行禁令从 100 万增加到 300 万。因此,有必要放宽银行禁令制度,使“被排除者”能够重新进入经济和职业活动,或者简单地说,重新获得日常生活中的支付工具。2001 年通过了若干法律,以允许这种回归,其内容将在下文具体讨论。首先,这是 2001 年 5 月 15 日《新经济规制法》以及 2001 年 11 月 15 日《日常担保法》的工作。当然,主要是前项法律,它缩短了银行禁令的期限;该法立即生效,导致已被判处 5 年以上禁令的人员获得真正的“大赦”,因为他们能够重新签发付款支票。2001 年 12 月 11 日《采取财政金融紧急措施法》(MURCEF 法),它承认任何人都享有“银行开户权利”和“获得基本银行服务的权利”。

2000 年 12 月 14 日法令制定有关支票、信用卡和付款卡的规定,并将之纳入《货币和金融法典》。这些规定经历了数次修改,最后一次是根据 2009 年 7 月 15 日《关于提供支付服务和建立支付机构的法令》和 2010 年 7 月 1 日《消费信贷改革法》作出的。对于这些规定,我们依次介绍关于空头支票的最新处罚机制(第一章)以及关于支票和银行卡的其他犯罪(第二章)。

备注:若无其他说明,第三卷中所引用的法条均是指《货币和金融法典》中的相应条款。

---

① 整体论述,见 comm. la loi de 1991 par Y. Chaput, *D.* 1992. Chron. 101。

第一章　关于空头支票的最新处罚机制

1991 年法完成了 1975 年法开始的非刑事化进程，并废除关于签发空头支票的所有特殊罪名，对出票人的刑事处罚被称为“替代刑罚”(pénalité libératoire)的金钱处罚所取代，使其重新获得签发支票的能力。之后，除非存在例外规定，2010 年 7 月 2 日生效的《消费信贷改革法》，废除了金钱处罚(见第 540 段)。因此，仅仅签发一张空头支票，将只处以银行禁令。恢复签发付款支票的能力，只需要通过支付支票使其合法化即可。 518

但是，与表象相反，刑事处罚远没有远离签发空头支票的领域。许多犯罪要么处罚违反义务规定的付款人(第一节)，要么处罚违反禁令(因未使空白支票合法化并恢复签发支票的能力而受到处罚)而签发某些支票的出票人(第二节)。

第一节　支票付款人在实施支票禁令中的义务

法律对银行规定了许多义务(一)，同时对不遵守该义 519

务的付款人进行处罚(二)。

520 付款人履行法律义务的所有费用,都应由出票人承担。但是,《货币和金融法典》第 D. 131－25 条,后经 2007 年 11 月 15 日第 2007－1611 号法令补充,适用 2007 年 3 月 5 日确立的住房强制执行权(le droit au logement opposable)规定,扩大了所打击的超额财务费用(此前法条已有规定)的范围。从此,如果因没有资金或资金不足而被拒付的支票金额不超过 50 欧元,那么付款人要求的任何性质的费用金额不得超过 30 欧元;如果上述支票金额超过 50 欧元,那么付款人要求的任何性质的费用金额不得超过 50 欧元。

此外,如果同一支票在第一次拒收后的 30 日内多次被拒绝,则适用上述 50 欧元的费用金额。迄今为止,只涉及支票的规定已扩展至与其他付款工具:转账或银行卡(第 L. 312－1－1 条第 3 款)。

一、支票付款人的义务

(一)寄送禁令信

521 根据第 L. 312－1 条关于银行开户权利和获取基本银行服务权利的规定,若以所有方式通知账户持有人空头支票的后果之后,账户中仍无足够资金的,《货币和金融法典》第 L. 131－73 条规定,银行付款人可以拒绝支付支票。随后,他必须命令账户持有人将其所拥有的表格及其代理人所拥有的表格退还给其作为客户的所有银行,并且不再签发支票,除非是只允许出票人从付款人处提取资金的支票或经过认证的支票。银行付款人应同时通知其客户的代理人。

多项条款(《货币和金融法典》现有的第 R. 131－15 条)明确规定禁令信的形式(附签收回执的挂号信)和内容,但未指明其应寄送给出票人的期限,超出该期限的延迟寄送被视为没有寄送。这项义务的履行期限应当与第 2 条规定的登记付款事件的期限相同(根据具体情况,最晚为登记日后第二日或第五日)。但是,最高司法法院否认了该解释,并要求立即寄送,只要拒付证书已出具或没有拒付证书而拒绝付款①。

---

① Crim. 19 mai 1980, *D.* 1980. 513, note Gavalda; *RTD com.* 1981. 113, obs. Cabrillac et Rives-Lange.

（二）禁止交付某些支票本

银行可以拒绝向账户持有人交付支票本，除非提供该支票本是为了使出票人从付款人处提取资金或为了出具证明，而且，银行可随时要求归还其先前交付的支票本（第L.131-71条）。该条规定，拒绝交付必须“通过合理的决定”，并且“必须在关闭账户时”要求归还支票本。此外，付款人必须将交付支票本的账户关闭情况，通知法兰西银行。通常情况下，银行拒绝交付，都发生在因付款事件而发布禁令之时。 522

除为了使出票人从付款人处取款或出具证明所提供的支票本之外，从出票人名下账户因资金不足而发生付款事件之日起，不得向该账户持有人或其代理人交付支票本（第L.131-72条）。这些条款针对的是因资金不足而拒绝支付支票的银行，以及根据第L.131-85条规定获知该付款事件的银行（特别是从法兰西银行获知）。

该禁止交付的前提是，出票人没有使用第L.131-71条（第540段）规定的合法化工具，这些工具能使他恢复签发支票的能力。未恢复签发支票能力的，禁令期限根据2001年5月15日《新经济规制法》缩短为5年，对已经签发的支票禁令立即适用，禁令期限从禁令开始之日起计算（第L.131-78条）。此外，第L.131-80条规定，如果付款事件是集体账户的持有人（无论有无连带责任）的行为，那么第L.131-72条和第L.131-73条的规定（关于归还支票本的命令、禁止再签发支票的禁令以及禁止交付支票本的禁令）在法律上适用于该账户的其他持有人。

交付禁令只涉及那些“明知某人受到禁止签发支票的禁令仍然非法向其交付支票本的付款人”（第R.131-15条及随后规定）。如果付款事件与该付款人管理的账户有关，则该明知是显而易见的。在其他情况下，该信息已通知法兰西银行，法兰西银行负责定期将其拥有的信息传播给其他银行。另外，如果为新客户开设账户，那么银行必须向法兰西银行索取上述信息。这些机制的实际操作方式规定在第L.131-85条和第L.131-86条之中，并且，第R.131-34条至第R.131-37条对其进行了详细说明。该机制的有效性基于法兰西银行本身信息的完整性。只有这样，它才可以有效地传播其拥有的信息。因此,法律对付款事件规定了严格的报告义务。

(三)报告付款事件和违反支票禁令的犯罪

523 付款人必须根据法令规定的条件(目前是《货币和金融法典》第 R. 131 – 26 条),报告付款事件。向法兰西银行的报告应当遵循法定期限规定:由于没有资金而拒绝支付支票后的 2 个工作日内,由于违反现行禁令规定签发支票起 5 个工作日内;延迟报告的与未申报的,处以相同处罚。这项义务是银行信息系统的重要组成部分。该系统使法兰西银行能够集中处理与付款事件有关的信息,并通知银行机构(根据第 L. 131 – 85 条规定的条件)以及希望核查支票合法性的支票持有人(第 L. 131 – 86 条)。

此外,第 L. 163 – 10 条规定,付款人必须根据相同条件报告第 L. 163 – 2 条和第 L. 163 – 7 条所规定的犯罪,即违反银行禁令签发支票(见第 543 段)和违反司法禁令签发支票(见第 567 段)。

(四)说明拒付原因

524 第 L. 163 – 10 条第 2 项规定,如果付款人因资金不足或没有资金而拒付支票,那么此时应当指明已签发支票是违反银行禁令还是违反司法禁令。为了理解该规定的范围,我们必须简要指出而不是详细说明(见第 531 段)。第 L. 131 – 81 条规定,如果所签发的支票是基于银行未要求归还不当交付的支票本,那么银行必须支付该支票。因此,立法者要求付款人指明拒付的理由,以使要求付款的支票受益人了解具体状况。

(五)说明现存资金

525 第 L. 163 – 10 条第 1 项规定,付款人必须准确指明账户现存可用的资金,并对资金不足之人进行处罚。确实,银行基于错误理由拒绝付款,可能会对出票人造成严重损害。因此,有理由要求付款人赔偿①。

二、支票付款人的处罚

526 在任何情况下,付款人不履行其义务的,都将受到刑事处罚;在某些情况下,还将受到金钱处罚。

---

① Crim. 17 mars 1986, *Bull. crim.* n° 102:忘记解除针对客户账户的司法扣押。

(一)刑事处罚

第 L. 163 – 10 条规定,付款人未履行上述各项义务的,处以 12 000 欧元罚金。应当指出的是,该条款相当严厉,因为它实质上处罚的是不作为犯(未寄送禁令信、未报告付款事件、未说明拒付理由)以及不要求故意要素的犯罪。因此,付款人必须保持高度警惕,以避免因简单疏忽而受到处罚①。 527

第 L. 163 – 10 – 1 条规定,法人应对第 L. 163 – 10 条所规定的犯罪承担刑事责任。对于法人,处以自然人罚金的 5 倍,并处以《刑法典》第 131 – 39 条规定的所有附加刑,因此,有可能是解散、关闭营业场所、禁止从事实施犯罪所涉的职业活动。

(二)金钱处罚

这是指付款人有义务支付某些已签发的空头支票的金额。 528

1. 不超过 15 欧元的支票

第 L. 131 – 82 条规定,付款人必须义务付款。"尽管没有资金、资金不足或不可用",通过付款人交付的支票本,都可以签发该金额的支票。在交付支票本时,账户持有人和付款人被视为已合法签订不可撤销的信贷协议。正如第 L. 131 – 82 条明确指出的那样,这些规定基于保护公共秩序,禁止银行与其客户之间达成任何相反的协议。但是,付款人的义务在支票签发满 1 个月后终止,不包括第 L. 131 – 59 条规定的持票人针对付款人提起诉讼的 6 个月时效期限。1975 年设定的 100 法郎的最高标准,很快被认为是远远不够的,空头支票受害人要求大幅调整。但是,面对整个银行业明确表达的敌意,立法者迄今未进行任何修改。当改用新货币时,100 法郎只能转换成 15 欧元。 529

通过支票分期付款,是指试图将债务拆分成多张低于 15 欧元支票,以强制要求付款人支付。另外,为保护付款人,第 R. 163 – 1 条规定,任何人将高于 15 欧元的单笔债务拆分成多张低于 15 欧元的支票而"要求或促使"付款的,处第 5 级违警罪的刑罚。因此,该条款既涵盖了出票人,也涵盖了支票的受益人。它涉及单笔债务的分期付款,不适用于互相独立的多笔债务的多张支票(如在 530

① Crim. 17 mars 1966, *Bull. crim.* n° 102:银行分行经理的刑事责任。

同一百货商店的不同柜台多次购物），也不适用于分期付款采购的结算。我们认为，它们不构成拆分付款，而是拆分债务，因为每个到期日支付的都是独立债务。

2. 其他支票

531 根据第 L. 131－81 条的规定，尽管没有资金、资金不足或不可用，但在以下两种情况中，付款人必须支付"任何支票"：

- 支票是使用银行未按第 L. 131－73 条规定的条件下要求归还的支票本签发的。
- 支票是使用银行故意违反银行禁令或司法禁令交付的支票本签发的。

对于本条款，我们认为有两点值得思考。首先，1991 年法大大增加了银行的责任。尽管 1975 年法设定的限额是 10 000 法郎，之后在参议院一读通过的草案文本中将该限额提高到 50 000 法郎，但是，议会最终认可了无限责任原则。其次，拒绝支付上述支票的付款人有责任提供证据证明其已满足有关设立账户、交付支票本和付款事件的法律要求（第 131－81 条）。最后，拒绝支付按照上述条件签发的支票的付款人，除被判决支票金额外，还可能被判决支付由于未付款而给持票人的损害赔偿金，以赔偿由此可能对持票人造成的损害。

但是，有义务支付空头支票的付款人（除非因无正当理由拒付而被判有罪）对其预先支付的金额，享有持票人的代位权（第 131－83 条）。

第二节　禁止签发支票的情形

532 支票出票人被禁止签发某些支票（一），但享有开设账户和基本银行服务（二）的权利。出票人可以通过合法化程序（三）来恢复签发支票的资格。否则，他将因违反禁令而面临刑事处罚（四）。

一、银行禁令的范围

533 法律明确规定了被禁止签发支票的性质、受禁令影响的人员以及禁令的期限，也具体说明了支票持有人的权利。这些细致的法律规定可能会引起大量诉讼。为此,第 L. 131－79 条规定,与支票禁令有关的争议应由民事法院管辖。起诉本身不会中止禁令的执行,但是,受理法院对于重大争议的案件(即使在简易程序中),可以发出中止签发支票的禁令。

(一)被禁止签发的支票

禁止签发支票的禁令并不是绝对的。第 L. 131－73 条明确,禁令不涉及第 534
L. 312－1 条规定的开设账户权和基本银行服务权。这里的禁令只涉及没有足够资金而签发的支票,以及“只允许出票人从付款人提取资金或经过认证的支票”之外的支票。提款支票,是由出票人背书标注并由交付支票本的机构支付的支票。认证支票,是指出票人拥有相应的可支配的资金的支票,由付款人认证,并由其负责为持票人的利益而冻结资金,直到出示支票之日后的 8 日期限结束为止(第 L. 131－14 条和第 L. 131－32 条)。因此,该禁令仅涉及提款支票。当大多数公共机构或私人机构的薪酬是通过银行转账支付时,该禁令的这种限制是必要的。利害关系人必须能够提取转入其账户的资金。

(二)受到禁令影响的人员

1. 账户持有人 535

首先,该禁令影响的是银行命令将其拥有的支票本退还的账户持有人以及银行不得再向其交付新的支票本的账户持有人。但是,禁止开立账户和交付支票本的范围扩展至任何已获知付款事件的银行,特别是从法兰西银行根据第 L. 131－85 条规定发出的通知中获知。

因此,禁止以个人名义(该措施适用于其持有的所有其他个人账户)以及以法人的代理人或代表的名义签发支票①。

2. 账户的代理人和共同持有人 536

该禁令会影响签发空头支票的账户。此账户不得再由持有人或其代理人使用。因此,付款人必须通知付款事件,要求退还其拥有的支票本,并且不再交付付款支票的支票本(第 L. 131－72 条和第 L. 131－73 条)。不过,不禁止代理人以个人名义签发支票。

---

① Crim. 8 févr. 1982, *Bull. crim.* n° 43; *D.* 1982. 412, note Gavalda; 9 oct. 1989, *Gaz. Pal.* 1990. Somm. 232; *RSC* 1990. 794, obs. Bouzat, *Bull. crim.* n° 343.

当付款事件涉及集体账户时，禁令范围由第 L. 131 – 80 条具体规定，分为以下两种情况：其一，如果集体账户持有人一致同意由一名持有人承担该禁令，那么第 L. 131 – 72 条和第 L. 131 – 73 条规定就只适用于该持有人，并且只适用于该账户，不包括他单独持有的其他账户。这些禁令也适用于该账户的其他持有人。其二，如果没有为此目的指定任何账户持有人，那么该禁令适用于账户的全部持有人，无论是该账户，还是他们单独持有的其他账户。

(三) 禁令的期限

537 禁止签发支票的银行禁令是暂时的。出票人只要根据第 L. 131 – 73 条规定的条件将支票状况合法化，就可以重新签发支票。也就是说，根据 2010 年 7 月 1 日《消费信贷改革法》，在结清未付的支票金额之后。但是，若没有将支票状况合法化，2001 年 5 月 15 日《新经济规制法》将该禁令期限从 10 年缩短为 5 年（第 L. 131 – 78 条），并且从禁令生效之日起计算。

(四) 支票持有人的权利

538 付款人若在出示支票或资金充足之日起 30 日内未付款的，则应向要求其付款的持票人出具拒付证明书。此证明书的有效通知或由执达员送达而产生的费用，应当通过催告支付（第 L. 131 – 73 条第 4 款）。

在收到通知或送达成功之日起 15 日后，执达员未收到付款支票和费用，则无须任何其他采取措施，就可行使强制执行权。在任何情况下，拒付空头支票所引起的任何费用，均应由出票人承担（第 L. 131 – 73 条第 6 款）。

二、关于银行账户和基本银行服务的权利

539 前文介绍的银行禁令可能对生活产生重大影响。同样，第 L. 131 – 73 条明确规定，银行禁令必须遵守第 L. 312 – 1 条的规定。该条规定，任何在法国居住的自然人或法人均有权在其选择的信贷机构中开设存款账户，并谨慎说明该权利也适用于“银行禁令”。2008 年 8 月 4 日《经济现代化法》补充规定，开设这种账户必须作出信用承诺，以证明申请人不持有任何账户。

这些机构可将此存款账户的使用限于第 D. 312 – 5 条规定的“基本服务”。该条列出了可在此账户上执行的 12 种交易。特别是，账户持有人能够在该账户进行转账、汇兑现金支票或转账、通过预付款或转账付款、持有提款卡、每月两本支票本和每月邮寄显示交易明细的对账单。

三、恢复签发支票资格

根据第 L. 131－78 条的规定，已获知不得再签发支票命令的账户持有人依 540
照第 L. 131－73 条规定（当前适用的规定于 2010 年 7 月 2 日生效）的条件进行合法化之后，即可重新获得该项资格。这项改革作出了重大改变，除非另有例外，它取消了付款人根据第 L. 131－75 条至第 L. 131－77 条规定（现已废除）的条件，应当支付金钱处罚的义务。

从此，因付款事件被告知禁止命令后，账户持有人结清未付支票的金额或 541
提供足够的资金供付款人付款的，就能够恢复签发支票的资格（第 L. 131－73 条第 2 款）。否则，在发出禁令之日起 5 年内，账户持有人不得恢复签发支票的权利。应当指出，2010 年 7 月 1 日《消费信贷改革法》第 36 条废除金钱处罚，即使在较早日期签发且尚未合法化的支票也是如此。

与签发支票禁令有关的争议应由民事法院管辖。向该法院起诉本身并不会中止禁令。但是，受理法院对于重大争议的案件（即使在简易程序中），可以发出中止签发支票的禁令（第 L. 131－79 条）。

四、违反禁令签发支票

不良支票问题的非刑事化，还没有完成。1991 年法维持了 1975 年的立法 542
保留，违反根据第 L. 131－73 条出具的银行禁令而签发支票的，仍然构成刑事犯罪。

（一）构成要素

任何收到第 L. 131－73 条规定的禁令的人员，以及其委托人收到禁令仍签 543
发支票的代理人，均可构成该罪（第 L. 1632 条第 3 款和第 4 款）。犯罪的事实要素是“签发”一张或多张支票，也就是说，将其移交给或寄给支票的受益人或由其代理人进行物理转移，投入流通领域。

该罪还要求具有故意要素：明知账户持有人或账户收到禁令，仍签发支票。根据第 L. 131－73 条规定的条件，将禁令信寄送给账户持有人及其代理人，就能使该明知的证据是无可辩驳的。如果签发行为是代理人在付款事件之后实施且他不是禁令信的接收人，那么，应当通过一切方法确定他“明知禁令”却仍签发支票(第163-2条第4款)。

(二)处罚

544 第L.163-2条规定,自然人违反禁令签发支票的,处以1年监禁和37.5万欧元罚金。第L.163-10-1条规定,法人应对该犯罪承担刑事责任。对于法人,处以自然人罚金的5倍,并处以《刑法典》第131-39条规定的所有附加刑,尤其是,禁止从事实施犯罪所涉的职业活动。

第二章　其他犯罪

在进行了多次立法修改之后，今天的《货币和金融法典》包括了许多“关于支票和其他代币工具的犯罪”。本书的介绍基于2009年7月15日《关于提供支付服务和建立支付机构的法令》(2009年11月1日生效)和2010年7月1日《消费信贷改革法》。我们将按照以下顺序介绍这些犯罪：关于支票资金的犯罪(第一节)、关于支票和其他代币工具的常见犯罪(第二节)以及违反司法禁令签发支票的犯罪(第三节)。 545

第一节　关于支票资金的犯罪

第L.163-2条将以下三种非法行为定为犯罪，前两种归责于出票人，第三种归责于支票的持有人或受益人；但是，在这三种情况下所受到的处罚相同。 546

一、出票人实施的犯罪

这些犯罪包括事实要素(撤回或冻结资金)和故意要素(侵犯他人权利的意图)。 547

（一）事实要素

1. 撤回全部或部分资金罪

548 第 L. 163-2 条第 1 款规定，任何人在签发支票之后，通过转移、转账或其他任何手段，撤销全部或部分资金的，或在相同条件下不向付款人付款的，应当受到处罚。根据定义，这是指在签发支票时留有预存的、足够的资金，但随后提取全部或部分的资金，最终无法全额支付支票。法律处罚该撤回行为，因为它损害了支票资金的不可撤销性，而这些资金应当提供给持票人，从而损害了支票付款的安全性。

该撤回行为的性质无关紧要。大多数情况下，撤回行为是在第一张支票被要求付款之前，向银行签发另一张支票、汇票或转账单。犯罪的行为人是第二张支票的签发人或转账单的下单人、账户持有人或管理账户的代理人，对其追诉期限是 3 年，直至持票人对付款人的债权诉讼期满为止①。

但是，这种严厉性仅仅是表象，因为其所要求的“非法意图”使得绝大多数情况下，都无法构成犯罪。

2. 阻止支付支票罪

549 第 L. 163-2 条第 1 款规定，在上述相同条件下，阻止付款人对已预先提供足够的且可用的资金的支票付款的，应当受到处罚。传统上，我们称之为“冻结”资金罪。为了理解该罪的范围，必须注意，第 L. 131-35 条只允许在支票丢失、被盗或被欺诈性使用，持票人进入司法保护程序、破产管理程序或司法清算程序之时，阻止支付支票。该条规定，想要援引上述任何一项理由的出票人，必须立即书面确认阻止支付，而无论该书面形式采用何种媒介。

因此，该犯罪是指基于上述条款所列理由之外的原因阻止付款人付款。因此，事实审法官不得局限于查明“欺诈性使用支票”②。诚然，1991 年立法扩大了阻止支付的理由，而且特征明显的故意要素经常使得出票人免受刑事处罚。但是，无理反对的习惯似乎根深蒂固，以致法律要求银行以书面形式通知账户持有人“其基于法律规定之外的原因阻止支付需要承担的处罚”（第 L.

---

① Crim. 27 juill. 1964, *Bull. crim.* n° 251.

② Crim. 20 juin 2007, *Gaz. Pal.* 11/12 sept. 2007. 24, note J. Lasserre Capdeville.

131－35 条第 3 款)。此外,第 L. 163－1 条规定,如果付款人以出票人阻止为由拒绝付款,而该理由不属于第 L. 131－35 条所列的理由清单,那么付款人将处以 6000 欧元罚金。

(二)故意要素

1.“故意”的定义

为了防止法院像审理空头支票案件时那样任务繁重,1975 年法规定,签发空头支票罪、撤回或冻结支票资金罪是故意犯罪。由于缺乏故意,许多在 1975 年之前能归责于出票人并进行处罚的行为,从此都不得进行刑事处理。1991 年立法机关进一步彻底取消了对仅仅签发空头支票的刑事定罪。但是,立法者保留了撤回和冻结支票资金罪,并使用 1975 年法的论述,即侵犯他人权利的意图。 550

但是,立法者并未对此意图进行定义。这引起了无数问题,引发了许多争议,产生了大量的、不确定的判例法。但是,我们可以尝试分析,意图可以被定义为意愿或意识,即在债务存在时,出示支票却不予支付,且出票人知道必须支付支票①。仅仅确定出票人知道由于撤回或冻结而导致资金不足,是不够的②。

2. 具体应用

(1)将该定义用于分析撤回资金。我们认为,在下列情况下,没有侵犯他人权利的意图:出票人可以合法地依靠现金工具(facilités de caisse),即使以可撤销方式且未书面同意③,或尽管大额透支但仍由银行付款④:在所有情况下,出票人都知道支票将被支付。 551

但是,出票人知道提前付款和透支授权已被拒绝的,或者出票人在其他多

---

① Crim. 19 mai 1980, *Bull. crim.* n° 150; 4 févr. 1985, *D.* 1986. IR 406, obs. G. Roujou de Boubée.

② Crim. 13 avr. 1983, *Bull. crim.* n° 102; *D.* 1984. 461, note B. Bouloc.

③ Crim. 19 juill. 1978, *D.* 1978. 705, note E. Robert; *RTD com.* 1979. 131, obs. Cabrillac et Rives-Lange et 144, obs. Bouzat.

④ Crim. 14 avr. 1986, *D.* 1986. IR 406, obs. G. Roujou de Boubée.

个支票已被拒付之时仍签发新支票的,就具有侵犯他人权利的意图①。此时,现金工具和支票付款,似乎不太可能。

同样,如果撤回之日与签发之日时间相隔甚远(出票人可以合法地认为其签发的第一张支票将不再会被出示兑现),那么也不存在故意要素②。

552 (2)将该定义用于分析冻结资金。我们可以认为,如果在法定原因之外,通过证明支票受益人权利不存在(或者在签发支票之时,或者由于随后事件)来说明阻止付款是合理的,那么就不存在故意要素。当出票人阻止支付支票而不是其已签发并结清款项的支票时③,或者当缔约双方不履行或有效履行协议之时④,就是如此。买主在将艺术品交给博物馆馆长时发现是赝品的⑤,或者在签发支票支付货款时,发现该货物实际上不属于卖方所有的⑥,就是如此。

但是,侵犯他人权利的意图也表现为,阻止支付真实赌债而签发支票之时,尽管不得提起附带民事诉讼要求支付赌债,但支票并不会无效⑦。不过,它必须是真实的银行支票,而不是所谓的"赌场支票",后者仅记录赌场授予玩家的信用,并打算以后由真实支票代替⑧。当阻止支付仅针对"担保"支票时,答案就更加微妙。毫无疑问,最高司法法院似乎认可,阻止支付这种支票的可能性,因为不可能有侵犯不存在的权利的意图。但是,必须确定,这种支票不是作为支付真实债务的手段签发的⑨。

同样,在公司停止支付之前几天,谎称其签发的由公司担保的个人账户的支票被盗的,似乎存在侵犯他人权利的意图。正如最高司法法院的判决明确表示的那样,"此时,被告人意图逃避责任,目的是侵犯支票受益人的权利"⑩。

---

① Crim. 7 nov. 1988, *Gaz. Pal.* 1989. Somm. 278, obs. Doucet.

② Crim. 29 oct. 1990, *Gaz. Pal.* 1991. Somm. 178;该案中,成立支票担保。

③ Crim. 13 avr. 1983, *D.* 1984. 461, note B. Bouloc.

④ Crim. 25 juill. 1989, *Dr. pénal* 1989. 13.

⑤ Paris 10e ch. 30 sept. 2003.

⑥ Crim. 20 juin 2007, *Gaz. Pal.* 11/12 sept. 2009. 24, note J. Lasserre Capdeville.

⑦ Crim. 2 mai 1984, *D.* 1985. IR 29, obs. Cabrillac.

⑧ Civ. 1re, 20 juill. 1988, *D.* 1989. Somm. 88, obs. Cabrillac.

⑨ Crim. 27 sept. 2006, *Dr. pénal* 2007. Comm. 38, note J.-H. Robert; *Gaz. Pal.* 9 – 11 sept. 2007. 20, note J. Lasserre Capdeville.

⑩ Crim. 4 janv. 1996, *Bull. crim.* n° 3.

因公司雇员在劳动仲裁委员会上质疑薪酬,公司总裁阻止支付为其利益而签发的两张支票,也是如此①。

二、承兑或背书

第 L. 163－2 条第 2 款规定,任何人明知缘由仍为依照前款规定条件所签发支票提供承兑或背书的,应当受到处罚。 553

(一)事实要素

它是指为资金已被撤回或冻结的支票提供承兑或背书。长期以来,立法者一直希望制止某些债权人滥用权利的行为,这些债权人为空头支票寻求"担保",而空头支票原本不能出示要求付款或不能在约定日期之前出示。随着签发空头支票的彻底非刑事化,承兑罪将失去很多用武之地。不用说,如果"担保"支票已有资金或已补足资金,那么不会受到任何处罚。 554

承兑包括作为受益人接收支票。作为受益人或出票人的代理人或中介人实际上接收支票的,不构成犯罪,因为他们仅持有支票而非拥有支票②,除非两人是共同犯罪③。背书也被定为刑事犯罪,因为它能将支票的所有权利("特别是支票资金的所有权")转移给他人,基本等同于承兑(第 L. 131－20 条)。因此,只有转让背书,才构成犯罪;简单代签的,不构成犯罪。

(二)故意要素

第 L. 163－2 条第 2 款规定,"明知缘由"仍为按照第 1 款规定条件签发的支票提供承兑或背书的,应予以定罪处罚,也就是说,明知为了侵犯他人权利,该支票的资金已被撤回或冻结。这样的要求使得本条的规定成为一纸空文,因为几乎总是缺乏犯罪故意,尤其是受益人知道担保支票没有资金保障并且不是用于出示付款但仍接收该担保支票的情况④。 555

三、处罚

第 L. 163－2 条规定的所有犯罪均应处以相同的处罚。该罪应处以 5 年监 556

---

① Crim. 4 mai 2006.

② Crim. 13 mars 1973, *Bull. crim.* n° 123;接收并处理支票的银行业务员;10 mai 1978, *Bull. crim.* n° 146。

③ Crim. 12 déc. 1972, *Gaz. Pal.* 1973. 1. 293.

④ Crim. 5 oct. 1983, *D.* 1984. IR 69, obs. Vasseur; *RSC* 1984. 91, obs. Bouzat.

禁和37.5万欧元罚金。该刑罚较为严厉，与诈骗罪的刑罚完全相同(《刑法典》第313-1条)。第L.163-6条允许法院宣布一定数量的附加刑：禁止公民、民事和家庭权利，禁止从事职业或公司活动、禁止签发提取资金支票之外的其他支票，最长期限为5年。此外，如果不当阻止支付，尽管银行只存在疏忽，作为付款人的银行机构也可能会判决承担损害赔偿①。

2001年11月15日《日常担保法》规定，法人应对所有这些犯罪承担刑事责任。对于法人，处以自然人罚金的5倍，并处以《刑法典》第131-39条规定的所有附加刑(第L.163-10-1条)，尤其是禁止从事实施犯罪所涉的职业活动。

第二节 关于支票和其他支付工具的常见犯罪

557 在这一总标题下，《货币和金融法典》规定了一定数量的犯罪行为，我们将分别介绍相关的支付工具(一)、实施犯罪的构成要素(二)以及处罚(三)。

一、相关的支付工具

558 第L.163-3条及以下条款规定，对实施与支票或《货币和金融法典》第L.133-4条规定的其他支付工具相关的行为，进行定罪处罚。第L.133-4条第c款的规定非常宽泛："支付工具是指支付服务的用户和提供商之间商定的任何个性化设备和整套程序，用户可以交替或同时用来发出付款订单。"

二、犯罪的构成要素

(一)假冒或伪造罪

559 第L.163-3条第1款专门规定，伪造和使用伪造的支票或其他代币工具的行为构成犯罪，其处罚比《刑法典》第441-1条规定的普通伪造罪更为严厉。无论如何，该罪都要求假冒方式符合《货币和金融法典》的定义，即第L.131-2条关于支票、第L.133-4条第c款关于其他支付工具的定义。在对

---

① Crim. 20 juin 2007, *Gaz. Pal.* 11/12 sept. 2007. 241, note J. Lasserre Capdeville.

有罪判决提出上诉的宪法优先性审查中，最高司法法院刑事法庭认为，第 L. 163－3 条的措辞足够清楚和准确，不违反罪刑法定原则，也不违反刑法的可预测性原则①。

伪造支票或其他支付工具是指形式伪造（刮擦、涂描）或内容伪造（添加虚假陈述），例如，在空白支票上添加其他姓名②。在这种情况下，最高司法法院认为，损害不是犯罪的构成要素，即使支票上的款项已记入公司信贷，只要分支机构经理在支票上添加被委托人的伪造签名，就构成犯罪③。在这些关于欺诈性的说明中，我们必须将第 L. 131－27 条所禁止的"倒填日期"的支票单独区分开来，并对其按照伪造罪进行处罚。当然，这种伪造必须是故意为之，而不能仅仅是日期错误。

至于犯罪的故意要素，与许多其他犯罪一样，判例法认为，它只能是明知缘由而违反该领域任何法律或法规要求的结果④。

（二）制造或提供设备罪

第 L. 163－4 条对假冒或伪造的共犯单独处罚。该罪的定义相当广泛，包括任何人制造、获取、持有、转让或提供为实施 L. 163－3 条所述罪行而设计或特别定制的设备、仪器、计算机程序或全部数据。 560

在某些情况下，使用的方法可能会构成其他犯罪。因此，处理事先授权以从不当信贷获益的付款申请，可能构成诈骗罪中的欺诈性手段⑤。同样，判决认为，收费停车场使用的预付 Monéo 卡，不构成第 L. 163－4 条规定的支付卡⑥。

（三）使用假冒或伪造的支票或其他支付工具罪

第 L. 163－3.2 条将"使用或试图使用假冒或伪造的支票或第 L. 133－4 条 561

① Crim. 7 janv. 2014, *Banque et Droit* mars/avril 2014. 53, obs. Lasserre Capdeville.

② Crim. 21 nov. 2001; Bordeaux 25 mars 2004.

③ Crim. 8 janv. 2003, *Bull. crim.* n° 4; *D.* 2003. 2037, note J. Djoudi; *Dr. pénal* 2003. Comm. 48, note J. -H. Robert.

④ Bordeaux 25 mars 2004.

⑤ Crim. 13 sept. 2006, *Bull. crim.* n° 221; *Dr. pénal* 2006. Comm. 158; *Gaz. Pal.* 22－24 oct. 2006, obs. A. C. et 9－11 sept. 2007. 19, note J. Capdeville Lasserre.

⑥ Crim. *Dr. pénal* 2007. Comm. 137, note J. -H. Robert; *Gaz. Pal.* 11/12 sept. 2007. 26, note J. Lasserre Capdeville.

规定的其他工具”规定为犯罪。正如普通刑法的犯罪一样,伪造和使用伪造物品分别构成单独的犯罪。它们可以由同一个人或者两个不同的人实施,即使伪造之人仍未知或无法处罚(例如,超过追诉时效),使用伪造物品之人也应受到惩罚。但是,他必须知道所使用的支票或银行卡是假冒的或者伪造的,因为第L.163-3条第2款仅处罚“明知缘由”仍然予以使用的行为。犯罪行为可以由同一个人实施。比如,某人伪造支票,后又使用其明知是被盗的支票,就是这种情况;另外,他还因隐瞒盗窃罪的犯罪所得罪而被定罪①。注意,这些条款还规定,使用假冒或伪造的支票或银行卡未遂的,构成犯罪。

(四)承兑假冒或伪造支票或其他支付工具罪

562 第L.163-3.3条规定,承兑假冒或伪造的支票或第L.133-4条规定的其他工具的,构成犯罪。与前述犯罪一样,法律规定重点强调犯罪的故意要素。法律规定将“明知缘由”却仍实施的行为规定为犯罪,即知道支票或其他支付工具是假冒或伪造的。

三、处罚

(一)刑罚

563 对于自然人,第L.163-3条和第L.163-4条规定的所有犯罪均应受到相同的主刑,即7年监禁和75万欧元罚金。2011年3月14日《LOPPSI二号法》* 增加了第L.163-4-2条,犯罪行为是有组织犯罪,处以10年监禁和100万欧元罚金。第L.163-6条规定,法院可以宣布附加刑。首先,《刑法典》第131-26条规定,禁止公民、民事或家庭权利。其次,《刑法典》第131-27条和第131-28条规定,禁止从事职业活动或社会活动。另外,即使通过宣布暂时执行的决定,法院也可以禁止被定罪人在5年内签发支票,除非该支票只允许出票人从付款人处提取资金或经过认证。

关于法人,第L.163-10-1条规定,处以《刑法典》第131-38条规定的罚金刑以及第131-39条规定的所有附加刑,特别是禁止从事实施犯罪或所涉的

---

① Grenoble 18 oct. 2006.

* 即第2011-267号《国土安全绩效定位和规划法》,因沿袭2002年《国土安全定位和规划法》(LOPSI法),故有此简称。——译者注

职业活动。

此外,在所有情况下,第 L. 163-5 条规定,应没收假冒或伪造的支票和其他支付工具并销毁,且应没收用于制造所述支付工具的材料、机器、仪器、工具、计算机程序以及全部数据,除非在所有权人不知情时予以使用。

(二)追诉的特殊规定

其一,未遂。第 L. 163-3-2 条和第 L. 163-4-1 条规定,绝大部分此类犯 564
罪的未遂,应予以定罪处罚。因此,具体包括:使用假冒或伪造的支票未遂,制造或伪造上述支票未遂,以及制造、供给或提供设备、工具或程序未遂。

其二,附带民事诉讼。被害人只要因伪造或欺诈性使用伪造的支票或其他假冒或伪造的支付工具、通过网络欺诈性使用银行密码而受到直接损害,就可以参与附带民事诉讼①。直接被害人的继承人②或者银行③,也可以参与附带民事诉讼。

(三)涉及不合规支票的其他犯罪

首先,第 L. 131-70 条规定,银行向其债权人交付可在柜台兑付的空白支 565
票本,但未在每张空白支票上注明所交付之人姓名的,应当受到处罚。每次犯罪,均应处以 7.5 欧元罚金。其次,第 L. 131-69 条规定,出票人签发支票但未注明签发地点或日期的、注明日期错误的、签发非银行机构支票的,应当受到处罚。罚金数额是支票金额的 6%,且不得少于 0.75 欧元。

第三节 违反司法禁令签发支票的犯罪

长期以来,违反司法禁令的犯罪仅限于支票领域(第 L. 163-6 条和第 566
L. 163-7 条)。随着新《刑法典》生效,违反司法禁令签发支票犯罪的范围大大增加。的确,立法者规定,对于支票领域规定之外的许多犯罪,均可处以禁止

① *Gaz. Pal.* 19-20 sept. 2008. 17, note Y. M.

② Ass. plén. 9 mai 2008, *JCP* 2008. Ⅱ. 10124, note Y. Maréchal.

③ Crim. 14 nov. 2007, *Bull. crim.* n° 278.

签发支票的禁令,并对违反禁令签发支票的行为分别予以处罚。

因此,违反针对支票犯罪判决的司法禁令签发支票的犯罪和违反针对普通犯罪判决的司法禁令签发支票的犯罪,下文分别介绍。

一、针对支票犯罪的禁令

(一)司法禁令的范围

567 第 L. 163-6 条规定,该附加刑适用于第 L. 163-2 条至第 L. 163-4-1 条和第 L. 163-7 条规定的所有犯罪,期限最长为 5 年,其允许法院判决禁止被定罪人签发支票的禁令,该禁令效力与银行禁令的效力相同。另外,该禁令也可以与正在执行的银行禁令相结合①。

该刑罚可以通过暂时执行决定宣判,禁止被定罪人签发支票,除非该支票只允许出票人从付款人处提取资金或经过认证。因此,该禁令仅涵盖付款支票。被定罪的账户持有人受到个人禁令处罚的,包括犯罪发生的账户及其拥有的所有其他账户。他也不能再担任账户持有人的代理人②。同样,如果代理人受到禁令处罚,则该禁令将扩展到本人拥有的所有账户,而账户持有人可以继续在犯罪发生的账户签发支票。

(二)犯罪构成要素

568 该犯罪要求事实要素(违反禁令签发一张或多张支票)和故意要素(明知缘由仍然实施行为)相结合。该故意包括明知第 L. 163-6 条规定的命令,该命令要求被定罪人将他及其代理人拥有的支票本归还给交付的银行。因此,受到支票禁令处罚的人员或者明知其委托人受到支票禁令处罚的代理人,签发一张或多张支票的,构成该罪(第 L. 163-7 条)。

(三)处罚

569 第 L. 163-7 条规定,该罪的处罚与违反银行禁令罪的处罚相同,即 5 年监禁和 37.5 万欧元罚金。还应注意,付款人拒付违反司法禁令签发的支票,但未说明拒付理由或者未按照第 L. 163-7 条规定报告犯罪的,处以第 L. 163-10 条规定的罚金刑。2001 年 11 月 15 日《日常担保法》将该罪的刑事责任扩大到

---

① Crim. 21 mars 1978, *D.* 1978. 583, note Robert.

② Crim. 3 juill. 1979, *Bull. crim.* n° 237; *D.* 1980. IR 133, obs. Cabrillac.

法人(第L.163-10-1条)。法人,处以自然人的5倍罚金和第131-39条规定的全部附加刑。

应当指出,违反签发禁令的犯罪人,可能再次被判处符合第L.163-6条规定条件的禁止签发支票的禁令。经过一系列连续定罪处罚之后,他将会被判处终身禁令。

二、针对普通犯罪的禁令

(一)司法禁令的范围

《刑法典》第131-6条第9项规定,对特定犯罪的被定罪人可以判处最长5 570
年期限内禁止签发支票(允许出票人从付款人处提取资金的支票除外)和禁止使用支付卡的附加刑。因此,《刑法典》将支票禁令扩大到支付卡禁令。上述"特定犯罪",包括诈骗罪(第313-7条第6项)、背信罪(第314-10条第5项)或隐瞒犯罪所得罪(第321-9条第5项),值得注意的是,这些条款仅仅禁止签发支票。

该制度不仅仅限于对被定罪的自然人。确实,《刑法典》第131-39条第7点规定,在法人承担刑事责任的情况下,可同样作出禁止签发支票或使用支付卡禁令,例如,诈骗罪(第313-9条第2项)、背信罪(第314-12条第2项)或隐瞒犯罪所得罪(第321条第2项)。

该附加刑是选择性的,只有作出有罪判决的法官明确宣布后才可适用。它要求被定罪人禁止签发或使用支票,并将支票本归还银行(《刑法典》第131-19条)、禁止使用其所拥有的(《刑法典》第131条-20条)及其代理人拥有的(《刑法典》第131-20条)支付卡。

为了能够正常生效,司法禁令一方面要求检察机关向法兰西银行披露(第R.131-33条),另一方面要求法兰西银行向银行业传播其从检察机关获知的信息。传播司法禁令与传播银行禁令(禁止签发未合法化的空头支票)适用的法律规定相同(第L.131-85条)。

(二)违反司法禁令

《刑法典》规定,根据禁令是针对自然人还是法人,违反禁止签发支票或使 571
用支付卡的司法禁令,应受的处罚存在差别。

自然人,处以2年监禁和30 000欧元罚金,该刑罚比第L.163-7条支票犯罪的刑罚轻(《刑法典》第434-41条)。自然人,还应处以禁止公民、民事和家庭权利的附加刑(《刑法典》第434-44条)。

若是法人受到司法禁令,该法人违反该禁令的,将受到双重处罚。首先,违反该禁令的作为法人机关或代表的自然人,处以2年监禁和30 000欧元罚金(《刑法典》第434-43条)。其次,法人本身的罚金是自然人罚金的5倍,并处以《刑法典》第434-47条规定的所有附加刑罚。其中,当然包括最长5年期限的支票禁令。违反普通犯罪和支票犯罪的签发禁令的,都会被判处新的禁令;多次反复之后,将会被判处终身禁令①。

① 关于该问题的整体论述,见 *J.-Cl. Pénal*,第131-19条和第131-20条。

第四卷　关于高利贷和信贷的犯罪

虽然说信用是商业和经济的灵魂，但近几十年来，使用信用及其必然结果——巨大的负债，已成为一种社会现象。1989 年 12 月 31 日《个人和家庭过度负债困境预防和解决法》，又称为《尼尔茨法》*，就是完美例证。 572

但是，与许多其他领域一样，在该领域，预防机制并不足够，不过旨在保护借款人和信贷消费者的处罚机制也相当可观。经过政府的努力编纂，以前的条款都被采纳，并保持协调一致。1993 年 7 月 26 日法催生了《消费法典》，该法典对以前的条款进行了修订以实现"恒定化立法"，因此，以前的条款被废除了。该法典的立法恒定状态并未保持很久，后来又进行了多次修改。

有些条款被纳入《消费法典》，而另一些条款则被纳入《货币和金融法典》。其中一些条款都涉及同一问题，而且措辞都非常相似。因此，在这两个法典中，这些条款的编号相同；所以，每次引用条款时，必须具体说明来自哪部法典。

此处，我们已经来到商事法和消费者法的边界。立法频繁修订的正

---

* 该法以维罗妮卡・尼尔茨(Véronique Neiertz)命名。尼尔茨，1942 年生，法国政治家，社会党，时任国务大臣和经济、财政和预算部国务秘书。因她为该法的通过作出重大贡献，故该法以其名命名。——译者注

当理由是保护借款人(消费者)免受想象力丰富的创新实践的影响,并使法律规定适应经济现实。因此,立法的频繁变更就不足为奇了。下文将介绍立法改革的考虑因素,特别是2010年7月1日《消费信贷改革法》和2011年4月1日生效的《消费法典》。值得注意的是,当借款人是法人或自然人时,高利贷罪已经在一定程度上实现非刑事化(见第579段)。我们将首先研究普通刑法中关于借款的一般规定,这些规定处罚的是高利贷罪(第一章),其次研究关于动产和不动产领域提供与授予的信贷的特殊规定(第二章)。

第一章　普通刑法中的贷款犯罪

一方面，法律规定个人可能偶尔实施的高利贷罪（第一节）；另一方面，法律规定中介机构在上门推销和广告活动中实施的高利贷罪，该罪主要针对职业经营活动（第二节）。 573

第一节　高利贷罪

根据《消费法典》第 L. 313－3 条的规定，高利贷是指总体有效利率（TEG）超出常规贷款利率的贷款协议，即在发放贷款时，超过信贷机构上季度针对相同风险性质交易的平均有效利率（TEM）的1/3。风险性质由行政当局根据国家信贷委员会的意见确定。 574

一、构成要素

界定犯罪的适用范围包括确定其适用的交易和人员，以及借贷利率的计算方法，并考察犯罪的故意要素。 575

1. 贷款协议

高利贷罪的范围很广。首先，《消费法典》第 L. 313－3 576

条规定,“任何常规贷款”的贷款利率超出最高限额的,应当予以处罚。其次,《货币和金融法典》第 L. 313 – 1 条规定,“任何人向另一人提供或承诺提供资金,并收取费用的”,构成信贷交易。此外,《消费法典》第 L. 313 – 5 条规定,“任何人”为获得高利而提供贷款的,都应受到处罚。该条款不要求犯罪人是专业贷款人员或者以贷款为业。因此,个人之间个别贷款,也可能构成该罪。

577　(1)贷款合同。《消费法典》第 L. 313 – 3 条首先提到了“常规贷款”,即《民法典》第 1905 条及以下条款所指的利息贷款合同。实践中,我们发现,许多借款人试图通过以其他合同形式来掩盖贷款合同或通过复杂操作提供贷款,进而规避法律。但是,刑事法庭承认,法院有权恢复合同的真实法律性质①。与许多其他犯罪一样(请参见背信罪),个人意图不会影响到非法交易的刑法适用②。

578　(2)相当于借款合同的合同。《消费法典》第 L. 313 – 3 条第 2 款规定,“分期销售时授予的信贷”相当于常规贷款,它构成高利贷的条件与借款合同完全相同。理论界和判例法一致认为,法律规定,只要每次交易机制(银行透支和现金透支)中包含还款义务和支付义务,那么这些法律规定都应当适用。但是,立法者采取的措施非常精确,必须要求分期付款和定期付款,因此,不适用于融资租赁合同或租购合同(这些合同不能视为借款合同)③。

就其本身而言,《货币和金融法典》第 L. 313 – 1 条第 2 款规定,融资租赁合同以及更广泛的所有提供购买权的租赁交易合同,都相当于信贷交易。

2. 受保护的人员

579　在这方面,最近的几部法律大大限制了该罪的范围。最初,法律规定没有进行任何区分,任何以高利率借贷的行为都应当受到处罚,无论该高额利率针对的人员是谁。后来,这些条款逐渐缩小了保护范围。《消费法典》第 L. 313 – 3 条最后一款规定自 2011 年 4 月 1 日起生效。本条规定以及本法典第 L. 313 – 4 条至第 L. 313 – 6 条的规定,不适用于因职业需要而借款的自然人或

---

① Crim. 8 mai 1969, *Bull. crim.* n° 162.

② Crim. 6 mai 1964, *D.* 1965. 468, note Gavalda:还款折减相当于受高利贷规则约束的借款。

③ Toulouse 8 mai 1970, *JCP* 1970. Ⅱ. 16481, note E. -M. -B.

从事工业、商业、手工业、农业或非商业经营活动的法人。

3. 高利贷利率的定义

根据《消费法典》第 L. 313 – 3 条(《货币和金融法典》第 L. 313 – 5 条明确 580
引用),高利贷是指任何总体有效利率超出常规贷款利率的贷款协议,即在发放贷款时,超过信贷机构和金融公司上季度针对相同风险性质交易的平均有效利率的 1/3 以上。因此,高利贷率的计算,应当首先确定争议交易中所用的总体有效利率,然后将其与平均有效利率进行比较。

其一,总体有效利率。确定总体有效利率是相当复杂的技术问题。第 581
R. 313 – 1 条规定了计算方法。该规定参考《消费法典》第 R. 313 – 1 条至第 R. 313 – 5 条的规定,并根据 2011 年 2 月 1 日法令进行了修改。该条根据法令附件中出现的计算方法,区分等同利率(taux d'équivalence)和期间利率(taux de période)。当然,上述条款中的数学公式只会引起负责实施或监管的法律工作者的关注。事实证明,不存在唯一的总体有效利率,而是在每种借款合同或每个设立付费信贷交易中存在一个总体有效利率。

但是,可以通过强调将总体有效利率理解为"借款人承担的实际信贷成本",来概括上述问题。立法者希望防止熟练的贷款人实施的过于容易和过于频繁的欺诈,其中包括将利率本身设定在相对较低的水平,但是增加了各种性质的辅助费用,以提高借款人承担的信贷实际成本,包括研究费、数据费、税款、佣金等。

鉴于此,《消费法典》第 L. 313 – 1 条第 1 款规定,在确定贷款的总体有效利 582
率时,"应当计入任何形式的直接或间接利息、费用、佣金或报酬,包括已支付的款项或应向以任何方式参与发放贷款的中间人支付的款项,即使这些费用、佣金或报酬与实际的付款相对应"。但是,第 L. 313 – 1 条第 2 款规定,无法在合同最终订立之前确定的司法工作人员费用,不计入总体有效利率;第 L. 313 – 1 条第 3 款规定,公证费用不计入总体有效利率。但是,只要公证费和抵押登记费发生之日是可以确定的,那么,这些费用就应当计入总体有效利率[1]。

---

① Civ. 1re, 30 mars 2005, *D. Affaires* 2005. 2757, note G. Biargeaud et P. Florès.

支付给中间人的费用和酬金与设立贷款的行为分开与否,是在贷款时还是在贷款后支付,都不重要①。《货币和金融法典》第 L. 313－4 条引用《消费法典》中关于确定适用于授予法人透支的总体有效利率的法律规定。

因此,要确定总体有效利率,必须从借款人的角度,并包括他为获得和偿还贷款而必须支付的任何款项②。这有时会让人感到意外。因此,如果借款交易的授权利率的最高标准是 17.96%,借款人也已签订利率为 11% 的借款合同,但必须加上中间人的报酬,公司资本的担保费、认购费、管理成本等款项,总计,总体有效利率为 23.88%,构成高利贷③。当认购公司资本成为发放贷款的条件时,认购费也应当计入④。

了解该总体有效利率对借款人而言意义重大。鉴于此,《消费法典》第 L. 313－2 条规定,所有借款合同的相关文件都必须提及总体有效利率;否则,应当根据 2014 年 3 月 17 日《消费法》,处以 15 万欧元罚金。但是,通过规定该义务适用于"所有受本条管辖的借款合同",本条就仅适用于受刑事处罚的高利贷罪的借款合同,不适用于某些自然人或法人签订的借款合同,因为最近法律规定将其排除在高利贷罪之外。

为了检查总体有效利率是否构成高利,必须将其与每种情形下法律授权的信贷费用限额进行比较。

583 其二,基准率或平均有效利率。《货币和金融法典》第 L. 313－5 条引用《消费法典》第 L. 313－3 条的规定:"高利贷是指任何整体有效利率超出常规贷款利率的贷款协议,即在发放贷款时,超过信贷机构和金融公司上季度针对相同风险性质交易的平均有效利率的 1/3,该风险性质由行政当局根据国家信贷委员会的意见确定"。因此,单一参考利率与信贷机构的做法一致。

因此,应当确定一份性质相同的交易的清单,以确定争议利率是否构成高

---

① Crim. 5 juin 1989, *Gaz. Pal.* 1989. 2. Somm. 473, obs. Doucet et réf. citées; *RSC* 1990. 578, obs. Bouzat; *Bull. crim.* n° 237.

② Crim. 12 oct. 1976, *Gaz. Pal.* 1976. 2. 762; *Bull. crim.* n° 288; 4 oct. 1978, *Bull. crim.* n° 258; 5 juin 1989, *Bull. crim.* n° 237.

③ Crim. 5 nov. 1998, *Bull. crim.* n° 297.

④ TGI Niort 14 sept. 2011, *Gaz. pal.* 19/20 oct. 2011. 14, note J. Lasserre Capdeville.

利。该清单由 2006 年 8 月 24 日法令决议①。该条款根据借款人的性质(自然人或法人)、专业活动、贷款对象、贷款期限或贷款金额,作出许多区分。因此,在每种情况下,都必须将争议利率与其所属类别实践中的利率进行比较。

高利贷罪,由法律条文进行非常精确的定义。法条要求,总体有效利率超出发放贷款前一个季度实践中平均有效利率 1/3。因此,法院可能审理查明贷款协议的利率为每年 120%②。因此,事实审法官必须在有罪判决中,说明涉案交易的平均有效利率的数额以及超出标准的数额。比如,有项判决被撤销,因为它仅局限于说明案件中争议贷款的利率分别为 45% 和 48%③。

4. 故意要素

584 高利贷罪无疑是故意犯罪,尽管法国《消费法典》第 L. 313－5 条所使用的"明知"一词似乎仅适用于协助获取贷款的人员,而非提供高利贷款的人员。因此,它处罚贷款人,贷款人完全知道核定的最高利率标准,却要求超出标准的利息或获得超出标准的总款项。实际上,该罪离纯粹的行为犯并不遥远。正式公布的核定费率被认为是已知的,被告人几乎永远无法声称其不知或证明其善意。因此,最高司法法院核准对被告人处高利贷罪的有罪判决,事实审法官查明被告人是"富有经验的专业人员"即可,他们"必然"知道现行的高利贷的标准④。

二、处罚

1. 刑罚

585 根据《消费法典》第 L. 313－5 条规定,高利贷罪,处以 2 年监禁和 30 万欧元罚金(2014 年 3 月 17 日《消费法》修订)。该条规定,可以另外增加多项附加刑罚。

因此,法院可以命令公布裁判的全文或摘录,并由被定罪人承担费用,也可以根据《刑法典》第 L. 131－35 条规定条件进行张贴,并裁定暂时或永久关

① *JO* 13 sept. 2006, p. 13474.
② Paris 9e ch. B. 29 févr. 1996.
③ Crim. 11 mars 1991, *Bull. crim.* n° 119; *Dr. pénal*, 1991, n° 211, note. J. -H. Robert.
④ Crim. 15 juin 1999.

闭由被判处高利贷罪的犯罪人管理或领导的企业。如果裁定暂时关闭(最长为3个月),法院应确定被定罪人或公司应当继续向员工支付应得的各类工资、津贴和报酬的期限。

2008年8月4日《经济现代化法》规定了另一项附加刑(《消费法典》第313-5条第3点),即与《刑法典》第L.131-27条规定方式相同的禁令,即禁止担任公职或从事职业或社会活动(永久或最长5年期限),禁止实施犯罪行为所涉的活动,禁止以任何身份,直接或间接地,为自身利益或者为他人利益,从事领导、管理、治理或监管工商企业或商业公司的活动。所有这些禁令也可以同时宣布。

应当补充的是,《消费法典》第L.313-4条规定,如果尚未到期的利率已取消,现利率就设定为最高利率。至于已经支付的不当利息,则需要从正常应付利息或本金中扣除。如果所有债务(包括本金和利息)已经偿还,那么甚至可以要求退还。《货币和金融法典》第L.313-5-2条包含相同的规定,适用于法院认为核准给法人的透支利率构成高利贷的情形。

2.特殊规定

586 (1)确定犯罪人。《消费法典》第L.313-5条认为,该罪的犯罪人不仅是指“向他人提供高利贷的人员”,而且包括“任何故意以任何身份和以任何方式直接或间接为获得或发放高利贷提供帮助的人员。”该措辞非常笼统,涵盖了几乎所有形式的共犯(帮助、协助或提供方法)。因此,行为人也被视为犯罪的主犯。但是,银行分支机构的董事不明知缘由仍然参与确定利息或追踪利息,而向债务人的担保人提起诉讼的,就不构成犯罪①。

587 (2)查明犯罪事实。它通常涉及相当复杂的数学计算。鉴于此,《消费法典》第L.313-6条规定,应当设立咨询委员会,负责就审理案件的平均有效利率和实践中的总体有效利率提出意见。在诉讼程序的任何阶段(初步调查阶段、预审阶段或判决阶段),审理法院都可以要求成立该委员会。

588 (3)追诉时效。高利贷罪原则上是一种即时犯,其追诉时效必须从发放贷

① Crim. 2 oct. 2002, *Bull. crim.* n° 179; *Dr. pénal* 2003. Comm. 11, note J.-H. Robert.

款之日起计算。但是,显而易见,为加强处罚必然性,第 L. 313-5 条明确规定,追诉期限从最后一次收取利息之日开始计算,无论是利息还是本金①。换句话说,只要非法支付持续下去,犯罪行为也就一直持续。这种解决方案可以避免还款期久远时,贷款人可以在贷款协议订立后 3 年之后,收取高利贷利息,而不受惩罚②。该判例中,更强调的不是借款人最后一次"给付",而是贷款人最后一次"收款"。同样,关于在经常账户中进行的贴现操作的高利贷罪的追诉时效,是从收到最后一笔利息开始计算,而不是从该账户关闭之日起开始计算的③。

若干裁定都表明,不认可法定时效中止或重新开始计算的可能性。因此,法院认为,如果借款人没有还款,债权人对其提起诉讼,并获得对其工资进行强制执行(une saisie-attribution)的判决,那么法院裁判也不能使时效重新计算,因为根据法院裁判而收回款项,不构成第 L. 313-5 条规定的"收款"④。同样,法院认为,实施针对债务人的强制执行程序,不会中断提起公诉的时效期限⑤。

(4)附带民事诉讼。根据当代判例法的发展轨迹,法院倾向于限制仅惩罚违反公共利益的罪名的范围。上诉法院判决指出,高利贷本质上会对借款人造成损害,因此,在处理高利贷罪的诉讼程序中,借款人能够成为附带民事诉讼的当事人。最高司法法院对其判决进行审查,仅仅是因为该判决的理由存在矛盾,该判决允许重审法院自行决定对附带民事诉讼采取的解决方案⑥。 589

---

① Crim. 26 sept. 1996, *Bull. crim.* n° 337.

② Crim. 15 mars 1994, *JCP E* 1994. I. 378, obs. Gavalda et Stoufflet; *Bull. crim.* n° 98.

③ Crim. 26 sept. 1996, *Bull. crim. n*° 357; *RTD com.* 1997, obs. B. Bouloc.

④ Crim. 2 oct. 2002, *RTD Com.* 2003. 386, note B. Bouloc; *Dr. pénal* 2003. Comm. 11, note J.-H. Robert.

⑤ Crim. 16 nov. 2005, *Dr. pénal* 2006. Comm. 48, note J.-H. Robert; *JCP* 2006. Ⅱ. 10111.

⑥ Crim. 11 janv. 1993, *Dr. pénal* 1993. Comm. 1960, obs. J.-H. Robert.

第二节 关于贷款人的其他犯罪

590 为了保护借款人,法律规定了一定数量的禁令,并规定借款领域的中间人、证券推销员和广告活动应遵守某些义务;若违反该禁令,则应受到刑事处罚。这是一整套"良好行为守则"。这些法律规定已纳入2003年8月1日《金融安全法》和2006年3月31日《收购要约法》,并适用于所有银行和金融领域中的推销。

一、关于收取资金的禁令

591 《货币和金融法典》第L.341-15条规定了该禁令。该条款禁止任何证券推销员收取被推销人员的现金、流通票据、不记名支票或以其名义签发的支票以及任何其他方式的付款。因此,该条款适用范围十分广泛,可适用于参与获得贷款的法律顾问①。

该禁令禁止,在实际支付贷款资金之前和确认已通过书面文书(副本交付借款人)进行交易之前,收取具有代表性的准备金、佣金、研究费、推销费、数据建设费或任何中介费。禁止提前收取资金的行为清单,是准确且有限的。因此,该禁令不能扩展到法律未涵盖的交易,例如,不能扩展到为获得担保而收取的款项②。

《货币和金融法典》第L.353-1条规定,违反上述规定的,处以6个月监禁和7500欧元罚金。此外,法院可以宣布第L.353-3条所规定的附加刑。

二、关于证券推销的禁令

592 《货币和金融法典》第L.353-1条规定,任何银行或金融领域的人员不遵守法条规定的义务和程序进行推销的,处以6个月监禁和7500欧元罚金(见第164段)。让我们简单地回顾一下,推销是指,任何人未经请求以任何方式与特定的自然人或法人接触,以获得其同意达成第L.341-1条中规定的交易,其中包

---

① Crim. 27 mars 2002, *Bull. crim.* n° 70; *RTD com.* 2002. 522, obs. Cabrillac.

② Crim. 10 nov. 1999, *Bull. crim.* n° 253.

括第 L. 311－1 条规定的信贷交易。禁令不适用于某些机构根据第 L. 341－2 条规定的形式进行的推销业务，这些推销仍应受专门规范的约束。

此外，第 L. 353－2 条规定，不履行相关法定义务进行上门推销的，处以《刑法典》第 313－1 条规定的诈骗罪的刑罚，以及《货币和金融法典》第 L. 353－3 条规定的附加刑。例如，没有从业资格仍进行推销，以及在非用于推销金融产品或金融服务的地点进行推销的，就是这种情况①。

三、广告和信息规范

593 第 L. 341－6 条和第 L. 341－12 条规定，推销员应当向被推销人提供大量关于合同订立和合同内容的信息和文件。第 L. 341－6 条被 2010 年 10 月 22 日法废除，并从 2013 年 1 月 1 日起生效。第 341－12 条列明了很长的信息义务清单。第 L. 353－1 条第 2 点规定，不遵守这些义务的，处以 6 个月监禁和 7500 欧元罚金。推销员不遵守第 L. 341－14 条规定的关于签订合同的规则、不允许被推销人享有第 L. 341－16 条规定的提款期，也将受到同样的处罚。

四、典当行的管理

594 《货币和金融法典》第 L. 571－12 条针对市政信用合作社，规定任何人未经法律授权开设或经营典当行的，以及获得授权的人员不按照规定进行登记的，处以 6 个月监禁和 9000 欧元罚金。该登记册应必须载明借出的款项或物品，借款人的姓名、住所和职业，抵押物的性质、质量和价格。该规定旨在确立此类活动必不可少的透明度。

---

① Crim. 15 mai 2008.

第二章　特殊规定

595 贷款领域的普通法已由不断完善的详细立法补充完整。这些条款适用于某些形式的信贷,特别是信贷使用领域。关于消费信贷(第一节)和不动产信贷(第二节)领域,我们仅说明旨在保护借款人或信贷消费者的主要规定。这些规定已纳入《消费法典》,并经 2003 年 8 月 1 日《金融安全法》修订。

第一节　消费信贷

596 该法律机制起源于 1978 年 1 月 10 日《动产信贷业务领域中的信息义务和消费者保护法》,其规定自该日期以来已经过多次修改和补充,特别是 1989 年 6 月 23 日《消费者信息和保护法》和 1989 年 12 月 31 日《家庭过度负债法》,之后这些条款都纳入了《消费法典》。该法已纳入 2010 年 7 月 1 日《消费信贷改革法》,并进行了重大修改。其后的所有发展都纳入了新的条款规定。我们将先明确这些条款的适用范围,然后说明其中的定罪处罚规定。

一、适用范围

1. 原则

信贷是指2011年5月1日生效的《消费法典》第L. 311－2条“适用于第L. 311－1条第4点中提到的任何收费的或免费的信贷交易及其担保(若有)”。该条还规定,融资租赁和租购交易被视为信贷交易。第L. 311－1条规定,在本章范围内,任何提供第L. 311－2条规定的贷款、合同或信贷的人员,均视为贷款人;同一交易的另一方当事人,则视为借款人。根据第L. 311条第2款的规定,“融资租赁、租购交易以及分期付款、分接付款或分割付款的销售或提供服务,被视为信贷交易”。原则上,除第L. 311－3条规定的某些例外情形之外,该条文仅非常笼统地排除偶尔授予的信贷交易。 597

2. 例外

除应符合特殊规定的不动产信贷业务之外(见第608段),《消费法典》第L. 311－3条也将某些交易排除在适用范围之外。比如,那些旨在允许获取或维持土地、现存或代建不动产的所有权或收益权的交易,其中包括,对由此获得的土地或建筑物进行维修、改善或维护的交易(第1项),信贷总额低于200欧元或高于75 000欧元的交易(第2项),可在一个月内偿还的透支授权交易(第3项),偿还期限不超过3个月的、无须支付任何利息或费用(或费用金额可忽略不计)的授信交易(第4项),在法院达成的合意的合同(第7项),以及在个人过度负债委员会订立的常规管理计划所产生的合同(第8项)。 598

二、处罚

违反上述大多数法律规定的,将受到刑事处罚包括违警罪和轻罪。2010年7月1日《消费信贷改革法》(自2011年5月1日起生效)将这些处罚整体并入“消费者信贷”章中的第11节(第L. 311－48条至第L. 311－51条)。 599

1. 违警罪

第311－49条规定,某些违反法律规定的行为,处以1500欧元罚金。法院还可以裁定公布判决和更正广告,并应由被定罪人承担费用。 600

(1)关于借款人信息。如今,第L. 311－49条规定了非常丰富的罪名清单,这些罪名具体处罚的是贷款人违反在订立和执行消费信贷合同时应履行义务 601

的行为。这是指合同订立前对借款人的披露义务(第 L. 311－6 条及随后规定);对借款人的解释义务(第 L. 311－8 条及随后规定),尤其是在订立信贷合同(第 L. 311－11 条)的过程中;合同条款的提示义务(第 L. 311－18 条);以及履行合同的义务(第 311－21 条及随后规定)。并不是所有违反上述义务的行为都会受到刑事处罚,而是只有第 L. 311－49 条明确规定的那些行为才会受到刑事处罚。这就需要仔细审查本条款的规定。对此,我们只能推荐读者自行阅读,本部分内容无法具体展开。

602　(2)关于广告:免费信贷。现在,免费信贷业务应当符合第 L. 311－27 条和第 L. 311－28 条的规定。首先,任何广告只要是关于持续时间超过 3 个月且不需要利息或其他费用的信贷交易,无论何种形式,均应说明现金支付时能同意的折扣金额。其次,销售商要求买方申请信贷的款项不得超过现金购买的最低价格(在广告或要约开始前 30 日内购买类似货物或服务的最低价格)。第 L. 311－49 条规定,广告商发布不符合第 L. 311－27 条和第 L. 311－28 条规定的,应受到处罚。

603　(3)关于广告:收取费用。当融资交易涉及全部或部分费用时,卖方向信贷买方收取的费用不得超过前 30 日内在同一机构以现金购买类似物品时实际收取的最低价格(第 L. 311－7 条)。此外,他还必须提出现金支付的购买价格,该价格应低于以信贷方式购买的金额,金额计算方式由 1984 年 7 月 24 日法令确定。销售商违反第 L. 311－7 条规定的,处以第 L. 311－34 条规定的罚金。

2. 轻罪

604　(1)关于贷款人或销售商的报酬。第 L. 311－50 条第 1 点到第 3 点规定,在交易尚未明确完成或提款期尚未到期时,贷款人或销售商要求或接受借款人或买方以任何形式付款的、签署银行或邮政借记表格的,以及认购、接受或背书汇票或票据的,处以 30 000 欧元罚金。这里处罚的是不遵守第 L. 311－14 条和第 311－40 条规定义务的行为。

这些规定必须以第 L. 313－11 条的规定为补充。该条规定,任何销售商,无论是不是银行或信贷机构的雇员,无论何种情形,都不能根据其与买方的动产或不动产协议的信贷利率或信贷类型,而获得报酬。第 L. 313 – 10 条规定,违反上述条款的规定,“任何人向销售商支付报酬或要求销售商支付报酬的”,以及销售商接受根据上述条件支付的报酬的,处以第 5 级违警罪的罚金。

(2)补充犯罪。第 L. 311 – 50 条规定的处罚还适用于其他几种犯罪。非法 605
拒不支付第 L. 311 – 37 条所涵盖的款项的人员,也可能构成该罪。销售合同或服务合同撤销时,根据申请,偿还买方已提前支付的所有款项(第 4 项)。另外,任何人违反第 L. 311 – 12 条的规定,登记或安排他人登记使用撤回权的人员的姓名的,构成犯罪(第 5 项)。最后,任何人要求同一客户签署一份或多份信用合同(其信用总额大于所购买商品或所提供服务的可支付价格)的,构成犯罪(第 6 项)。

3. 追诉的特殊规定

第 L. 311 – 52 条规定,对于所有关于消费者信贷的争议,小审法院(tribunal 606
d'instance)享有管辖权。因借款人违约而向法院提起的支付诉讼必须在知道违约事件后两年内提出,否则,因逾期丧失权利。在重新调整或重新计算时,此时限期从重新调整后发生的第一个不合规事件开始计算。根据 2001 年 12 月 11 日《采取财政金融紧急措施法》,这些规定仅适用于该法颁布之后签订的合同。

第二节　不动产信贷

不动产信贷法律制度已纳入《消费法典》(第 L. 312 – 1 条及随后规定),并 607
以与动产信用非常相似的方式规定。像动产信贷合同一样,它也是最近立法修订的主题,尤其是 2010 年 7 月 1 日《消费信贷改革法》适用于在 2011 年 5 月 1 日之后发布的合同要约。

一、范围

1. 适用范围

根据《消费法典》第 L. 312 – 2 条的规定,这些规定适用于任何自然人或法 608

人为资助下列交易以惯例方式发放的贷款,无论其性质或形式如何。

对于住宅和商住两用住宅,它们主要是关于以下交易:

(1)购置、认购或购买赋予其所有权的公司资本或股份的交易,其中包括维修、改进或维护所购置的不动产的交易;

(2)获得收益权、认购或购买赋予其收益权的公司的资本或股份,其中也包括维修、改进或维护所购置的不动产的交易;

(3)不动产的维修、改进或维护的信用额度超过75 000欧元的交易;

(4)建造费用。

这些规定也适用于为建造上述不动产而进行的购买土地交易。

2. 例外

609 该法第L.312-3条将某些贷款排除在适用范围之外:

首先,授予公法法人的贷款;

其次,那些旨在以任何形式资助职业活动的贷款,特别是自然人或法人的常规活动,甚至包括另一项活动的附带活动,或根据其公司目标,以任何形式从事提供不动产或部分不动产的活动,无论该不动产是否已建成,无论是集体共有还是个人独有,无论是所有权还是收益权。

二、定罪处罚规定

610 违反法律规定应受的刑事处罚,整体纳入《消费法典》第L.312-32条至第L.312-35条的规定。这些条款处罚的是该领域中若干不遵守法定义务的行为。

1. 关于广告和信息的犯罪

611 第L.312-32条规定,广告商发布不符合第L.312-4条至第L.312-6条或第L.312-25条规定的广告,应当进行处罚。我们请感兴趣的读者自行阅读这些条款的内容,这些条款列出任何广告或信息文件中必须提示的内容,特别是给予借款人10天冷静期,指明销售以获得贷款为条件,如果贷款未被核准,销售商有义务退还已经支付的款项。

即使广告的主要目的不是贷款,也不重要。一旦广告包含与贷款有关的信息,它就必须同时满足《消费法典》中有关广告的一般规定以及适用于不动产信贷的特殊规定。比如,两个案件都涉及房屋销售广告,其附件中附有贷款信息①。广告只需暗示有必要贷款,就足以构成犯罪②。同样,是否以购买不动产为目标而宣传贷款,包括用于实际居住以及为投资目的而购买,也无关紧要③。

第 L. 312–32 条规定,广告商发布不符合第 L. 312–4 条至第 L. 312–6 条或第 L. 312–25 条规定的广告,处以 30 000 欧元罚金。此外,根据《消费法典》第 L. 121–2 条至第 L. 121–7 条的规定,预审法官有权裁定停止广告,尽管有追索权(第 L. 121–3 条),法院仍有权判决公布判决书和发布一项或多项纠正广告,并由被定罪人承担费用(第 L. 121–4 条)。

第 L. 312–32 条规定,还可以根据第 L. 121–1 条对犯罪人进行处罚。该一般性条款处罚的是所有虚假广告,即包含不实信息或具有误导性的广告。在这种情况下,犯罪人应受到第 L. 213–1 条规定的更严厉的刑罚,即 2 年监禁和 37.5 万欧元罚金。

《消费法典》仅规定自然人的刑事责任。如果违法的广告商是法人,则其管理人应承担刑事责任(第 L. 121–5 条)。自 2004 年 3 月 9 日《佩尔邦二号法》将法人的刑事责任普遍化以来,该条款已变得毫无价值。

2. 关于提供贷款和接收贷款的犯罪

首先,第 L. 312–33 条规定,贷款人或出租人不遵守第 L. 312–7 条、第 612
L. 312–8 条、第 L. 312–14 条第 2 款和第 L. 312–26 条规定的义务的,处以 3750 欧元罚金。

这些义务涉及向借款人交付或免费寄送书面的合同要约中应当出现的提示内容,包括提供资金的日期和条件以及分期还款时间表。自 1989 年 12 月 31 日《个人和家庭过度负债困境预防和解决法》施行以来,关于接收贷款的条件(特别是信贷额度或利率)的任何修改都必须进行新的事前要约,并且必须在

---

① Crim. 1er févr. 1990, *Bull. crim.* n° 60; *Gaz. Pal.* 1990. Somm. 515, obs. Doucet; 4 juill. 1990; *Bull. crim.* n° 277.

② Crim. 3 oct. 1991, *Dr. pénal* 1992. Comm. 72, obs. J.-H. Robert.

③ Crim. 7 août 1990, *Bull. crim.* n° 300; *RSC* 1991. 99, obs. J. Pradel.

要约中单独明确指明费用金额。至于第 L. 312－26 条,它规定的是租购领域中交付或免费寄送的书面要约里应当提示的内容。

其次,第 L. 312－33 条规定,贷款人要求借款人认购或声明担保或接受要约,但未包括日期或包含错误日期(该错误日期使人相信贷款将在 10 天期满后提供:收到要约后接受要约的期限)的,处以 30 000 欧元罚金。出租人在融资租赁或租售合同中实施相同行为的,构成犯罪,并处以上述相同刑罚。

无论如何,贷款人或出租人都可能被剥夺全部或按法官确定的比例享有的利息权。

3. 关于贷款人或出租人的报酬的犯罪

613 第 L. 312－34 条规定,贷款人违反第 L. 312－11 条和第 L. 312－28 条的规定("在接受要约之前"),同意从借款人或承租人或为前两者的利益收取付款或保证金、经过背书或向其签发的支票或商业票据,认购或使用银行或邮政账户的事先授信的,处以 30 000 欧元罚金。

此外,第 313－11 条规定,任何自然人销售商,无论是不是银行或信贷机构的雇员,无论何种情形,都不能根据其与买方的不动产协议的信贷利率或信贷类型而获得报酬。根据《消费法典》第 R. 313－10 条规定,"任何人向销售商支付报酬或要求销售商支付报酬的",以及任何销售商接受根据上述条件支付的报酬的,处以第 5 级违警罪的罚金。

4. 违反退还已付款项义务的犯罪

614 第 L. 312－35 条规定,贷款人或出租人未按第 L. 312－14 条、第 L. 312－16 条和第 L. 312－23 条的规定退还款项,处以 30 000 欧元罚金。这 3 个条款规定了以下情况:未在确定期限内,或者是在不符合贷款的中止条件下,订立贷款申请合同。无论如何,贷款人或出租人必须偿还已支付的全部款项,除非是法令(1980 年 6 月 28 日法令第 1 条至第 4 条)确定的研究费或折扣费。这些费用可延迟一年退还[①]。

法律规定,贷款人或出租人向借款人或承租人索取的或从其账户中提取

① Crim. 19 févr. 1992, n° Y 91－83. 990.

的款项金额,高于在购买合同(第L.312-23条)或租卖合同(第L.312-29条)提前还款或履行违约之时,被授权索取或提取的款项金额(1980年法令第3条和第4条确定的损害赔偿金额)以及以正当理由偿还应纳税费用的,同样应处以30000欧元罚金。

参考文献

1. 著作

BONFILS (Ph.), *Droit pénal des affaires*, Montchrestien, Cours Master 1, 2009.

CONTE (Ph.) et JEANDIDIER (W.), *Droit pénal des sociétés commerciales*, Litec, Affaires Finances, 2004.

DELMAS-MARTY (M.) et GIUDICELLI-DELAGE (G.) (dir.), *Droit pénal des affaires*, 4e éd., PUF, 2000.

GIUDICELLI-DELAGE (G.), *Droit pénal des affaires*, 6e éd., Mémentos Dalloz, 2006.

GIUDICELLI-DELAGE (G.) (dir.), *Droit pénal des affaires en Europe*, Thémis Droit, PUF, 2006.

JEANDIDIER (W.), *Droit pénal des affaires*, 7e éd., Précis Dalloz, 2012.

LARGUIER (J.) et CONTE (Ph.), *Droit pénal des affaires*, 11e éd., coll. «U», A. Colin, 2004.

LEPAGE (A.), MAISTRE DU CHAMBON (P.) et SALOMON (R.), *Droit pénal des affaires*, 4e éd., Litec, 2015.

LUCAS DE LEYSSAC(M. -P.) et MIHMAN(A), *Droit pénal des affaires*, Economica, 2009.

MASCALA(C.) et MATSOPOULOU(H.)(dir.), *Droit pénal des affaires*, Lamy, 2012.

RASSAT(M. -L.), *Droit pénal spécial*, 7e éd., Précis Dalloz, 2014.

ROBERT(J. -H.) et MATSOPOULOU(H.), *Traité de droit pénal des affaires*, Droit fondamental, PUF, 2004.

STASIAK(F), Droit pénal des affaires, 2e éd., LGDJ, 2009.

VITU(A.), «Traité de droit criminel», in *Droit pénal spécial*, éd. Cujas, 1982.

2. 论文

Revue de science criminelle et de droit pénal comparé(Rev. sc. crim.).

Revue Droit pénal(Dr. pénal).

Revue des sociétés(Rev. sociétés).

Revue trimestrielle de droit commercial(RTD com.).

索　引*

* 索引为原书段落边码。

J

L

M

N

O

译后记

法律,在它支配着地球上所有人民的场合,就是人类的理性。

——孟德斯鸠

海明威曾浪漫地感慨道,“假如你年轻时待过巴黎,那么不论未来你在哪里,巴黎将永远跟着你,因为巴黎是一席流动的盛宴。”尽管巴黎求学的记忆早已日渐模糊,但从事法国刑法比较研究的初心却日益清晰。比较法能够提供的不仅仅是新的知识,而且是一种关于外国法律制度的新的知识类型。就此而论,法国法研究,可谓前途未卜、长路漫漫。《法国经济刑法》的翻译可以算作是个人植根过去、投射未来的学术中继站。

学术翻译是理论构建的必要准备,对激发思想的作用不言而喻。但是,思想的深度并不代表语言的生硬,学术翻译并不一定意味着晦涩艰深。许渊冲先生认为,翻译应当有“三美(意美、形美、音美)”“三似(形似、意似、神似)”“三化(等化、浅化、深化)”。尽管这些标准是就诗词文学翻译而言,并不一定契合于学术翻译;不过,我想,作为译者,只要真正理解原作者的意旨,那必定能够找出对应的表达。诚如福楼拜所言,“当人们有思想,就不会缺少话语(Le mot ne manque jamais quand on possède lidée)”。私以为,学术翻译借由原作的思想魅力,同样可以使人“知之、好之、乐之”。

当然,学术翻译也需要发挥思想交流的作用,应当尊重约定俗成的用法,避免为标新立异而生造新词。因为翻译的艺术就是通过原文的形式(或表层),理解原文的内容(或深层),再用译文的形式,把原文的内容再现出来。以本书法语书名“droit pénal des affaires”为例。在法律语境下,“affaires”是指“企业的商业经营活动”。因此,如果严格按照字面意思,书名更直接的译法应当是“商业(事)刑法”。“经济刑法”的法语直译应当是“droit pénal économique”。实际上,在20世纪50～70年代,法国学界也确实是以“droit pénal économique”来指称相应研究。但是,随着研究的深入发展,“droit pénal économique”逐渐被弃用,而代之以现行的“droit pénal des affaires”,主要原因是相关研究已从经济管制转向企业管理视角,经济刑法研究更加重视企业自主经营的宪法权利的保护,更加重视公平、自由、竞争的市场秩序的维护。这种研究视角的转化,我国学界可能还尚未给予充分的重视。尽管如此,经济刑法研究的主要内容(特别是罪名、刑罚等立法规定)并未发生太多变化。因此,从有利于学术交流角度来看,我认为,将“droit pénal des affaires”译作“经济刑法”是更优选择。

米歇尔·维隆(Michel Véron)教授和纪尧姆·贝索尼(Guillaume Beaussonie)教授的《法国经济刑法》原著是法国重量级的经典教科书,受到高校教师、法科学生和法律实践工作者的高度认可,自出版以来对构建法国经济刑法的内容体系和基础理论发挥了重要作用,先后已出版12次,每次修订都紧密结合立法改革和司法判例发展的最新情况,回应重大理论和实践问题,其学术影响力和社会影响力长盛不衰。因此,在翻译本书时,我始终报以最虔诚的态度、最严格的要求,当然,由于水平有限,时间仓促,译文有所疏漏实属难免,恳望各位读者不吝指正赐教。

在国内法学界,法国比较研究人员稀少、领域分散、门槛较高,无疑是弱势的小众领域。因此,《法国经济刑法》译著的面世着实曲折坎坷,幸运的是过程中得到多位前辈的热心支持和细心指点。在此,特别感谢上海社会科学院魏昌东教授。魏教授深度指导翻译选题、原作引进、合同签订、学术审校等工作,为译稿的出版付出大量心血,以其深厚的学术积淀,确保译作的学术质量。此间种种,历历在目,无以言谢,唯有感恩。法律出版社的编辑老师们,以他们专业的素养和敬业的态度,有条不紊地推进译作的各项事宜,对他们工作的效率和质量,本人甚为折服,致以由衷谢意!

是为记。

陈萍

2022 年 9 月 25 日

于上海

图书在版编目(CIP)数据

法国经济刑法 / (法) 米歇尔·维隆, (法) 纪尧姆·贝索尼著 ; 陈萍译. -- 北京 : 法律出版社, 2022
ISBN 978-7-5197-7386-1

Ⅰ. ①法… Ⅱ. ①米… ②纪… ③陈… Ⅲ. ①经济犯罪-刑法-研究-法国 Ⅳ. ①D956.54

中国版本图书馆 CIP 数据核字(2022)第 243932 号

法国经济刑法
FAGUO JINGJI XINGFA

[法]米歇尔·维隆(Michel Véron)
[法]纪尧姆·贝索尼(Guillaume Beaussonie) 著
陈 萍 译
魏昌东 学术审校

策划编辑 似 玉
责任编辑 似 玉
装帧设计 汪奇峰

出版发行 法律出版社
编辑统筹 法律应用出版分社
责任校对 朱海波
责任印制 刘晓伟
经　　销 新华书店

开本 710 毫米×1000 毫米 1/16
印张 23 **字数** 340 千
版本 2022 年 12 月第 1 版
印次 2022 年 12 月第 1 次印刷
印刷 三河市兴达印务有限公司

地址:北京市丰台区莲花池西里 7 号(100073)
网址:www.lawpress.com.cn
投稿邮箱:info@lawpress.com.cn
举报盗版邮箱:jbwq@lawpress.com.cn
销售电话:010-83938349
客服电话:010-83938350
咨询电话:010-63939796

书号:ISBN 978-7-5197-7386-1
定价:98.00 元
凡购买本社图书,如有印装错误,我社负责退换。电话:010-83938349